하이데거 전집 10권

근거율

Der Satz vom Grund

강의와 강연

지은이 마르틴 하이데거(Martin Heidegger, 1889~1976)

독일 슈바르츠발트의 작은 마을인 메스키르히에서 태어났다. 프라이부르크 대학에서 신학과 철학을 전공한 후, 1923년부터 마르부르크 대학 정교수가 되었고, 1928년에 스승 후설의 후임으로 모교인 프라이부르크 대학에 부임해 줄곧 철학을 가르쳤다. 1927년 『존재와 시간』을 출간하여 스승 후설에게 헌정하였으나, 정작 후설은 이 책에 대해서 실망감을 피력할 정도로 하이데거는 후설의 현상학과는 다른 사유의 길을 걷고 있었다. 나치 집권 시기였던 1933년 프라이부르크 대학 총장이 취임한 그는 이듬해 사임했으나, 이 사건은 그의 삶에 정치적 오점을 남겼다. 1945년 독일 점령군에 의하여 1951년까지 강제 휴직을 당했지만, 자신만의 고유한 존재사유의 길을 부단히 걸어 20세기 서양철학사에 거대한 발자취를 남겼다. 서양인들의 전통적인 형이상학 체제를 근본부터 뒤흔들었을 뿐만 아니라, 현대의 기술적 질서 속에서 뒤틀린 형이상학적 사유를 떠나 새로운 사유의 시원을 맞고자 자신만의 고유한 언어로 존재를 사유하였다.

주요 저서로는 『존재와 시간』, 『숲길』, 『이정표』, 『동일성과 차이』, 『강연과 논문』 등이 있으며, 1975년 『현상학의 근본문제들』을 시작으로 현재까지 약 100여 권에 가까운 전집이 출간되었다.

옮긴이 김재철

1961년 경북 김천에서 태어나 한국외국어대와 동대학교 대학원을 졸업한 후, 독일 마인츠 대학에서 하이데거와 딜타이에 대한 논문으로 박사학위를 받았으며, 현재 경북대 철학과 교수로 재직하고 있다.

주요 논문으로는 「하이데거 존재론적 해석학」, 「공간과 거주의 현상학」, 「하이데거의 기초인간학」, 「상상의 현상학」, 「존재와 신비」, 「하이데거의 철학적 신비주의」 등이 있으며, 저서로는 『삶과 현존재』(2000)가 있다. 역서로는 『철학 입문』(하이데거, 2006), 『하이데거』(권터 피갈, 2008), 『빌헬름 딜타이의 탐구작업과 역사적 세계관』(하이데거, 2010), 『아리스토텔레스에 대한 현상학적 해석』(하이데거, 2010), 『종교적 삶의 현상학』(하이데거, 2011), 『시간개념』(하이데거, 2013), 『성 윤리학: 신학적 현상으로 본 기독교적 성 이해』(헬무트 틸리케, 2015), 『철학실천』(다니엘 브란트, 2016), 『치유』(루츠 폰 베르더, 2017) 등이 있다.

하이데거 전집 10권

근거율

Der Satz vom Grund

강의와 강연

마르틴 하이데거 지음
김재철 옮김

장미는 왜 없이 있다. 그것은 피기 때문에 핀다.
그것은 자기 자신에게 주의하지 않으며,
사람들이 자신을 보는지 안 보는지에 대해서도 묻지 않는다.

Die Ros ist ohn warum; sie blühet, weil sie blühet,
Sie acht nicht ihrer selbst, fragt nicht, ob man sie siehet.

파라아카데미

■ 일러두기

1. 이 책은 마르틴 하이데거(Martin Heidegger)의 전집 10권, *Satz vom Grund*(1955–1956, Hrsg. von Petra Jaeger, Frankfurt a. M.: Vittorio Klostermann, 1997)를 완역한 것이다.
2. 독일어 원본에 있는 하이데거의 각주는 알파벳으로, 편집자의 각주는 숫자로 표기되어 있다. 이 책에서도 같은 방식으로 표기하였으며, 역자의 각주는 '■ 역주'로 표시하였다.
3. 하이데거가 인용한 그리스어와 라틴어 문장은 대부분 하이데거가 본문에서 직접 독일어로 번역한 것을 사용하였다. 원문에서 원어 그대로 사용된 그리스어와 라틴어의 낱말은 처음에 병기한 이후 대부분 번역어를 사용하였으며, 문맥에 따라 필요한 것은 발음 그대로 제시하였다.
4. 이 책에서 〈 〉 안에 들어 있는 내용은 하이데거가 추가한 부분이다. 원문에 《 》는 " "로 바꾸어 표기하였으며, 이탤릭체와 띄어쓰기로 강조한 글씨는 모두 굵은 글씨체로 바꾸었다.
5. 하이데거가 독특하게 사용한 개념과 용어는 필요에 따라 ' '에 넣어 통상적인 낱말과 구별하였으며, 원문 이외에 [ ] 안의 내용은 독자의 이해를 돕기 위해 역자가 추가한 부분이다.
6. 이 책의 본문 옆에 표기된 숫자는 독일어 원본의 쪽수를 나타낸다.

여기 전달되고 있는 근거율에 대한 사상들은 하나의 시도로서 폭넓은 영역에 속하는 것이다. 그것을 드러내기 위해서는 다른 형식들이 요구된다.

수정하지 않은 (1955/56년 겨울학기 프라이부르크 대학에서 했던) 강의원고는 동일한 사상을 의도적으로 반복하면서 진행한 내용을 담고 있다.

강연은 1956년 5월 15일 브레멘 클럽과 1956년 10월 24일 비엔나 대학에서 했던 것이다.

강의되지 않은 것과 추후에 덧붙인 제시들은 〈 〉안에 넣었다.

1957년 4월 프라이부르크

| 차례 |

근거율

Der Satz vom Grund

강의

강의 _ 첫 번째 시간

1

근거율(Satz vom Grund)은 다음과 같다. '이유 없이는 아무것
도 있지 않다(Nihil est sine ratione).' 사람들은 이것을 다음과 같
이 번역한다. '근거 없이는 아무것도 있지 않다(Nichts ist ohne
Grund).'▪ 이 명제가 진술하는 것은 자명하다. 우리는 자명한
것은 단박에 이해한다. 우리의 지성은 근거율을 이해하기 위해
다른 노력을 하지 않는다. 무엇 때문에 그런가? 그것은 인간의
지성 자체가 항상 그것이 활동하는 어떤 일에나, 즉 장소와 시간
속에서 — 지성이 만나는 그것이 있는 바 그렇게 존재하도록 하
는 — 근거를 찾고 있기 때문이다. 지성 자체가 근거제시를 요구
하는 한, 지성은 근거를 집요하게 찾는다. 지성은 그의 진술과 주
장을 위한 근거-정립(Be-gründung)을 요구한다. 근거가 정립된
진술만이 이해되고 소통된다. 그러나 지성은 진술만을 위해 근거
를 요구하는 것이 아니다. 인간의 표상작용은 먼저 진술되어야

▪ **역주**

이 강의에서 하이데거는 매번 근거율을 제시하는 문장을 라틴어와 독일어로 반
복해서 말하고 있다. 이 책에서 라틴어 'ratio'는 필요에 따라 '이유' 또는 '라치
오'로, 독일어 'Grund'는 '근거'로 구별하여 번역하였다. 낱말 'ratio'는 근거 개
념의 시대적 변화와 연관된 내용을 담고 있어서 구별이 요구된다. 이에 따라 독
일어 'Satz vom Grund'는 일반적으로 알려진 '근거율'로, 라틴어 'principium
rationis'는 이유의 원리, 그리고 라이프니츠가 근거율을 확장하여 제시한 충
족이유율은 그 뜻을 살려 '충분한 이유보충의 원리'(principium reddendae
rationis sufficeintis)로 번역하였다.

할 것을 상대하면서 이미 근거를 집요하게 찾고 있다. 인간의 표상작용은 그 자신을 둘러싸고 닥쳐오는 모든 것에서 근거를, 그 중에서도 우선 가장 가깝게 있는 근거를, 그리고 때로는 계속 남아 있는 근거를, 마지막으로는 처음이자 최종적인 근거를 얻으려고 노력한다.

이렇게 근거를 얻으려는 노력은 진술의 근거를 밝히기 이전에 인간의 표상작용을 관통하고 있다. 도처에서 지배하고 있는 근거를 얻으려는 노력은 만나는 것의 근거정립을 요구한다.

모든 근거-탐구(Er-gründung)와 근거-정립에서 우리는 근거로 향하고 있는 자신을 발견한다. 근거를 바로 알지 못할 때, 우리는 항상 어떤 방식으로든 근거에 주목하도록 요구받고 있으며, 그것으로 소환되고 있다.

이것은 당연한 것처럼 여겨진다. 그렇게 자신의 태도와 표상작용에서 우리는 근거로 향한 도상에 있다. 그와 마찬가지로 우리는 항상 근거율 — 이유 없이는 아무것도 있지 않다 — 에 귀를 기울이고 있다. 근거 없이는 아무것도 있지 않다. 우리의 태도는 언제 어디에서나 근거율이 말하는 것을 고려하고 있다.

따라서 다음과 같은 것에 전혀 놀랄 필요가 없다. 즉 인간의 표상작용이 이해하고, 생각하고 있는 모든 것에서 — 비로소 나중에 정립되는 — 근거율이 진술하는 것을 따르고 있다는 사실은 시간이 지남에 따라 확연히 드러난다. 인간이 근거율에 따라 행동한다는 사실은 천천히 인간에게 의식된다.

　인간의 표상작용이 언제 어디에서나 어떤 방식으로든 근거를 탐구하고, 근거를 정립하고 있다는 사실을 숙고하는 한, 근거율은 표상작용에서 그러한 태도를 위한 운동근거로서 울리기 시작한다(anklingen). 우리는 조심스럽게 '근거율이 울리기 시작한다'고 말하고 있다. 근거율은 사람들이 그 내용에 근거하여 추측할 수 있듯이, 아주 쉽고 자명하게 표명되지 않는다. 인간의 표상작용이 자신의 고유한 행위에 대한 숙고로 넘어가서 그 숙고를 깊이 다루는 곳에서조차, 그 숙고가 사람들이 오래전부터 그리스어로 '필로소피아(φιλοσοφία, 철학)'라고 칭하는 것으로 고양되는 곳에서조차, 근거율은 철학 자체에서는 오랫동안 통틀어 한번만 울렸을 뿐이다. 짧은 표현양식으로 가장 먼저 언급된 근거율이 **명제로서**(als Satz) 표명되기까지는 수천 년이 필요했다. 이 표현양식은 라틴어로 언급된다. 이러한 표현양식의 근거율은 라이프니츠가 17세기에 이뤄낸 숙고의 영역에서 처음으로 획득되었고, 특별하게 논구되었다(Couturat, Opuscules et fragments inédits de Leibniz, Paris 1903, p. 515).

　그러나 철학은 서양에서 이미 기원적 6세기 전부터 지배해왔으며 변화되기 시작하였다. 이후 서양적이고 유럽적인 사유가 단순한 근거율을 발견하고 내세우기까지는 2000년이 흘렀다.

　아무런 표명도 없이 모든 인간의 표상작용과 태도를 도처에서

5

조종하는 이러한 명제가 앞에서 언급한 표현양식으로 제시되기 위해 수천 년이 필요했다는 것은 기이한 일이다. 그러나 더 기이한 일은 근거율이 출현하는 데 그렇게 긴 세월이 흘렀다는 것에 우리가 아직도 놀라지 않고 있다는 사실이다. 사람들은 그렇게 되기까지 필요했던 긴 시간, 즉 이 단순한 명제를 정립하기 위해 필요한 2300년의 시간을 숙면기(Incubationszeit)라고 부르고 싶어 한다. 근거율은 그렇게 오랫동안 어디에서 그리고 어떻게 잠을 자고 있었는가? 근거율에서 사유되지 않는 것을 앞서 꿈꾸고 있었던가? 지금 그것을 깊이 생각하기에는 적당한 시점이 아니다. 아마도 우리는 지금도 여전히 이처럼 기이한 일에 대해 충분히 깨어 있지 않은 것 같다. 그것은 우리가 한번 근거율이 예상외로 긴 숙면기를 응당 거쳐야 했다는 사실에 주목하기 시작할 때에야 비로소 알려질 것이다.

우선 우리는 여기에서 어떤 자극적인 것도 발견할 수 없다. 이 명제에 대한 진술에 적합한 표현양식은 한때 긴 시간 동안 숙면 중에 있었다. 그리고 이 명제가 표명되었을 때에도 사유의 과정에서 어떤 본질적인 것도 변화되지 않은 것으로 보인다. 그렇다면 이러한 기이한 근거율의 역사에 대한 의구심은 무엇을 위한 것인가? 그것에 대해서도 우리는 이전에 아무것도 생각하지 않았다. 근거율과 그 역사는 우리로 하여금 그것에 오래 천착하도록 할 만큼 자극적이지도 않다. 오히려 우리는 우리를 자극할 만한 다른 것, 예를 들어 자연과학에서 새로운 원소의 발견, 지구의 나이를 계산할 수 있는 새로운 시계의 발견, 『신들, 무덤, 학자 (Götter, Gräber und Gelehrte)』에 관한 책, 우주선의 구축에 관한 보고와 같이 다른 것을 충분히 가지고 있다.

그로 인해 근거율, 즉 그와 관련된 진술과 동시에 그 진술을 담고 있는 짧은 표현양식은 그토록 오랫동안 발견될 수 없었다! 왜 그것은 우리를 그렇게 당황스럽게 만들 정도로 우리와 무관한 것이 되었는가? 왜? 대답은 다음과 같다. 왜냐하면 가까운 것에 대한 우리의 태도는 항상 무디고 둔감하기 때문이다. 가까운 것으로 나아가는 길은 우리 인간에게 항상 가장 먼 것이며, 결국 가장 어려운 것이다.

그런 이유로 우리는 근거율이 말하는 것이 우리에게 얼마나 가 6깝게 있는지를 거의 알아차리지 못한다. 명제의 기이한 역사에 대해 우리가 무관심하게 된 것은 전혀 놀라운 일이 아니다.

도대체 왜 우리가 근거율과 같은 공허한 명제에 신경을 써야 하는가? 근거율은 공허한 것이다. 왜냐하면 거기에는 직관할 만한 어떤 것도 보이지 않으며, 구체적으로 다룰 만한 것도 없기 때문이다. 그리고 지성을 통해 파악할 만한 것도 거기에는 더 이상 없다. 그것에 귀를 기울일 필요도 없이 우리는 이미 그것을 당연하게 여긴다. 그럼에도 불구하고 근거율은 모든 가능한 명제들 중에서도 가장 난해한 것으로 남아 있는 것 중의 하나일 것이다. 그렇다면 우리는 지금까지 했던 것보다 더 주의 깊게 그것을 다루는 것이 좋을 것이다. 그럴 준비가 되었다면, 우리는 우선 그 명제가 말하고 있는 것과, 그것을 그 명제가 어떻게 말하고 있는지를 한번 사려 깊게 들을 필요가 있다.

이유 없이는 아무것도 있지 않다. 근거 없이는 아무것도 있지 않다. '아무것도 − [있지] 않다(Nichts)'는 여기에서 어떤 방식으로든 있는 모든 것은 근거 없이는 있지 않다는 뜻이다. 근거율에 대한 이러한 표현양식에서 바로 눈에 띄는 것은 그것이 두 개의 부정을 가지고 있다는 사실이다. "없이는 − 아무것도 [있지] 않다(Nihil − sine, Nichts − ohne)"와 같은 이중 부정은 긍정을 나타낸다. 어떤 방식으로든 있는 것 중에 어떤 것도 근거 없이는 있지 않다. 이는 다음과 같은 것을 말한다. 즉 있는 모든 것, 다시 말해 어떤 방식으로든 있는 모든 것은 근거를 가진다. 라틴어 표현양식으로 이것은 '모든 존재자는 이유를 가진다(omne ens habet rationem)'로 표현된다.

흔히 우리는 긍정 명제의 형식을 내용적으로는 물론, 언어적으로도 부정하는 형식보다 우선시한다.

지금 언급한 근거율에는 무엇인가 다른 것이 있다. 얼마나 다른가?

"각각의 존재자는 근거를 가진다"라는 긍정적 진술은 하나의 확정(Feststellung)으로 들린다. 그것은 각각의 존재자가 근거를 마련하고 있다는 것을 강조하고 있다. 확정은 확정되는 것과 일치하는지, 그리고 그것이 얼마나 일치하는지를 통해서 검사될 수 있다. 이제 우리는 각각의 존재자가 근거를 가지는지의 여부를 검사할 수 있는가? 이러한 검사를 철저하게 수행하기 위해 우리는 언젠가 어느 곳엔가 있고, 있었고, 있게 될 각각의 존재자를 우리 앞에 데려다 놓아야 할 것이다. 그렇게 할 때 어느 정도로 그 존재자가 자신을 위한 근거를 자기 자신에게서 가지고 있는지를 차후에 알 수 있게 될 것이다. 이러한 검사는 인간에게 거부되고 있다. 우리는 항상 존재자의 다양한 영역에 속한 단편만을 알 뿐이며, 나아가 이 영역을 단지 제한된 관점에 따라 개별적인 층과 특수한 단계에서만 알 뿐이다. 그러므로 우리의 확정, 즉 "각각의 존재자는 근거를 가진다"라는 확정은 사람들이 말하듯이 빈약한 토대 위에 놓여 있다. 우리가 현실적으로 존재하는 모든 것을 그것이 그때마다 근거를 가진다는 사실에서 검사할 수 있다고 가정한다고 할지라도, 거기에는 여전히 현실화되지 않았지만 가능적으로 있는 개방된 장이 남아 있다. 이렇게 가능한 것, 즉 가능성 속에 존재하는 것도 넓은 의미에서는 존재자에 속하며, 가능성의 근거를 가진다. 그러나 가능적으로 존재하며, 가능성 속에서 현실적인 모든 것을 적어도 누가 개관할 수 있다고 자부할 수 있겠는가?

그동안 많은 사람들은 "각각의 존재자는 근거를 가진다"라는 표현양식의 근거율이 단순한 확정은 결코 아니라고 이미 말해왔을 것이다. 그렇기 때문에 근거율은 그밖의 다른 확정과 같은 방식으로 검사될 필요도 없다. 근거율이 단순히 확정되는 명제라면, 그것은 다음과 같은 정확한 표현양식으로 언급되어야 할 것이다. 즉 존재자가 지금까지 관찰될 수 있었던 한에서 각각의 존재자는 근거를 가진다.

그러나 근거율은 그 이상을 말하려고 한다. 즉 일반적으로 규칙에 있어서 각각의 존재자는 그것이 존재하고, 그것이 있는 바 그대로 존재하기 위한 어떤 하나의 근거를 가진다. 그러나 그 규칙은 어느 정도로 타당한가? 이 규칙의 타당성은 한 확정의 올바름보다 검사되기가 더 쉽지 않다. 그밖에 예외적인 것도 규칙에 속한다. 그렇지만 근거율은 단적으로 '각각의 존재자가 근거를 가진다'는 것을 말한다. 이 명제가 정립하는 것을 근거율은 예외가 없는 것으로 정립한다. 근거율은 하나의 확정도 아니며, 그렇다고 규칙도 아니다. 근거율은 그것이 정립하는 것을 필연적인 것으로 정립한다. 필연적인 것을 근거율은 "~없이는 아무것도 있지 않다"라는 이중 부정을 통해 불-가피한 것(Un-umgängliches)으로 표명한다.

부정 명제의 형식은 긍정 명제의 형식보다 더 분명하게 말한다. 긍정 명제는 사태에 맞게 다음과 같이 언급되어야 한다. 즉 각각의 존재자는 **필연적으로** 근거를 가진다. 그러나 이 필연성은 어떤 형태의 것인가? 어디에 이 필연성은 기인하는가? 근거율은 어디에 근거를 두고 있는가? 근거율 자체는 어디에서 근거를 가지는가? 이렇게 물음으로써 우리는 이미 근거율의 의문스러움과 난해함을 표면적으로 만난다. 당연히 사람들은 근거율의 난해함을 권위에 호소하여(mit einem Machtspruch) 일거에 제거할수 있다. 사람들은 이 명제가 진술하는 것은 직접 분명하게 드러난다고 확신한다. 사람들은 검사도, 증명도 필요로 하지 않는다. 왜냐하면 이런 명제들을 대할 때 철학은 아주 당연하게 그것들이 직접 분명하게 드러난다(einleuchten)고 주장하는 경향이 있기 때문이다. 그러나 아무도 근거율이 무조건 직접적으로 그것이 진술한 것에서 분명하게 드러난다고 감히 주장하지 않을 것이다. 어떤 것이 직접 분명하게 드러나기 위해서는, 즉 밝게 드러나기 위해서는 빛이 빛나야 한다. 이러한 빛의 빛남(Scheinen dieses Lichtes)은 그 명제에서 말해진 것이 밝게 드러나는 결정적인 조건이다. 그렇게 될 때 그것은 우리에게 다가와 빛나게 된다.

그렇다면 어떤 빛 속에서 근거율은 분명하게 드러나는 명제가 되는가? 밝게 드러나기 위해 이 명제는 어떤 빛을 필요로 하는가? 우리는 이 빛을 볼 수 있는가? 우리가 그 빛을 본다고 할 경우에 그 빛을 들여다본다는 것은 항상 위험하지 않은가? 우리가 근거율이 거기에서 분명하게 드러나게 되는 그 빛을 명백히 발견할 수 있을 때에만 이 근거율이 어떤 명제들의 형태에 속하는지를 우리는 비로소 규명할 수 있다.

근거율의 명제적 성격에 대해서는 이미 몇 가지가 언급되었다. 우리는 명제의 표현양식을 부정적인 형식과 긍정적인 형식으로 구별하였다. 많은 사람들은 지금까지 충분하게 이 명제의 형식에 대해 이미 언급했기 때문에 더 이상 망설일 것 없이 근거율의 내용으로 들어갈 때가 되었다고 생각할 것이다. 사람들은 명제의 형식에 대한 고찰은 문법과 논리학에 속하는 것이라고 주장할 것이다.

이러한 입장은 정당한 것으로 보인다. 그것은 진술과 명제가 문제되는 곳에서는 어디에서나 정당하다. 거기에서는 주로 명제의 내용, 특히 그것이 관계 맺고 있는 것이 중시된다. 이는 우리의 숙고, 계획, 취급, 계산을 반영하는 모든 진술에 해당된다. 진술과 동일한 유형을 학문의 고찰과 탐구도 보여준다. 학문은 현존하는 대상영역과 직접 연결되어 있다. 학문이 그때마다 그 대상과 맺는 연관을 고유하게 학문적 방법의 숙고와 관련시키는 곳에서도 대상과의 연관은 직접 주어진 것처럼 표상된다. 이는 심지어 현대 원자물리학에서처럼 인식하는 주체와 객체와의 연관이 본질적으로 변화된 영역에서도 타당하다. 현대 원자물리학에서 대상과 맺는 연관의 변화에 대비한다는 사실은 처음에는 부수적인 것으로 간과되었다. 그러나 이 변화는 근대 기술을 넘어가는 과정에서 인간의 표상방식을 전체적으로 바꾸었다.

9

그러나 이렇게 변화된 표상작용의 형태와, 그것에 따르는 진술도 근거율이 자체 안에 담고 있는 말함(Sagen)의 방식으로 인한 차이를 통해 여전히 구별된다. 이 명제는 그 성격상 통용되는 명제의 차원으로도, 학문적 명제의 차원으로도 결코 소급될 수 없다. 그러나 이 명제도 처음 보고, 처음 들을 때에는 다음과 같이 다른 명제들처럼 제시된다. '각각의 존재자는 필연적으로 근거를 가진다.' '모든 나무는 뿌리를 가진다.' '5에 7을 더하면 12가 된다.' '괴테는 1832년에 죽었다.' '철새는 가을에 남쪽으로 날아간다.'

방금 언급한 명제들은 얼핏 보아도 문법적으로 동일한 방식으로 구성되어 있다. 그것들은 단순한 진술들이다. 우선 이러한 관점에서 우리는 근거율도 받아들인다. 이러한 관점이 유일하게 척도를 주는 것으로 확립되는 한, 우리는 근거율도 명제 형식의 영역으로부터 분리시킬 수 없다.

그러나 근거율이 정립하는 것과 그 방식, 엄밀히 사유한다면, 근거율이 하나의 명제로 존재하는 방식은 모든 다른 명제들과 비교될 수 없다. 이것이 우리가 주장하려는 것이다. 이 주장이 참일 경우에 우리는 근거율이 문법에서 이해된 진술의 의미에서 정말로 성립하는지에 대해 의심해보아야 한다. 그렇게 할 때 근거율이 말하는 것과, 그것이 말하는 방식은 우리를 완전히 다른 말함(Sagen)의 방식으로 옮겨놓을 수 있다. 그렇다면 우리는 지금 근

10

거율을 논구하려는 첫 번째 탐색을 위한 시도에서 비록 아주 거칠기는 하지만 그것의 고유한 형태를 제시해야 한다. 이는 앞서 단순한 확정 — 근거율은 예외를 허용하는 하나의 규칙만을 표명하지도 않는다 — 을 근거율이 포함하고 있지 않다는 것을 의미한다. 이 명제는 필연적으로 그것이 관계 맺고 있는 것과, 그것이 관계 맺고 있는 방식을 제시한다. 즉 모든 각각의 존재자는 필연적으로 근거를 가진다. 이 명제는 우리가 떨쳐버릴 수 없는 것을 말한다. 이 명제는 필수불가결한 것을 말한다. 이 명제는 우리가 흔히 말하듯이 원칙적인 것을 표명한다. 근거율은 하나의 근거명제(Grundsatz, 원칙, 원리)이다. 심지어 우리는 그 이상을 다음과 같이 주장하고 말할 수도 있다. 즉 **근거율은 모든 근거명제들 중의 근거명제이다.** 이러한 제시는 그 명제를 둘러싸고 있는 것, 다시 말해 그것이 말하는 것을 둘러싸고 생겨나는, 거의 알아차릴 수 없는 난해함으로 우리를 몰아간다.

　근거율이 **그러한** 근거명제라는 주장은, 우선 근거율이 여러 다른 근거명제와 나란히 있는 하나의 근거명제가 아니라, 그 서열에 있어서 모든 근거명제들 중에서 첫 번째이자 최상의 근거명제라는 것을 의미한다. 그 즉시 우리는 어떤 근거명제들이 있는가라고 묻고 싶을 것이다. 우리는 표상작용, 의지작용, 느낌의 상이한 영역에서 근거명제들과 관계를 맺고 있다. 근거율이 모든 근거명제들 중에서 최상의 것이어야 한다면, 이러한 복수의 근거명제로부터 우리는 모든 인간의 표상작용을 위해 방향과 척도를 제시하는 첫 번째에 속하는 중요한 여러 근거명제들을 생각한다. 이러한 첫 번째 근거명제들로서 사람들이 알고 있는 것은 동일률, 차이율, 모순율, 배중률이다. 라이프니츠 이후 전승된 철학의 이론은 이러한 명제들에 명시적으로 근거율도 고려해넣고 있다. 그러나 이 명제는 근거명제로는 물론, ― 라이프니츠에서도 마찬가지로 ― 최상의 명제로 여겨지지 않는다. 모든 첫 번째 근거명제들 중에서 최상의 것으로 여겨지는 것은 동일률이다. 사람들은 동일률을 'A = A'라는 정식으로 파악한다. 그러나 똑같음(Gleichheit)은 동일성(Identität)과 다른 것이다. 그러나 동일성이 본래 의미하는 것은 그렇게 명백하고 뚜렷하게 규정되고 있지 않다. 동일성은 어떤 것이 동일한 것(das Selbe)으로 있으며, 동일한 것 이외에 다른 것이 없다는 것, 동일한 것 자체, 자기 자신과 동일한 것을 의미한다. 사람들은 그 대신에 동일성을 부정확하게 그 자신과 '똑같음'으로 말한다. 그러나 같은 것은 다수가 있는 곳에만 있다. 그러나 자기 자신과 동일한 것은 그 자신에 대해 각기 개별적인 것일 수 있고, 각기 유일한 것일 수 있다.

다른 사람들은 동일성을 다르게 규정한다. 이에 따르면 동일성은 동일한 것 안에 있는 상이한 것의 공속성(Zusammenge-hörigkeit), 좀 더 분명하게 말해서 동일한 것에 근거(auf Grund des Selben)하고 있는 상이한 것의 공속성을 의미한다. '[동일한 것에] 근거하고 있는'이란 무슨 뜻인가? 동일한 것은 여기에서 공속성의 근거로서 작동한다. 동일성에서 근거의 성격은 상이한 것의 공속성이 그것에, 그리고 그것 안에 기인하고 있는 것으로서 언급된다.

여기에서 우리는 비록 대략적이지만 동일성이 그 본질에서 근거 없이 나오지 않는다는 사실을 알아챌 수 있다. 그러나 근거율은 근거에 대해 다룬다. 그러므로 동일률은 근거율에 기초하고 있다고 할 수 있다. 결국 동일률이 아니라 근거율이 모든 첫 번째 근거명제들 중에 최상의 근거명제가 될 것이다.

아마도 근거율은 명제들 중의 제일명제(primus inter pares), 근본적으로 같은 서열에 놓여있는 첫 번째 근거명제들 중에서도 첫 번째의 것일 수도 있다. 여하튼 '근거율이 최상의 근거명제이다'라는 주장은 전혀 공허한 것은 아니다. 물론 이 주장은 근거명제들에 관해 전승된 이론과 대립한다. 이 이론은 겉으로 보기에는 그것이 주장하는 명료성과 타당성에 일치한다고 할 수 있으나, 물을 만한 가치가 있는 것을 깊이 다루고 그것에 천착하는 사유에 훨씬 못 미치는 표상작용의 습관을 통해서 안정화된 것이다. 그렇다고 해서 우리는 물을 만한 가치가 있는 것을 발견하기 위해 처음부터 멀리 떨어져 있는 사유의 영토로 나아갈 필요는 없다.

12   그러나 최상의 근거명제들과 그것들 사이의 서열에 대한 물음은 근거명제가 도대체 무엇인지에 대해 명료하게 제시되지 않는

한, 안개 속을 헤맬 수밖에 없다. 이 물음에 대한 답변은, 첫째, 근거가 무엇인지, 둘째, 명제가 무엇인지에 대해 아주 명확하게 알 것을 요구한다. 우리는 근거가 무엇인가에 대한 믿을 만한 정보를 어디에서 어떻게 얻는가? 아마도 근거에 **대한** 명제를 통해서 얻을 것이다. 그러나 기이한 것은 근거율이 철저하게 근거 자체를 문제로 삼지 않고 있다는 사실이다. 근거율은 오히려 다음과 같은 것을 말한다. 즉 각각의 존재자는 필연적으로 근거를 가진다. 근거율은 그 자체에 이미 근거가 무엇인지가 규정되어 있으며, 어디에 근거의 본질이 기인하고 있는지가 명백하다고 전제한다. 근거율은 이러한 전제 위에 근거를 두고 있다. 그렇다면 그렇게 본질적인 것을 전제하는 명제가 근거명제로서 진지하게 최상의 명제로서 주장될 수 있는가? 오히려 근거율은 근거와 같은 것의 본질이 어디에서 성립하는지를 명백히 하려는 시도를 도와주지 않는다. 따라서 근거명제를 논구함에 있어서 그것에 대한 희미한 생각 속에 우리가 머물러 있지 않으려면, 근거-명제(Grund-satz)가 무엇인지를 아는 것이 반드시 필요하다.

마찬가지로 명제가 무엇인지에 대해서 명백히 하는 것도 필요하다. 문법이론에 따르면 단순한 명제는 명제의 주어와 술어의 연결로 이루어진다. 여기에서 술어는 주어에 귀속하며, 주어에 의해 진술된다. 그렇다면 주어는 무엇인가? 라틴어로 '수비엑툼(subiectum)', 그리스어로 '히포케메이온(ὑποκείμενον, 기체)'이 의미하는 것은 근거로 놓여 있는 것, 근거로서 앞에 있는 것, 다시 말해 어떤 것에 관한 진술을 위해 근거로서 앞에 있는 것이다. 그러므로 명제가 무엇인가 하는 것은 우리가 앞에서 근거의 본질이 어디에 기인하고 있는지를 명백히 했을 때에만 밝혀질 수 있다.

근거-명제가 무엇인가 하는 것은 어두운 상태에 머물러 있다. 최상의 근거명제로서 근거율이 무엇인가 하는 것은 우리에게 물어볼 만한 가치가 있는 것이다. 가치가 있는 것을 주장하기 위해서 우리는 "근거명제"라는 명칭에서 다루어진 것을 어림잡아 급하게 생각하는 습관을 버려야 한다. 그렇게 할 때 우리는 보다 더 중요한 사태에 주목할 수 있다.

13　　우리 시선이 향하는 곳은 근거율에 대한 논구를 그 첫걸음에서부터 어둠 속으로 빠뜨린 그것이다. 이는 아주 당연하다. 왜냐하면 우리는 근거율을 명료하게 드러내고 싶기 때문이다. 명료한 것과 빛은 어둠과 그림자를 필요로 한다. 그렇지 않을 경우에는 명료하게 드러낼 것이 없을 것이다. 이와 관련하여 괴테는 헤르더와 칸트의 친구였던 요한 게오르크 하만(Johan Georg Hamann)의 명제를 한번 언급한 바 있다(Sprüche in Prosa, ed. R. Steiner, S. 365). 하만의 명제는 다음과 같다. "명료함은 빛과 그림자의 공속적인 나눔이다." 여기에 괴테는 짧고 간명하게 다음과 같이 덧붙였다. "하만 – 그는 듣고 있다(Hamann – Hört)!"

강의 _ 두 번째 시간 2

이 강의가 진행하는 사유의 길이 요구하는 첫 번째 발걸음에서 우리가 어떤 단서를 따라가고 있으며, 그것이 제공하는 통로가 어디 근방(Gegend)으로 우리를 인도하는지에 주목하는 것이 무엇보다 유익할 수 있다. 그 길은 근거율, 즉 이 명제가 말하는 것으로 향하고 있다. 다시 말해 근거율이 무엇에 대해 말하고, 어떻게 말하는지로 향하고 있다. 근거율은 다음과 같다. '이유 없이는 아무것도 있지 않다.' '근거 없이는 아무것도 있지 않다.' 우리는 명제의 내용을 깊이 다루지 않았다. 그 길은 가까운 시선의 방향에서 벗어났다. 오히려 우리는 근거율이 어떤 형태의 명제에 속하는지에 대해 숙고하였다. 철학은 근거율을 원리(Prinzip)라고 부르는 최상의 근거명제로도 여긴다. 근거율을 하나의 근거명제로 숙고함으로써 우선적으로 받아들이게 된 실마리가 외부로부터 그 명제를 따라가도록 우리를 인도하였다. 우리는 당장 내적인 것, 명제의 내용을 다루는 것을 피한다. 이 명제의 놀라운 점은 외부로부터 접근하는 길에서도 충분히 사유되어야 할 것을 이미 가지고 있다는 사실이다. 이후에 이러한 방식을 통해 우리가 제대로 수행을 했는지, 다시 말해 어느 정도로 그 방식이 지금 명제의 내용에 대한 논구를 시도하려 했을 때보다 명제의 핵심에 더 가깝게 우리를 인도했는지가 분명하게 밝혀져야 할 것이다.

우리는 첫 번째 강의시간에 포착한 실마리를 미리 포기하지 않을 것이다. 이 실마리는 하나의 입각점으로 우리를 이끄는 것이어야 한다. 그것에서 우리는 어떻게 근거율이 서양 사유의 장에 드러나게 되었는지에 대한 상세한 지식을 비로소 획득한다. 그로부터 우리는 근거명제로서의 근거율에 대한 첫 번째 인식에 진입한다. 이러한 인식에서 근거율에 익숙해진 우리의 태도에 대한 통찰이 제시된다. 근거율에 대한 우리의 태도를 통찰함으로써 바로 우리 자신, 그리고 우리에게 통용되는 사유방식이 명백하게 드러난다. 따라서 그렇게 사유된 근거율은 ― 우리가 우리 자신에 대해 알려고 노력하지 않아도 ― 우리에게 즉각 우리 자신의 본질에 대한 몇 가지 정보를 전달해준다.

우리는 알든 모르든, 그리고 우리가 알게 된 것에 대해 특별히 주목하든 그렇지 않든 간에 우리가 체류하는 곳은 언제 어디에서나 세계 안에 있으며, 땅 위에서 이루어지는 우리의 발걸음은 근거들로 향하는 도상에 있다. 우리와 마주치는 것에 대해 우리는 그 근거를 탐구한다. 그 근거는 당연히 전면에서만 자주 드러난다. 우리는 때때로 배후로 들어가 보려고 시도하지만 사유의 심연에 이르기까지 충분하게 그 근거를 드러내기에는 역부족이다. 그러나 사람들은 우리를 둘러싸고 있고, 우리에게 닥쳐오는 것을 표현하는 진술에 대해 그 근거를 정립하도록 요구한다. 근거탐구와 근거정립은 우리의 모든 행위를 규정한다.

근거율이 우리와 관계를 맺고 있다는 것은 어디에서 확인할 수 있는가? 그것은 우리가 되돌아가 볼 필요가 없는 사실일 뿐인가?

세계와 삶은 우리가 근거율을 성찰하지 않아도 진행된다. 우리의 행위는 어떤 방식으로든 모든 것의 근거를 탐구하고 근거를 정립해야 하는 일에 사로잡혀 있다. 바로 우리의 행위가 그렇게 사로잡혀 있기 때문에 우리는 다음과 같이 묻고 있기도 하다. 어떤 근거에서 우리의 모든 행위는 근거를 탐구하고 근거를 정립하고 있는가?

이에 대한 대답을 근거율은 내포하고 있다. 근거율은 대답을 내포하고 있지만 대답을 주지는 않는다. 다만 근거율이 그것에 대해 말하고 있는 것 안에 대답은 감추어져 있다. 근거율은 짧은 표현양식으로 다음과 같다. 즉 이유 없이는 아무것도 있지 않다. 근거 없이는 아무것도 있지 않다. 이는 긍정적 표현양식으로 다음과 같은 것을 의미한다. 즉 어떤 방식으로든 있는 모든 것은 필연적으로 근거를 가진다. 이 명제가 말하는 것을 사람들은 즉각 이해한다. 우리는 이 진술에 동의한다. 그러나 이는 이 명제가 지금까지 언제 어디에서나 확인되었고, 앞으로 항상 확인될 것이라고 우리가 생각하기 때문에만 그런 것은 결코 아니다. 우리가 근거율에 동의하는 것(zustimmen)은, 사람들이 말하듯이 이 명제 자체가 틀림없이 맞다(stimmen)는 확실한 느낌을 우리가 가지고 있기 때문이다.

그러나 우리가 근거율을 이렇게 아주 느슨하게 타당하다고 여기는 것으로 충분한가? 오히려 이렇게 타당한 것으로 여기는 것

17

이 사실상 이 명제 자체에 대한 가장 거친 멸시가 아닌가? 그러나 하나의 명제로서 근거율은 아무것도 아닌 것이 아니다. 이 명제 자체도 어떤 것으로 있다. 결국 이 명제도 그것의 고유한 진술에 따라 근거를 가져야 것이다. 근거율을 위한 근거는 어떤 것인가? 이 명제 자체는 우리를 이러한 물음으로 소환한다. 그러나 한편으로 우리는 이러한 방식으로 계속해서 묻는 것에 대해 거북해 한다. 왜냐하면 이 물음은 단순한 근거율에 대해 쓸데없이 흠을 잡고 헐뜯는 물음처럼 보이기 때문이다. 다른 한편으로 우리는 근거율 자체를 통해 그것에 맞게 그것 자체와 연관해서 근거를 묻도록 강제되고 있다는 것을 알 수 있다. 어떻게 우리는 이러한 곤경에서 빠져나올 수 있는가?

우리는 우리의 사유를 똑같이 자극하는 두 가지 가능성 앞에 서 있다. 먼저 근거율은 일반적으로 이 명제가 말하는 것 — 어떤 방식으로든 있는 모든 것은 필연적으로 근거를 가진다 — 에 유일하게 저촉되지 않는 그런 명제일 수 있다. 이런 경우에 당장 근거율은 — 그리고 그것만이 — 자신에게 고유한 타당성의 영역에서 빠져나와 '근거율은 근거 없이 있다'고 하는 최고로 기이한 것으로 제시된다.

아니면 근거율도 필연적으로 하나의 근거를 가지고 있다고 여기는 것이다. 그러나 이럴 경우에 그 근거는 아마도 다른 많은 근거들과 나란히 하는 그런 근거일 수는 없을 것이다. 오히려 근거율이 그것의 완전한 범위에서 논의되는 즉시 근거정립에 대한 최고의 요구를 스스로 받아드일 것이라고 우리는 기대할 수 있다. 그렇다면 근거율을 위한 근거는 모든 근거들 중에서 탁월한 것이며, 근거의 근거와 같은 것이어야 할 것이다.

그러나 우리가 근거율을 그것의 고유한 낱말에서 받아들이고, 그렇게 함으로써 근거의 근거로 나아간다면 우리는 어디로 빠져드는가? 근거의 근거는 자신을 넘어 근거의 근거의 근거로 돌진하는가? 우리가 이런 방식으로 물음을 계속해 나간다면, 멈추어 근거를 조망(Aussicht)할 수 있는 것은 어디에서나 가능한가? 사유가 근거로 향한 길을 간다면, 결국 사유는 멈추지 못하고 무근거에 빠질 것임에 틀림없다.

따라서 사람들은 여기에서 그러한 근거로 향해 길을 가는 사람의 사유가 멸망에 이르는(zugrunde gehen) 위험을 안고 있다고 경고하고 싶을 것이다. 이 경고는 심오한 진리를 내포할 수 있다. 그러나 그 경고는 사유의 요구에 대해 아무런 도움이 되지 않는 방어에 불과할 뿐이다. 어떤 경우에서든 근거율과 그것의 근거정립, 그리고 근거명제로서의 명제로 인해 하나의 고유한 사태가 드러나고 있다. 어떤 관점에서 본다면, 사람들은 이 명제를 즉각 이해하고 고민할 필요도 없이 타당한 것으로 받아들인다. 다른 관점에서 본다면, 우리의 사유는 — 이 명제와 연관하여 그것이 말하고 있는 것을 진지하게 받아들이자마자 — 무근거 속에 빠지

18

는 것처럼 보인다.

그러므로 근거율은 즉각 근거로 향해 가는 길에 기이한 빛을 비추어 — 우리가 근거명제들과 원리들에 깊이 관여할 때 — 아주 애매하여 말할 수 없는 위험스런 근방에 이르도록 만드는 그런 것이다.

이 근방은 많은 사유자들에게 — 그들이 비록 많은 말은 하지 않았지만 — 잘 알려져 있었다. 근거에 대한 근거명제로 향한 길을 출발하여 낯선 근방에 도달한 우리에게 그들의 사유에 대해 아는 것은 도움이 될 수 있다. 그렇게 함으로써 우리는 근거율의 논구에서 너무 성급하게 과도한 요구를 하거나, 생각하는 것에 지쳐 빨리 만족하는 것을 피할 수 있다.

데카르트가 모든 것을 의심하고, 명석하고 판명하게 제시되는 것만을 확실한 인식으로 허용함으로써 모든 인간의 지식을 흔들리지 않는 근거(fundamentum inconcussum) 위에 두려고 했다는 사실은 잘 알려져 있다. 데카르트의 이러한 방식에 대해 라이프니츠는 그가 주도적인 원리로 여기는 표상작용의 명석함과 판명함이 어떤 지점에 있는지에 대한 논의를 포기하였다고 지적한다. 라이프니츠에 따르면 데카르트는 그러한 지점에 대해서는 별로 의심하지 않았다. 이에 대해 라이프니츠는 1696년 8월 23일 요한 베르눌리(Joh. Bernoulli)에 보낸 한 편지에서 다음과 같이 말한다. "그러나 그 사람[데카르트]은 이중적으로, 다시 말해 너무 많이 의심함으로 인해, 그리고 너무 쉽게 의심하는 것과 거리를 둠으로 인해 실수를 범했다(sed ille dupliciter peccavit, nimis dubitando et nimis facile a dubitatione discendendo)."

이러한 라이프니츠의 말에서 우리는 무엇을 배울 수 있는가? 근거로 향해 가는 길을 위해, 그리고 근거명제들과 원리들의 근방에 머물기 위해 두 가지가 필요하다. 즉 사유의 대담함과 절제함이다. 그러나 이 둘은 각기 적합한 장소에 있어야 한다.

그 때문에 이미 아리스토텔레스는 이후에 모순의 근거명제로 언급되는 것과, 그에 대한 근거정립을 다룬 『형이상학(Meta-physik)』 4권 4장에서 다음과 같이 기록하고 있다. "사람들이 어떤 것을 위해서는 증명이 요구되고, 어떤 것을 위해서는 그렇지 않다는 것을 모른다면 그 이유는 '파이데이아(παιδεία, 교육)'를 결핍하고 있기 때문이다(ἔστι γὰρ ἀπαιδευσία τὸ μή γιγνώσκειν τίνων δεῖ ζητεῖν ἀπόδιξιν καί τίνων οὐ δεῖ)."(Met. Γ 4, 1006a 6 sq.)

그리스어 '파이데이아(παιδεία)', 즉 아직 외국어 '패다고긱(Pädagogik)'에 반쯤 살아 있는 이 낱말은 번역될 수 없다. 여기에는 그때마다 적합한 것과 부적합한 것에 대해 일깨움을 준다는 의미가 담겨 있다.

아리스토텔레스의 말에서 우리는 무엇을 배울 수 있는가? 근거명제의 근방에 진입한 사람은 근거명제에 많은 것을 요구하지도 않고, 또한 그것을 낮게 평가하지도 않기 위해서 '파이데이아'를 필요로 한다 ─ 우리는 그것을 단순 소박한 사태연관에 직면하여 합당한 것과 합당하지 않은 것을 구별하는 능력이라고도 말할 수 있다.

우리가 라이프니츠와 아리스토텔레스의 말을 한층 더 깊이 숙고할 수 있다면, 첫 번째 근거명제들과 최상의 원리들은 직접 분명하게 드러나며 너무도 자명한 것이어서 그 자체로 사유를 편안하게 해주는 것이어야 한다고 여기는 통속적인 의미가 얼마나 의심스런 것인지를 생각할 수 있게 될 것이다.

시인이며 동시에 위대한 사유자였던 노발리스(Novalis)는 그것을 다르게 알고 있었다. 그는 한 단편(Minor III, 171, Wasmuth III, n. 381)에서 다음과 같이 말한다.

20 "최고의 원리는 최고의 역설을 자신의 과제 안에 내포하고 있어야 하지 않겠는가? 그것은 결코 어떤 평화도 허락하지 않으며, 항상 끌어들이고 밀치며, 새로움으로 인해 항상 이해될 수 없는 것으로 여겨지기도 하고, 간혹 사람들이 이미 이해했다고 여기기도 하는 그런 명제이어야 하지 않을까? 그것은 우리의 행위를 지치게 하지 않고, 습관에 빠지지 않도록 끊임없이 활동하게 만드는 그런 것이 아닐까? 오래된 신비주의적 말함에 따르면, 신은 유령과 비슷한 것이다."

우리는 노발리스의 말에서 무엇을 배울 수 있는가? 그것은 아마도 최고 원리의 근방에는 최상의 근거명제에 속한 직접적인 명증성에 대해 통상적인 이론이 알 수 있는 것과는 전혀 다른 것이 있을 것이라는 사실일 것이다.

근거율은 우리에 의해 언제 어디에서나 버팀목이자 척도로서 사용되고 추구되는 것이다. 그러나 동시에 근거율은 그것의 가장 고유한 의미를 숙고하지 않을 때, 우리를 무근거에 빠뜨린다.

그러므로 근거율에는 이미 짙은 그림자가 드리워져 있다. 이 그림자는 근거율이 다른 명제들 가운데 하나의 임의적인 명제가 아님을 확인하자마자 더욱 어두워진다. 근거율은 근거명제로 여겨진다. 우리의 주장에 따르면 그것은 모든 명제들의 명제이어야 한다. 궁극적으로 말한다면 이는 다음과 같은 것을 뜻한다. 즉 근거율은 명제들의 근거이다. 근거의 명제(Satz des Grundes, 근거율)는 명제의 근거(Grund des Satzes)이다.

'근거의 명제 — 명제의 근거'라는 정식으로 나아가는 것을 수용한다면 한동안 자제가 필요하다. 여기에는 무엇인가가 그 자체에서 스스로 회전하고 있다. 여기에는 무엇인가가 자기 자신 안에서 회전하고 있지만 묶여 있지 않고 풀려나 있다. 여기에는 원환(Ring), 즉 뱀과 같은 살아 있는 원환이 있다. 여기에는 어떤 것이 자기 자신의 끝을 잡고 있다. 여기에는 이미 완성된 것으로 존재하는 시원이 있다.

명제의 근거로서 근거의 명제[근거율]라는 기이한 관계는 우리의 익숙한 표상작용을 혼란 속에 빠뜨린다. 지금 일어나는 혼

란이 진정한 근원을 가진 것이라면, 그러한 관계가 우리를 당황
스럽게 해서는 안 된다. 사람들은 그것에 대해 당연히 의심할 수
있다. 그리고 그러한 기이한 관계가 우리를 혼란스럽게 하는 것
은 근거에 대한 근거명제라는 명칭 안에 들어 있는 "근거"와 "명
제"라는 낱말을 가지고 하는 말놀이로 인한 것에 불과하다고 제
시할 수 있다. 그러나 그러한 말놀이는 근거율의 라틴어 표현양
식이 지시하는 것을 알게 되면 금방 끝나버린다. 라틴어 표현양
식은 다음과 같다. '이유 없이는 아무것도 있지 않다(Nihil est
sine ratione).' 그러나 그에 상응하는 라틴어 명칭은 어떻게 말하
는가? 라이프니츠는 근거율을 이유의 원리(principium rationis)
라고 부른다. 여기에서 원리가 의미하는 것을 우리는 가장 영
향력 있는 라이프니츠의 제자, 크리스챤 볼프(Christian Wolff)
가 그의 존재론에서 제시하고 있는 짧은 정의를 통해 가장 잘 경
험할 수 있다. 그는 거기에서(70절) 다음과 같이 말한다. "원리
는 자체 안에 다른 것을 위한 이유를 포함하고 있는 그런 것이다
(principium dicitur id, quod in se continet rationem alterius)."
그러므로 이유의 원리는 이유의 이유(ratio rationis), 근거의 근거
이다. 근거율의 라틴어 명칭도 우리를 동일한 혼란과 얽힘 속으
로 밀어넣는다. '근거의 근거'에서 근거는 '명제의 근거로서 근거
의 명제[근거율]'에서 알려졌듯이 자기 자신에게로 회귀한다. 그
러므로 우리가 직접 근거율을 따라가는 것이 아니라 원환운동을

통해 관련을 맺고 있다는 사실은 명제의 명칭이 가진 원어, 즉 독일어 명칭이나 라틴어 명칭 속에 있는 것이 아니다. 왜냐하면 독일어 명칭, "데어 자츠 폼 그룬트(Der Satz vom Grund, 근거율)"는 라틴어 명칭, "프린키피움 라치오니스(principium rationis, 이유의 원리)"와는 완전히 다르기 때문이다. 이는 우리가 근거율 대신에 좀 더 적합하게 '근거에 대한 근거명제(Grundsatz vom Grund)'라고 말할 때도 마찬가지이다. 왜냐하면 '그룬트(Grund, 근거)'라는 낱말은 '라치오(raison, 이성)'라는 낱말의 사전적 번역도 아니며, '그룬트자츠(Grundsatz, 근거명제)'라는 낱말은 '프린키피움(principium, 원리)'이라는 낱말의 사전적 번역도 아니기 때문이다. 우리가 그 내용을 전혀 숙고하지 않는다면, 명제와 원리는 이미 단순한 명칭으로도 우리를 혼란스럽게 할 수 있다. 이러한 사실은 바로 이유의 원리로서 근거율이 가지는 난해함에 속한다. 이 난해함은 우리가 이 낱말들을 가지고 공허한 말놀이를 할 때처럼 명칭 자체에 있는 것이 아니다. 근거율의 난해함은 논구해야 할 명제가 명제로서 있는 바 그대로 원리의 서열과 역할을 가진다는 것에 놓여 있다.

새롭게 만들어진 낱말 "그룬트자츠"에서 라틴어 '프린키피움' 22 으로의 번역은 처음 18세 초 우리의 언어사용권 안에 도입되었다. 그러나 이러한 번역어가 정확히 언제 출현했는지는 언어역사에서 분명하지 않은 것으로 보인다. 우리에게 통용되는 '인텐치오(intentio)'의 번역어 "압지히트(Absicht)", '엑스프레시오(expressio)'의 번역어 "아우스드룩(Ausdruck)", '프래젠티아(praesentia)'의 번역어 "다자인(Dasein)", '오비엑툼(obiectum)'의 번역어 "게겐슈탄트(Gegenstand)"와 같은 낱말들은 18세기에 처음으로 만들어졌다. 이러한 독일어 낱말들이 제대로 생성된 것인지에 대해 누가 논쟁을 하려 들겠는가? 오늘날 우리에게서는 더 이상 아무것도 생성되지 않고 있다. 왜 그런가? 왜냐하면 우리를 자극하고 촉진하는 전승에 대해서 사유하려는 대화의 가능성은 상실되고, 그 대신에 우리의 언어는 전기로 작동되는 사유하는 기계와 계산하는 기계에 내맡겨지고 있기 때문이다. 나아가 근대 기술과 과학은 완전히 새로운 사유방식과 예측할 수 없는 결과로 우리를 이끌고 있으며, 성찰하는 사유를 없어도 되는 불필요한 것으로 몰아붙이고 있다.

라틴어 낱말 '프린키피움'의 의미에는 독일어 낱말 '그룬트-자츠(Grund-Satz)'가 말하는 것에 관해 직접적인 어떤 것도 담고 있지 않다. 그러나 우리는 철학에서는 물론, 과학에서도 '프린키피움', '프린치프(Prinzip)', '그룬트자츠'와 같은 명칭을 차이 없이 동일한 의미로 사용하고 있다. 이는 그리스어에서 유래한 명칭, '악시옴(Axiom, 공리)'에도 해당된다. 사람들은 기하학의 공리를 말한다. 유클리드는 자신의 책 『엘레멘타(Elementa)』에서 '악시오마타(ἀξιώματα, 공리들)'의 집합에 대해 기록하고 있다.

예를 들어 공리는 그에게 명제이다. "동일한 것과 같은 것은 서로 같다(Was dem Selben gleich ist, ist untereinander gleich)." 그리스의 수학자들은 공리들을 근거명제로 이해하지 않았다. '악시오마타'는 '코이나이 엔노이아이(κοιναί ἔννοιαι)'이다. 플라톤은 이 낱말을 즐겨 사용하였다. 이것은 통찰, 통찰을 가짐, 나아가 정신적인 눈으로 통찰함을 의미한다. '악시오마타'를 '코이나이 엔노이아이'로 바꿔 쓴 것을 사람들은 흔히 "일반적으로 받아들여진 표상들"로 번역한다. 라이프니츠도 어떤 방식에서는 공리의 본질에 대한 해석에 집중하였다. 그러나 그는 공리를 명제로 규정하고 있다는 점에서 본질적인 차이를 가진다. "공리들은 분명한 것으로 여겨지는 명제들이다(Axiomata sunt propositiones, quae ab omnibus pro manifestis habentur)." 이에 대해 라이프니츠는 다음과 같이 덧붙인다. "자세히 본다면, 공리들은 한계개념들로 구성되는 명제들이다(et attente considerata ex terminis constant)."(Couturat. op. cit. 32) 라이프니츠에게 이유의 원리, 근거에 대한 근거명제는 공리이다.

23

주목해야 할 점은 다음과 같다. 즉 원리와 공리는 명제의 성격을 가진다. 원리와 공리는 명제들 사이에서 도출되고 증명과 추론에서 어떤 방식으로든 상위에 있는 한, 최상의 명제들이다. 이미 아리스토텔레스는 공리의 영역에 속하는 것을 알고 있었다. 아리스토텔레스는 직접적이지는 않지만 간접적으로 공리의 본질에 대해 깊은 통찰을 전개하였다. 그러나 그것에 대해 충분하게 밝혀진 내용은 오늘날까지 우리에게 전해지고 있지 않다. 이러한 현상은 이미 언급한 모순율에 대한 논의에서도 일어나고 있다 (Met. Γ3 sqq.).

공리, 원리, 근거명제라는 명칭이 지시하는 것은 무엇인가? 그것들은 우리에게 다음과 같은 사실을 기억나게 해주고 있다. 즉 공리, 원리, 근거명제는 각기 그때마다 다른 표상작용의 영역에서 유래함에도 불구하고 오래전부터 철학과 학문에서 어느 하나가 다른 것을 위해 사용되었다는 사실이다. 그러나 그것들은 비록 변형되었음에도 불구하고 동일한 것을 의미해야 한다. 그렇지 않을 경우에는 그 중에서 어떤 하나가 다른 것을 다른 언어로 번역할 수 없도록 만든다. 그리스어 '악시오마(ἀξιώμα)'는 '나는 어떤 것을 가치 있게 여긴다'는 뜻을 가진 '악시오(ἀξιώ)'에서 파생되었다. 그러나 "어떤 것을 가치 있게 여긴다"는 것은 무엇을 의미하는가? 우리 현대인은 즉시 다음과 같이 말한다. 즉 '가치 있게 여긴다'는 것은 '어떤 것의 가치를 매김', '어떤 것을 평가함'을 뜻한다. 그러나 우리는 그리스어로 이해된 '가치 있게 여김'으로서 '악시운(ἀξιοῦν)'이 무엇을 의미하는지 알아야 한다. 우리는 그리스어로 사유될 때 '가치 있게 여김'이 무엇을 의미할 수 있는지를 숙고해야 한다. 왜냐하면 그리스인은 가치평가에 대한 표상과 가치의 개념을 모르기 때문이다.

인간과 존재하는 것의 근원적인 연관에 대한 그리스의 사유에서 "어떤 것을 가치 있게 여긴다"는 것은 무엇을 뜻하는가? '가치 있게 여긴다'는 것은 어떤 것이 그 속에 담고 있는 품위(Ansehen)를 그대로 드러내고 보존함을 뜻한다. 공리는 최고의 품위를 있는 그대로 나타내는 것이며, 인간에서 출발하여 인간을 통해 분배되고 평가를 통해 정해지는 것이 아니다. 최고의 품위 속에 있는 것은 자신의 모습(Ansicht)을 자기 자신으로부터 발생시킨다. 이러한 품위는 그것에 고유한 외관(Aussehen)에 기인한다. 자기 자신으로부터 최고의 품위를 가진 것은 그 외관에서부터 모든 다른 것이 그때마다 자신의 외관을 얻고 그의 품위를 소유하는 최고의 조망(Aussicht)을 개시한다. 그리스적으로 사유된 공리가 지시하고 있는 감추어진 의미는 그 자체로 단순 소박하다. 물론 이러한 의미를 파악하는 것이 우리에게는 아주 어렵다. 이는 무엇보다도 우리가 오래전부터 공리를 원리와 근거명제의 의미에서 이해하는 것에 익숙해 있기 때문이다. 나아가 그런 이해에는 공리를 명제로 파악하는 후기 그리스적 영향이 작용하고 있다. 그러나 라틴어 '프린키피움'도 마찬가지로 그리스어 '악시오마(ἀξίωμα)'가 말하는 것에 관해서는 아무것도 말하지 않는다. '프린키피움(principium, 원리, 원칙)'은 "처음으로 파악한 것(id quod primum cepit)", 첫 번째의 것을 포함하고 있는 것, 그런 방식으로 서열에서 첫 번째 자리에 있는 것을 의미한다. 라틴

24

어 '프린키피움'에는 다시금 독일어 '그룬트-자츠(Grund-Satz, 근거-명제)'가 말하는 것에 대해서 어떤 것도 전해주고 있지 않다. 우리가 이 낱말을 그리스어로 다시 번역하려고 한다면, '그룬트-자츠'에 대한 그리스어 낱말은 '히포테시스(ὑπόθεσις)'이어야 할 것이다. 플라톤은 이 낱말을 그의 전체 사유에서 본질적인 의미를 가진 것으로 사용하였다. 그것은 당연히 우리에게 외래어로서 '히포테제(Hypothese)'가 뜻하는 것, 즉 아직도 증명되지 않는 가정이라는 의미를 가지고 있지 않다. '히포테시스'는 다른 것에 이미 근거로 놓여있고 — 비록 우리 인간이 그것을 같은 것으로, 항상 고유하게 표시하지 않을지라도 — 다른 것을 관통하여 항상 이미 드러나고 있는 것을 의미한다. 독일어 '그룬트-자츠'를 플라톤의 낱말 '히포-테시스(ὑπό-θεσις)'에 담긴 순수한 언어적 울림에서 듣는 것이 성공할 경우에 근거명제라는 명칭은 다른 소리, 그리고 다른 비중을 얻게 될 것이다. 이를 통해 우리가 진행하고 있는 근거에 대한 근거명제의 논구는 순식간에 다른 근거와 토대로 옮겨질 것이다.

25   〈플라톤의 '히포테시스'에서 '테시스(θεσις)'도 당연히 그리스적 의미에서 사유되어야 한다. 『숲길(Holzwege)』, 1950, 49.[1] 『강연과 논문(Vorträge und Aufsätze)』, 1954, 28, 49.〉

1. 전집 5권 『숲길(Holzwege)』 Hrsg. von Friedrich Wilhelm von Herrmann, Frankfurt a. M.: Vittorio Klostermann, 1977, 48쪽 참조.

강의 _ 세 번째 시간 3

'이유 없이는 아무것도 있지 않다', '근거 없이는 아무것도 있지 않다'고 근거율은 말한다. 그렇지만 이 근거율은 아무것도 말하고 있지 않다. 왜냐하면 바로 이 근거율과 그것이 말하는 것, 나아가 그 말함(Sagen) 자체는 근거율의 타당성이 적용되는 영역에 속하지 않아야 하기 때문이다. 이런 것을 사유하라는 것은 터무니없는 요구이다. 간단히 말해서 그것은 근거율이 근거 없이 있다고 생각하라는 것이다. 좀 더 분명하게 표현하면 그것은 "근거 없는 무(無)"이다. 다시 말해 그것은 근거 없는 어떤 것을 말한다. 이것이 분명하다면 극도로 낯선 사태연관이 우리 앞에 나타난다. 그러나 그것은 잠시일 뿐이다. 왜냐하면 우리는 그러한 경우에 대한 해결책을 알기 때문이다. 어떤 경우인가? "근거 없는 무" — 그 자체로 근거가 부재하는 것 — 이는 명백한 모순이다. 그 자체에서 모순인 것은 **존재**할 수 없다. 모순에 대한 근거명제가 이것을 말한다. 이것은 간단하게 말해서 다음과 같이 표현된다. 즉 모순을 포함한 것은 존재할 수 없다(esse non potest, quoud implicat contradictionem). 자체 안에 모순을 포함하고 있는 것은 **존재**할 수 없다. 우리는 항상 존재할 수 있는 것, 그리고 현실적인 것에 도달하려고 하는 때와 장소에서 모순을 피해야 한다. 다시 말해 모순율을 따라야 한다. 그러므로 존재하는 것에 대한 확실한 지식을 얻으려는 노력은 모순을 피해야 할 뿐만 아니라, 현존하는 모순을 적합한 새로운 가정을 통해 해결해야 한다. 과학은 매번 이론에서 등장하는 모순과, 관찰된 사실내용에서 등장하는 대립을 차례로 배제하려고 노력한다. 이러한 표상작용의 양식은 현대 과학이 열정적으로 추구하는 것이다. 모순에 대한 근거명제, 그것에 대한 무조건적 복종의 요구는 현대 과학을 이끌어가는 비밀스런 촉진제이다. 그러나 우리가 '근거에 대한 최상의 근거명제는 무근거이다'라는 정식으로 옮겨가는 경우에는 어떻게 될 것인가? 모순에 대한 근거명제는 그러한 정식에 대한 우리의 사유를 거부한다. 그러나 우리는 최상의 근거명제에 관한 논구에서 다른 근거명제, 즉 척도를 부여하는 근거−명제는 아니라고 하더라도 모순에 대한 근거명제를 지나칠 수 있는가? 이것은 모순에 대한 근거명제를 타당하게 여기는 것과 어떻게 연관되는가? 우리는 근거가 무엇이며, 명제가 무엇인지에 대해 논구하지 않고 모순을 근거명제로 정립할 수 있는가?

모순율에 대한 지속적인 요청은 학문에서 세계를 가장 명료하게 드러내는 일과 연관되어 있다. 그러나 모순율의 역사를 아는 사람은 이미 그 내용에 대한 해석이 의심스런 것이라는 사실을 고백하고 있다. 150년 전에 헤겔의 『논리학의 학(Wissenschaft der Logik)』은 다음과 같이 말하고 있다. 즉 모순과 대립은 어떤 것이 현실적으로 있다는 사실에 배치되는 어떤 근거가 아니다. 오히려 모순은 현실적인 것의 현실성에 속하는 내적 생명이다. 모순의 본질과 그것의 작용에 대한 이러한 해석은 헤겔 형이상학의 핵심이다. 헤겔의 "논리학" 이후 모순이 현존하는 곳에서 모순적인 것이 현실적으로 존재할 수 없다고 하는 말은 더 이상 직접적으로 확실한 것이라고 할 수 없다. 근거에 대한 근거명제를 숙고하는 분야에서도 근거명제를 여러 관점에서 성급하게 규정하려는 경향이 있다. 근거율은 근거 없이 있는 것은 자기 자신에게 모순되며, 그 때문에 그것은 불가능하다는 의미로 여겨진다. 이런 경향은 우리가 성찰하지 않고 손쉽게 근거율을 요청하고 그것에 대해 설명할 때 발생한다. 그러나 근거 없는 근거율이라는 이러한 사태연관을 어떻게 우리가 표상할 수 있겠는가? 다시 말해 우리가 어떤 것을 표상하자마자 우리는 그것을 이러한 것으로서, 저러한 것으로서 표상한다. "이러한 **것으로서**, 저러한 **것으로서**"라는 표현을 통해 우리는 표상된 것을 어디엔가 아래쪽으로 데려가 거기에 내려놓는다. 다시 말해 그것을 근거로 데려간다. 우리의 표상작용은 언제 어디서나 근거로 도피한다. 근거 없는 근거율, 이것은 우리에게 표상할 수 없는 것으로 여겨진다. 그러나 표상할 수 없는 것이라고 해서 사유될 수 없는 것은 결코 아니다. 29
사유는 표상작용 안에서 다 길러낼 수 없다.

그러나 근거율이 모든 다른 근거 이전에 하나의 근거를 갖는다는 사실을 우리가 고수한다면, 다음과 같은 물음이 우리 앞에 놓인다. 근거율의 근거는 어떤 것인가? 확실히 기이해 보이는 이러한 근거는 어떤 형태를 가지는가?

근거율은 근거명제로서 여겨진다. 심지어 우리는 근거율이 최상의 근거명제, 모든 명제들 중의 근거, 명제 자체의 근거라고 주장한다. 이러한 주장에는 다음과 같은 사실이 놓여 있다. 즉 근거율, 즉 근거율이 말하는 것은 그 명제의 본질과 그 명제가 진술하고 있는 것에 대한 근거이며, 그것이 말하고 있는 것 자체에 대한 근거이다. 근거율이 말하는 것은 언어의 본질에 대한 근거이다. 이는 아주 폭넓은 사상이다. 그러므로 우리는 근거율을 따르기 위해 가장 가깝게 있는 것에서부터 시작해야 한다. 근거율이 모든 명제들 중의 최상의 명제라고 한다면, 그것은 동시에 모든 경우에도 명제의 근거이어야 할 것이다. 근거의 명제[근거율]는 명제의 근거이다. 우리는 여기에서 소용돌이 속에 휘말린다. 우리는 정말로 소용돌이 속에 들어갔는가? 아니면 우리는 바깥에서만 그것을 확인하고 있는가? 근거율이 명제의 근거라는 이러한 사실은 소용돌이처럼 움직이는가? 우리가 급속도로 소용돌이 속으로 빠져들어 심지어 그 중심에 도달할 수 있다면, 그것은 반갑고 고무적인 일이다. 왜냐하면 소용돌이의 중심영역에는 사람들이 말하듯이 고요함이 지배하고 있기 때문이다.

그러나 우선 우리에게는 근거율의 근방(Gegend)이 익숙하지 않고, 이 근방으로 가는 통로는 많지 않다. 우리는 다음과 같은 사실에 주목한다. 즉 통로와 근방은 그림자 속에 있으며, 그것을 비추는 빛은 희박하다. 사람들이 근거율은 직접 분명하게 드러나는 명제라고 말한다는 사실에서만 그 빛은 존립한다. 이러한 명제들이 직접 분명하게 드러나고 있다는 사실은 원칙 또는 공리라고도 불리는 근거명제들에 의해 언제 어디에서나 타당한 것으로 여겨진다. 그렇지만 이전에 제시된 것처럼, 공리들, 원칙들, 근거명제들의 의미를 동일한 차원에서 평준화시켜 말하는 익숙한 방식은 의심스런 것으로 여겨져야 한다. 왜냐하면 세 가지 명칭, 즉 그리스어 낱말 '악시오마(ἀξιώμα)', 라틴어 낱말 '프린키피움(principium)', 독일어 낱말 '그룬트자츠(Grundsatz)'는 완전히 다른 표상작용의 영역을 나타내기 때문이다. 겉보기에 무난한 이 낱말들의 의미가 가진 차이의 배후에는 서양 사유의 역사에 속하는 근본특징이 감추어져 있다. 이 역사는 지나간 역사가 아니라 아직 존속하고 있으며, 매번 드러나지는 않지만 오늘날 우리를 규정하는 역운(Geschick)으로서의 역사이다.

그동안 사람들은 수세기 전부터 익숙하게 말하는 방식과 사유하는 방식을 일치시켜 왔다. 공리들은 그것들 아래 있는 다른 명제들의 관점에서 볼 때, 모든 것에 앞서 가치 있는 최상의 근거명제들이다. 사람들은 어느 정도로 어떤 의미에서 공리들이 그 자체에서 가치가 있는지에 대해서는 주목하지 않는다. 이 가치는 도출된 명제들에 대한 반성 없이 어떤 것을 평가하는 것이다. 그리스에서 가치가 있다는 것은 어떤 것의 품위를 드러내고 보존하는 것이다. 원리들(principia)은 첫 번째 자리에 있으며 서열에서 가장 앞에 있는 것이다. 원리들은 서열 및 질서와 연관되어 있다. "근거-명제들(Grund-Sätze)"은 그 이름처럼 통용되는 견해에 따라 공리와 원칙에서 중시되는 질서의 영역, 즉 명제들의 영역이 있다는 것을 말한다. 우리는 이러한 사실을 자명한 것으로 여긴다. 거기에서 우리는 아무것도 사유하지 않는다. 그러나 명제에 부합하는 공리에 대한 파악에서 최근에는 공리에 대한 표상이 전개된다. 이러한 표상에 따라 가정과 확정으로서 공리들은 모순이 없는 명제들의 체계를 구축한다는 점에서 그 역할이 부각된다. 공리의 공리적 성격은 중점적으로 모순을 배제하고, 모순에 대립하여 안정화(Sicherung)를 구축하는 역할 속에서 성립한다. 그 자체로 본다면 공리가 여전히 진술할 수 있는 것은 대상적 의미가 없는 것이다. 이런 의미에서 대상이 없는 학문적 사유의 공리적 형식은 오늘날 무한한 가능성을 가지고 있다. 이러한 공리적인 사유는 이미 진행되고 있다. 이에 대해 우리는 주목하고 있지 않으며, 인간의 사유를 바꾸어 현대 기술의 본질에 부합한 것으로 만들기까지 그것이 끼치는 영향 범위를 통찰하고 있지 못하다. 이러한 진행에 대해 성찰하는 사람은 인간에 의한 기술의 지배라는 익히 들어온 말도 지금 **존재**하고 있는 것의 주변영역에서만 움직이고 있는 표상방식에서 나온 것임을 즉시 인식할 것이다. 오늘날 인간이 기계와 도구의 노예가 되고 있다는 확인도 피상적인 사실에 머물러 있다. 왜냐하면 그러한 사실을 확인한 후

31

에는 전적으로 다른 태도가 필요하기 때문이다. 그 태도는 어느 정도로 이 시대의 인간이 기술 아래 종속되고 있는지에 대한 것 뿐만 아니라, 어느 정도로 인간이 기술의 본질에 상응해야 하며, 어느 정도로 이러한 상응 속에서 자유로운 인간 현존재의 더 근원적인 가능성을 고지할 수 있는지에 대해 깊이 사유하는 것이어야 한다. 기술적이고 과학적인 세계 구축은 그러한 세계에서 밝혀지는 모든 구성내용(Bestände)을 형태화하려는 자신의 요구를 전개한다. 그러므로 이러한 기술적이고 과학적인 세계 구축의 영역에서는 사람들이 적합하지 않게 붙인 명칭 "추상예술(abstrakte Kunst)"이라고 부르는 것이 합법적인 기능을 가진다. 나는 이것을 언급하기 위해 의도적으로 전 세계적으로 통용될 수 있는 외국어 낱말들을 사용한다.

우리가 지금 공리, 원칙, 근거명제가 평준화된 낱말로 사용되고 있음을 지적하고, 그러한 사용이 계산하는 사유의 공리적인 안정화에 봉사하고 있다는 사실에 주의한다면, 우리는 몇 가지 결단을 해야 하는 성찰에 집중할 필요가 있다.

만일 우리가 현대의 공리적 사유를 과소평가한다면, 그것은 근시안적이며 동시에 거만한 태도일 것이다. 그러나 우리가 이러한 현대적 사유를 그리스인의 사유 속에 있는 위대하고 자유로운 근원으로 되돌릴 수 있다고 생각한다면, 그것은 어린이와 같은 감상적인 생각일 것이다. 유일하게 결실을 맺을 수 있는 길은 현대의 공리적 표상과 그 속에 감추어진 근거들을 관통해가는 것이다. 가장 먼저 통용되는 공리, 원리, 근거명제에 대한 표상과 그것의 역할을 생각해볼 필요가 있다. 우리가 어떻게 최상의 근거명제와 관계를 맺고 있는지에 대해 성찰해보자. 여기에서 드러나는 것은 우리가 성찰하지 않고 근거명제를 추종하고 있다는 사실이다.

32 우리는 공리, 원리, 근거명제와 같은 것이 어디에 있는지, 이것들이 어디에 근거지를 두고 있으며, 이것들이 어디에서 유래하는지에 대해 전혀 생각하지 않는다. 원리, 이것은 이성의 임무처럼 보인다. 근거명제는 우리의 지성과 관계하는 것, 즉 우리의 머리 안에서 맴돌고 있는 것처럼 보인다. 그밖에도 이러한 근거명제들의 정식들은 겉보기에 보편타당성을 제시한다. 그렇지만 우리가 그 명제들이 말하고 있는 것에 대해 충분한 본질적 내용을 사유할 수 없는 한에서는 그 명제들은 속이 텅 빈 것이기도 하다.

근거에 대한 근거명제는 무엇에 대해 말하는가? 그것은 어디에 속하는가? 어디에서 그것은 말하는가?

이 물음들에 대한 논구는 학문을 촉진하는 데 별로 기여하지 못한다거나, 심지어 현재 절박한 위기를 사유하지 않고 지나치도록 철학을 잘못 이끈다는 인상을 불러일으킬 수도 있다. 그럼에도 불구하고 이 물음은 결코 빗나간 물음이 아니다.

그러한 두려움은 정당하다. 그것은 근거율에 대한 논구를 시도하기 전에 밖에서만 명제를 맴돌고 있는 특징들 중의 마지막 특징이라고 할 수 있을 것이다. 따라서 우리가 근거율을 논구하려고 할 경우에 다음의 내용은 우리가 어디에 있고 어디로 가는지를 한층 더 분명하게 드러내는 것이어야 할 것이다.

라이프니츠는 근거율을 강력한 원리(pricipium grande)라고 부른다. 이러한 특징 부여가 의미하는 것은 라이프니츠와 함께 사유하는 대화에 돌입할 수 있을 때에야 비로소 완전히 밝혀질 것이다. 그러나 근거율에 대한 충분한 논구가 제공되지 않는 한, 그러한 작업은 제대로 이행될 수 없다. 라이프니츠와 가장 먼저 형이상학적 대화를 시작한 사람은 셸링이었다. 그 대화는 니체의 힘에의 의지에 대한 논의로까지 뻗어나간다.

그러나 근거율의 강력한 힘은 이미 우리에게도 영향을 미치고 있다. 라이프니츠에게서 자주 발견되는 이유의 원리(principium rationis)에 대한 파악에 주의를 기울이기만 한다면, 우리는 그것을 알 수 있다. 라이프니츠는 다음과 같이 말한다. "근거 없이는 아무것도 있지 않다. 또는 원인 없는 결과는 없다(nihil est sine ratione seu[=sive] nullus effectus sine causa)." 사람들은 "원인 없는 결과는 없다"라는 명제를 인과성의 원리라고 부르기도 한 다. 라이프니츠는 방금 인용한 정식에서 근거의 원리와 인과성의 원리를 '또는(sive)'이라는 말을 통해 명맥하게 서로 동등한 것으로서 제시한다. 사람들은 이렇게 둘을 동등하게 여기는 것에 대

33

한 비판을 시도한다. 모든 원인은 근거의 형태를 가지지만 그렇다고 해서 모든 근거가 결과를 일으키는 원인의 성격을 가지는 것은 아니라고 생각할 수 있기 때문이다. 예를 들어 우리는 유클리드의 책 『엘레멘타(Elementa)』에서 앞에서 인용한 공리를 생각해볼 수 있다. "동일한 것과 같은 것은 서로 같다." 이 공리는 추론을 위한 상위 명제의 역할을 하고 있다는 점에서 근거로서 봉사할 수 있다. 그 근거에 따라 서로 같은 것으로서 두 개의 정해진 크기가 산출된다. 그러나 마치 비가 집의 지붕을 젖게 만드는 원인으로 작용하는 것처럼, 이 공리가 두 개의 정해진 크기를 서로 같도록 만드는 원인의 작용을 하지는 않는다. 원인과 결과처럼 근거와 결과는 같은 것이 아니다.

이러한 견해들은 어떤 관점에서는 옳다. 그러나 이에 대해 라이프니츠를 바로잡는 것에 대해 사람들은 두려워한다. 심지어 그런 식으로 바로잡는 것이 라이프니츠의 사유에 담긴 독특함에 이르는 우리의 길을 차단할 수도 있다. 그래서 우리는 근거율과 인과성의 원리 사이의 관계에 대한 물음을 열어둘 것이다. 분명한 것은 인과성의 원리는 근거의 원리가 미치는 힘의 영역에 속한다는 사실이다. 그렇다면 근거율의 강력한 힘은 인과성의 원리도 포함한다는 사실에서 성립하는 것인가? 자주 두 원리를 동등하게 보이게 하는 이러한 포함관계를 제시함으로써 우리는 더 높은 차원에서 강력한 원리의 힘이 미치는 영역의 범위만을 규정하려고 해왔다. 그러나 우리는 어디에 그러한 강력한 원리의 힘이 성립하는지 알기를 원한다. 우리는 이러한 원리에서 그 힘이 본래적으로 무엇을 어떻게 만들고 있는지 통찰하기를 원한다.

지금까지 우리는 계속해서 짧은 표현양식으로만 언급했던 근거율을 다루었다. 짧은 표현양식은 라이프니츠가 진정으로 엄밀하고 유일하게 결정적인 표현양식으로 여긴 것과 비교해볼 때 압축적인 것이다.

라이프니츠는 후기 논문에서 다음과 같이 쓰고 있다(Specimen inventorum)(Philos. Schriftne ed. Gerhardt VII, 309). "증명과정을 위해 두 가지 최상의 원리가 있다. 그것은 — 자명한 — 모순의 원리와 이유**보충**의 원리이다(duo sunt prima principia omnium ratiocinationum, Principium nempe contradictionis ⋯ et principium **reddendae** rationis)." 두 번째 언급된 원리는 다음과 같다. "모든 진리를 위해 (다시 말해 라이프니츠에 따르면 모든 참인 명제를 위해) 근거는 보충될(erstattet) 수 있다(quod omnis veritatis reddi ratio potest)(ib)." 엄밀하게 사유한다면 라이프니츠에게 이유의 원리는 이유보충의 원리(principium reddendae rationis)이다. '이유를 보충한다(rationem reddere)'는 것은 '근거를 되돌려준다(zurückgeben)'는 뜻이다. 무엇 때문에 되돌려주며, 어디로 되돌려주는가? 일반적으로 말한다면, 증명과정에서 **마주** 서있는 것(**Gegen**stand, 대상)의 앞에-세움(**Vor**-stellen,

표상작용)이 인식작용에서는 중요하기 때문에 그것에로의 "되돌림(zurück)"이 이루어져야 한다. 철학에서 라틴어는 이것을 보다 더 분명하게 말한다. 즉 표상작용은 되돌려-현재화함(re-praesentatio, 재-현)이다. 만나지는 것은 표상하는 나에게로, 즉 나에게로 되돌려서 그것에 맞서 현재화되는 것, 즉 현재 안에 놓여 있는 것이다. 이유보충의 원리에 맞게 표상작용 ─ 그것이 인식하는 자이어야 한다면 ─ 은 만나지는 것의 근거를 표상작용으로, 다시 말해 표상작용에 되돌려주어야(reddere) 한다. 인식하는 표상작용에서는 인식하는 나에게서 근거가 송-달된다(zu-gestellt). 이유의 원리는 그것을 요구한다. 따라서 라이프니츠에게 근거율은 송달되어야 할 근거에 대한 근거명제이다. ▪

라이프니츠는 이유의 원리를 이유보충의 원리로서 규정하기 위해 다음과 같이 언급한다. "또는 사람들이 원인 없이는 아무것도 일어나지 않는다고 흔히 말하듯이(vel ut vulgo ajunt, quod

---

▪ 역주

라이프니츠의 이유보충의 원리(principium reddendae rationis)라는 개념에 들어 있는 'reddendae'의 동사원형 'reddere'는 '보충하다'로 번역되지만 본래 그 어의에 따르면 '되돌려 준다'(zurückgeben)를 의미한다. 이와 연관하여 하이데 거는 근대적인 관점에서 대상을 정립하는 표상작용(vorstellen), 즉 주체로 근거를 '되돌려준다'는 의미를 강조하기 위하여 'reddere'를 '(우편물을 주인에게) 송달하다'는 뜻을 가진 'zustellen'으로 번역한다. 이 책에서는 그 맥락에 따라 'reddere'를 '보충하다' 또는 '송달하다'로 번역할 것이다.

nihil fit sine causa)." 라이프니츠는 이유의 원리에 대한 통속적인 표현양식과, 철학적으로 사유하는 표현양식을 구별한다. 인용된 구절과 그와 관련된 구절에서 이것은 다음과 같이 표현된다. 즉 근거율의 엄밀한 표현양식은 그 명제가 증명의 근거명제로서, 즉 넓은 의미에서 진술의 근거명제로 여겨질 때에만 획득된다. "두 원리를 나는 증명에서 사용한다(Duobus utor in demeonstrando principiis)(ib. VII, 199)." 이때 라이프니츠는 모순율과 근거율을 생각하고 있다. 라이프니츠에게 근거율은 명제들과 진술들을 위한 원리이며, 우선적으로는 철학적이며 학문적인 인식의 명제들과 진술들을 위한 원리이다. 근거율은 항상 참인 명제를 위해 가능적이고 필연적인 근거를 송달하는 근거명제이다. 근거율은 명제들에 대해 필연적인 근거정립을 하는 근거명제이다. 원리의 강력함은 명제들에서 진술되는 모든 인식작용을 지배적으로 주도해나간다는 점에서 성립한다.

35

그러나 이때 이유보충의 원리로서 이해되는 이유의 원리에 대한 엄밀한 표현양식은 분명히 제한을 내포한다. 이유보충의 원리라는 명칭에서 보충되어야 할 것은 인식작용(cognitioni)이다. 근거의 원리는 인식작용으로 되돌려져야 하는 한에서 성립된다. 그러므로 인식작용이 근거를 정립하는 참인 원리이다. 따라서 이유보충의 원리는 인식작용에만 부합하는 것이다. 그러나 인식작용에 부합하지 **않아도** 그 원리는 어떤 방식으로든 여전히 **존재**하는 것을 드러내려고 할 것이다. 이유보충의 원리가 가지는 타당성은 인식작용에 제한되어 있는가? 이는 이유의 원리가 익숙한 표현양식에서는 어떤 하나의 방식으로 **존재**하는 것에 대해 타당하다는 사실을 의미한다.

그러나 이유의 원리는 이유보충의 원리라는 형식에서도 결코 인식작용에 제한되는 원리가 아니다. 이러한 사실을 처음부터 명확히 하는 것이 중요하다. 왜냐하면 이러한 통찰에서만 이유의 원리가 어떤 의미에서 강력한 원리인지가 완전히 이해될 수 있기 때문이다. 이러한 의미를 파악했을 때에만 우리는 더욱더 분명하게 근거율에서 작동하는 힘이 무엇인지를 알 수 있다.

인식작용은 일종의 표상작용의 형태로 여겨진다. 그곳에서 우리에게 만나지는 어떤 것이 성립되고 가능하게 된다. 표상작용에서 성립하여 만나지는 것이 **대상**(Gegenstand)이다. 라이프니츠와 모든 근대적 사유에서 존재자가 "존재"하는 방식은 대상의 대상성(Gegenständlichkeit)에 기인한다. 표상을 위한 대상의 대상성에는 대상들의 표상되어 있음(Vorgestelltheit)이 속해 있다.

그러나 이제 이유보충의 원리로서 이유의 원리는 다음과 같은 것을 의미한다. 즉 이러한 표상작용과 표상되어 있음, 즉 마주서있음(Gegenstehen) 속에 있는 대상은 근거가 정립된 것이어야 한다.

그러나 대상의 맞서 있음은 대상 자체가 성립하는, 즉 **존재**하는 방식을 형성한다. 그러므로 이유의 원리를 이유보충의 원리로 엄밀하게 파악하는 것은 근거율에 대한 제한이 아니다. 오히려 이유보충의 원리는 대상, 즉 앞에서 언급한 의미에서 "존재"하는 모든 것에 의해 타당한 것으로 여겨진다. 이에 따라 이유의 원리를 이유보충의 원리로 파악하는 엄밀한 표현양식은 제한되지 않은 근거율 — '근거 없이는 아무것도 있지 않다' — 이 말하는 것에 대한 특정한 방향을 가진 결정적인 해석을 포함한다. 이는 이제 다음과 같은 것을 의미한다. 즉 어떤 것은 그것이 근거정립의 근거명제로서 근거에 대한 근거명제를 만족시키는 하나의 명제에서 진술될 때에만 "존재"한다. 다시 말해 존재자로서 증명된다. 근거율의 강력함은 — 겉으로는 인식작용의 원리로만 보이는 — 이유보충의 원리인 동시에 바로 인식작용의 근거명제로서 **존재**하는 모든 것을 위한 명제가 된다는 사실에서 그 힘을 행사한다.

라이프니츠는 이미 수세기 전부터 항상 울려오고 있었던 이유로 추종해오던 근거율을 독자적으로 발견할 수 있었다. 왜냐하면 그는 이유의 원리를 이유보충의 원리로 제시해야 했기 때문이다. 물론 우리가 "해야 했다"라고 말한다고 해서 라이프니츠가 저항할 수 없는 맹목적인 강제 아래 있었다는 것을 의미하는 것은 아니다. 우리는 라이프니츠가 그의 시대를 위해 이미 울려오고 있는 근거율이라는 격률(Spruch)에 나타난 결정적인 요구를 경청하였고, 그것을 ― 낱말 그대로 ― 언어로 자유롭게 표현하였다고 생각한다. 그의 언어에는 근거명제로서 여전히 정립되지 못했던 명제의 내용이 표명되고 있다. 그 요구는 보충함(reddere), 되돌려줌, 가져다놓음, 송―달함(zu-stellen)과 같은 낱말에서 표현되고 있다. 우리는 우편물의 송달에 대해 말한다. 이유는 보충되어야 할 이유(ratio reddenda)이다. 이것은 다음을 의미한다. 즉 근거는 표상하고 사유하는 인간에게 송달되어야 하는 그런 것이다. 사유자의 사유에서 위대하게 남아 있는 것은 항상 이미 울려오고 있는 것, 고유하게 낱말로 표현되는 것 안에서만 성립한다. 조합된 낱말을 통해 전체적으로 드러나고 있듯이 라이프니츠의 사유에서 움직이고 있는 것은 독특하면서도, 통용되는 낱말의 삽입 ― 이유의 원리는 이유**보충**의 원리이다 ― 을 통해 표현되고 있다. 보충되어야 할 것(reddendum), 근거의 송달에 대한 요구는 강력한 원리로서 표현된 근거율에서 드러나고 있다. 보충되어야 할 것, 즉 원리에 대한 요구는 이제 변함없이 중단되지 않고, 근대를 관통하여 오늘날 우리에게까지 미치고 있다. 보충되어야 할 것, 강력한 원리에 대한 요구가 지금 사유하는 인간과 그의 세계 사이에서 관철되어 인간의 표상작용을 새로운 방식으로 지배하고 있다.

지금 여기에 있는 우리는 이러한 강력한 근거율의 힘이 작용하고 있음을 진정으로 느끼고 있으며, 나아가 본래적으로 경험하고 충분하게 숙고하고 있는가? 솔직하게 말한다면 우리 모두는 아니라고 고백해야 한다. 나는 "근거의 본질"에 대해 이미 생각해본 사람들도 모두 그렇다고 생각한다.

지금은 어떠한가? 우리는 아주 열정적으로 학문을 연구하고 있다. 별로 관심을 가지고 있지 않은 분야와 관점에 이르기까지 우리는 학문의 영역을 알고 있다. 우리는 학문이 적용하고 있는 방법을 습득한다. 나아가 우리는 개별적인 전문분야에 대한 정보를 듣고 있으며, 학문의 전체에도 주목한다. 우리는 자연과 역사의 영역도 전공에 따라 분리된 것처럼 보이지만 결코 서로 멀리 떨어져 있지 않다는 것을 잘 알고 있다. 도처에서 이루어지는 학문 연구에서 활기차고 즐거운 기운이 감돌고 있다. 그러나 앞에서 제기한 물음을 잠시 성찰해본다면, 우리는 다음과 같이 말해야 한다. 즉 우리는 학문을 위한 모든 노력에도 불구하고 전혀 근거율과 맞부딪힌 적이 없다. 그러나 이러한 강력한 원리가 없다면 어떤 현대적 학문도 없었을 것이며, 이러한 학문 없이는 오늘날의 대학도 없었을 것이다. 대학은 근거율 위에 설립되었다.

대학이 근거율 위에 설립되었다는 사실을 우리는 어떻게 생각해야 하는가? 우리는 이러한 주장을 감히 할 수 있는가?

38

강의 _ 네 번째 시간 4

'이유 없이는 아무것도 있지 않다.' '근거 없이는 아무것도 있지 않다.' 이러한 근거율을 우리는 인지하고(vernehmen) 있다. 그런데 이러한 명제가 우리에 의해 이미 가정되고 있다는 사실은 거의 인지되지 않고 있다. 왜냐하면 우리는 직접 이 명제에 대해 반대하려는 생각도 하지 않고 있으며, 그렇다고 해서 이 명제를 특수한 방식으로 숙고하는 것에 대해 찬성하려는 생각도 하고 있지 않기 때문이다.

이 명제는 아주 자명한 것, 그리고 우리가 매일 지나치고 있는 무관심한 것에 속한다. 그렇기 때문에 우리는 또한 항상 이 명제가 이미 잘 알려진 것임에 틀림없다고 여긴다. 이는 확실히 맞는 말이다. 머지않아 우리는 근거율이 사실상 이미 항상 울려오고 있으며 필연적이라고 하는 것이 어느 정도인지, 나아가 그 필연성은 어떤 의미를 가지는지에 대해 보다 더 분명하게 경험하게 될 것이다. 그러나 우리는 이미 시작부터 근거율이 명제로서 처음으로 라이프니츠에 의해 17세기에 발견되었다는 사실을 배워 알게 되었다. 사람들은 17세기의 정신이 근거율을 원리로서 발견하게 했다고 쉽게 말하는 경향이 있다. 그러나 똑같이 정당한 근거를 가지고 모든 표상작용과 태도의 첫 번째 공리들 중의 하나로서 이유의 원리를 발견했다는 사실이 17세기는 물론 우리에게 이르는 세기, 나아가 우리를 넘어서는 다음 세기의 정신을 특징짓고 있다고 말할 수도 있다. 두 견해는 모두 옳다. 그러나 두 견해들 중의 어느 것도 근거율의 오랜 부재와 갑작스런 등장 속에 일어난 역사를 냉정하게 고찰하기에는 부족하다. 여하튼 근거율을 하나의 근거명제로 발견한 사람이 라이프니츠라는 사실은 분명하다. 그는 이유의 원리를 강력한 원리라는 탁월한 특징을 통해 증명하였다.

근거율이 강력한 원리로 존재한다는 점에서 준비하고 있는 성찰의 한계를 우리는 분명히 들여다볼 수 있어야 한다. 어떤 관점에서 우리는 이러한 강력함을 이해해야 하는가? 이유의 원리가 가지는 강력함을 모든 근대 철학과 마찬가지로 체계의 성격 — 그 체계가 비록 완성된 구조로 성립되지 않았다고 할지라도 — 을 가지는 라이프니츠의 철학 안에서 그것에 부여되는 역할에만 연결시키려 한다면, 강력함의 의미는 아주 제한될 것이다.

근거율은 라이프니츠의 체계 내에서 척도를 부여하는 원리이다. 왜냐하면 이 원리는 존재하는 모든 것과 관련되어 있기 때문이다. 라이프니츠 자신이 통속적인 것이라고 부르는 표현양식에서 그것은 다음과 같이 제시된다. '원인 없이는 어떤 것도 만들어지지 않는다(nihil fit sine causa).' '원인 없이는 어떤 것도 일어나지 않는다.' 다시 말해 어떤 것도 존재하는 것으로 되지 않는다. 근거율의 통속적인 표현양식은 잘못된 것이 아니다. 그러나 라이프니츠의 의미에서 그것은 부정확한 것이다. 어떤 방식으로든 존재하는 모든 것에 타당한 것으로 여겨지는 이유의 원리는 자연의 진행 영역을 철저하게 지배할 뿐만 아니라, 우리가 오늘날 "역사"라고 부르는 영역도 지배한다. 그 이상이다. 자연과 역사는 라이프니츠가 서양 사유의 가장 초기에 있었던 언어의 울림 속에서 "나투라(Natura, 자연)"라고 부른 존재자의 본질 전체에 속한다. 이 낱말은 대문자로 쓰였다. 후기 라이프니츠의 어려운 논문들 중에서도 가장 심오한 것에 속하는 논문은 다음과 같이 시작한다 (Gerh. VII, 289 이하). "어떤 것이 없지 않고 오히려 존재하는 **근거 [이유]**는 자연 안에 있다(**Ratio** est in Natura, cur aliquid potius existat quam nihil)." "나투라"는 여기에서 다른 존재자의 영역과 구별되는 존재자의 한 영역을 의미하지 않는다. "자연"은 지금 우리가 사물의 본성[자연] ─ "우리가 보통 사물에 할당하여 귀속시키는 자연(Natura, quam rebus tribuere solemus)(Gehr. IV, 504 이하)" ─ 이라고 말할 때 생각하는 그런 의미에서 언급된다. 이렇게 이해된 사물의 본성[자연] 안에는 어떤 것이 없지 않고 오히려 존재하는 근거와 같은 것이 있다.

이 논문의 맨 앞에 있는 결정적인 낱말 '라치오(Ratio)'에는 초고에 밑줄이 그어져 있다. 라이프니츠는 이어지는 문장들 중의 한 문장에서 다음과 같이 말한다. "(그것에 부합하여 사물들이 존재하지 않기보다는 오히려 존재하게 되는 경향을 가지는 사물의 '본성'자연 안에 있는) 이 근거는 어떤 방식으로든 현실적인 것 속에, 또는 그의 원인 속에 있는 존재자로 있어야 한다(Ea ratio debet esse in aliquo Ente Reali seu causa)." 거기에는 첫 번째 원인이 있어야 한다. 이렇게 존재하는 것은 다음의 문장에서 모든 사물들 중에서 궁극적으로 (최고로) 존재하는 이유(ultima ration Rerum)로 불린다. 라이프니츠는 여기에 다음과 같이 덧붙인다. "그리고 (필연적으로 최고의 근거로 존재하는 것은) 보통 **신**이라는 한 낱말로 불린다(et (illud Ens necessarium) uno vocabulo solet appellari DEUS)."

제일원인(prima causa), 즉 신에게까지 이르는 존재자의 본질 전체는 이유의 원리에 의해 철저하게 지배된다. 근거율에 속하는 타당성의 영역은 첫 번째로 존재하는 원인을 포함하며, 그것에 이르는 모든 존재자를 포함한다. 이러한 제시를 통해 이유의 원리가 가지는 강력함은 더욱더 분명해진다. 그렇다고 한다면 강력함이란 처음부터 그것이 관련된 타당성의 영역만을 나타낼 뿐이다.

그러나 우리는 강력한 원리 속에서 힘을 행사하고 있는 것이 무엇인가에 대해 묻고 있다. 힘을 행사하고 있는 것을 우리는 라이프니츠가 통속적인 표현양식과 대비해 엄밀하고 유일하게 척도를 주는 것으로 여기는 이유의 원리라는 표현양식에서 통찰할 수 있다. 이유의 원리에 대한 엄밀한 표현양식은 더욱더 그에 상응하는 정확한 명칭으로 표현된다. 그것은 이유보충의 원리(principium reddendae rationis), 즉 되돌려주어야 할 근거에 대한 근거명제이다. 이는 다음과 같은 것을 의미한다. 즉 근거율에 따르면 근거는 어디에서도 어떤 방식으로도 무규정적인 것과 같은 것 안에 현존하지 않는다. 근거 자체는 근거**로서** 되돌려질 것을 요구한다. 다시 말해 되돌려-현재화하는, 즉 표상하는 주체 — 주체를 **통해**, 주체를 **위해** — 로 향한 방향으로 되돌려줄 것을 요구한다. 근거는 언제 어디에서나 등장하며, 그러한 요구의 영역에 있는 모든 것이 그 결과로 나타나는 것, 즉 수미일관되게 표상될 것을 요구한다. 우리의 표상작용에서 제시되고, 우리와 마주-대함[만남]으로써(be-gegenen) 근거 위에 정립되고, 자리를 잡게 되는 것만이 그 자체로 성립하는 것, 즉 대상으로서 여겨진다. 그렇게 성립하는 것만이 우리가 확실하게 '그것은 **존재한다**' 라고 말할 수 있는 그런 것이다.

42

근거가 정립된 표상작용 속에 존립함(Stehen)으로 옮겨진 것만이 존재자로 여겨질 수 있다. 그러나 그때마다 근거를 정립하는 것으로서 근거가 표상하는 주체에 송달될 때에만, 표상작용은 근거를 정립한다. 이것이 일어날 때, 바로 그때에만 표상작용은 근거정립에 대한 요구를 만족시킨다. 그러나 이 요구는 그 자체가 모든 표상작용에게 송-달(Zu-stellung)을 요청하는 한에서만 근거 자체에서 표명된다. 근거율에서 힘을 행사하는 것은 근거의 송달에 대한 요구이다. 이러한 요구, 즉 보충되어야 할 것(reddendum)이 모든 인간의 표상작용을 완성시킨다. 이유보충의 원리는 결과적으로 순수한 인식의 원리이다. 그럼에도 불구하고 이유보충의 원리는 인식작용만이 아니다. 오히려 그것은 인식 대상을 위한 최상의 근거명제이다. 왜냐하면 근대 철학의 주요사 상에 따라 근거가 정립된 표상작용은 어떤 것을 자신에 대해 그 의 대상으로 확보하는 한에서만 "존재한다"고 여기기 때문이다.

존재하는 모든 것은 ~의 결과로 **존재**하며, 그 자체로 근거의 결과이다. 다시 말해 존재하는 모든 것은 근거의 송달에 대한 요 구 결과이며, 그것에 부합하여 존재한다. 이 요구는 근거율에서 이유보충의 원리로 언급되었다. 그것은 앞에서 인용한 라이프니 츠의 명제들을 — 그 명제들이 라이프니츠의 고유한 진술들에 따 라 근거를 놓고 있는 것에 — 반대되는 방향으로 추적할 때 더욱 더 분명하게 제시되고 증명될 수 있다.

'나투라(Natura)'의 궁극적 이유(ultima ratio), 사물의 본성을 위한 궁극적인 최고의 근거, 즉 첫 번째로 존재하는 근거로서 사 람들이 흔히 신이라고 부르는 것이 정립되어야 한다.

사물의 본성에는 없지 않고 오히려 어떤 것이 있다는 사실에 대 한 근거가 있다. 이 근거는 첫 번째로 있으며, 모든 존재자의 원 인으로서 신이라 불린다. 그러나 없지 않고 오히려 어떤 것이 있 다는 사실에 대한 근거가 있어야 한다는 명제는 왜 타당한가? 라

43 이프니츠는 이에 대한 명제로 자신의 논문을 시작한다. 이 명제 는 다음과 같이 반복된다. "왜 없지 않고 오히려 **어떤 것**이 존재 하는가에 대한 **근거[이유]**는 사물의 본성 안에 더 있다(**Ratio est**

in Natura, cur aliquid potius existat quam nihil)." 그러나 정점에 놓인 이 명제는 이미 결과, 즉 근거율의 결과이다. 문헌에서 라이프니츠는 앞에서 언급한 명제에 이어 다음과 같이 쓰고 있다. "이것 ─ 즉 첫 번째 명제가 말하는 것 ─ 은 결과, 즉 근거 없이는 아무것도 존재하지 않는다는 것, 즉 아무것도 존재에 도달하지 못한다는 것을 말하는 위대한 원리(principium magnum)이다(Id consequens est magni illius principii, quod nihil fiat sine ratione)."

궁극적으로 말해서 이것은 다음을 의미한다. 즉 근거율이 타당한 한에서만 신은 존재한다. 사람들은 즉각 다음과 같이 되묻는다. 그렇다면 근거율은 어느 정도로 타당한가? 근거율이 위대한 힘을 행사하는 원리라면 결과에 미치는 일종의 작용이 그 힘 안에 있어야 한다. 사실상 라이프니츠는 앞에서 언급한 논문(n. 2)에서 최상의 명제들에게는 작용(Wirken, eifficere)이 속해 있다고 말한다. 그렇지만 모든 작용은 (근거율에 따라) 원인을 요구한다. 그러나 첫 번째 원인은 신이다. 그러므로 신이 존재하는 한에서만 근거율은 타당하다. 그러나 근거율이 타당한 한에서만 신은 존재한다. 이러한 사유는 순환하고 있다. 우리가 라이프니츠가 사람들이 쉽게 지적하거나 잘못된 것이라고 여길 수 있는 순환관계 속에 마냥 머물러 있다고 생각한다면, 우리는 당연히 라이프니츠의 사유로부터 멀리 벗어나게 될 것이다. 우리 중에 누구도 여기에 인용한 라이프니츠의 명제를 최종적으로 이해한 것처럼 생각해서는 안 될 것이다. 다만 지금 우선적으로 문제가 되고 있는 것은 다음과 같은 통찰이다. 즉 근거명제의 엄밀한 표현양식에 따라 존재하는 모든 것은 ~의 결과로, 즉 근거에 대한 요구를 사실상 완전히 충족시킴을 통해 **존재**한다는 것이다. 이러한 사실을 근거가 요구하는 한에서 근거율은 모든 것을 관통하는 원리이다. 계속해서 근거율의 첫 번째 엄밀한 표현양식 속에 근거의 요구 성격이 드러나고 있다는 사실에 주목하는 것이 중요한다.

44

이유보충의 원리는 대상에 대한 모든 표상이 근거가 정립되는 것인 동시에, 대상 자체도 그때마다 근거가 정립된 것, 즉 확보된(sichergestellt) 것임을 말한다.

이제 근대 과학은 대상의 근거를 정립하는 표상의 탁월한 방식으로서 이해된다. 이에 따라 근대 과학은 송달되어야 할 근거에 대한 근거명제에 기인한다. 근대 과학이 없다면 대학도 없다. 여기에 있는 우리가 대학에 소속되어 있다고 한다면, 우리는 대학 자체가 기인하고 있는 바탕에서 움직이고 있는 것이다. 그 바탕이 근거율이다. 그러나 놀라운 것은 우리가 근거율과 전혀 만나고 있지 않다는 사실이다. 따라서 대학이 근거율에 기인하고 있다는 진술은 과도하며 유별난 주장처럼 보일 것이다.

대학이 하나의 명제 위에 세워진 것이 아니라면, 어쩌면 그 명제가 그것에 대해 말하고 있는 것 위에 세워진다는 것인가? 우리는 이 명제가 보충될 것에 대해 말하고 있다고 들었다. 이 명제에서는 모든 진술과 말함을 위한 근거의 송달에 대한 요구가 말하고 있다. **어디에서부터** 근거가 그러한 송달에 대한 요구를 말하고 있는가?

이러한 요구는 근거의 본질 자체 안에 있는가? 계속해서 더 넓게 물어가기 전에 우선 근거의 송달에 대한 요구를 우리가 경청하고 있는지에로 제한하여 우선 논의를 전개할 필요가 있다. 우리는 이에 대해 '예' 그리고 '아니오'로 대답한다. '예'인 경우는 우리가 새롭게 근거의 송달에 대한 요구를 아주 절실한 것으로 경청하고 있음을 나타낸다. '아니오'의 경우는 우리가 그러한 절박한 요구를 거의 인지하지 못하고 있음을 나타낸다. 우리는 언제 어디에서나 근거의 송달에 대한 요구가 반영되고 있는 영역에서 움직이고 있으면서도 사실상 그 요구에 주목하는 것에 익숙하지 않아서 어려움을 느낀다. 그 요구에 주목한다는 것은 그 요구가 말하고 있는 것, 즉 **그것의** 언어를 인지하는 것이다. 우리는 주위에 퍼지는 방사능을 확인하고 통제하기 위해 기구를 사용한다. 그러나 근거의 송달을 바라는 요구를 경청하기 위한 기구는 없다. 그렇지만 이를 위한 기구는 그것에 의해 성립된 요소(Bestand)를 통해 증명될 수 있다. 그리고 그 기구가 기록하는 부품들(Bestände)은 지금 강력한 근거율이 지금까지 들어본 적이 없는 방식으로 자신의 힘을 행사하고 있다는 사실을 증명한다.

45

바야흐로 인류는 이제 자신의 역사적 현존재가 들어서 있는 이 시대를 송달이 가능해진 원자 에너지와 관련된 이름으로 부르기에 이르렀다. 다시 말해 우리는 원자시대(Atomzeitalter)에 살고 있다.

우리는 아직 이것이 무엇을 의미하는지를 통찰할 필요성을 전혀 느끼지 못한다. 이러한 통찰을 실행한다고 누가 자랑하고 싶어 하겠는가? 그러나 우리는 오늘날 분명히 다른 것을 통찰할 수 있다. 대수롭지 않아 보이는 이러한 시대규정 속에 감추어진 섬뜩한 것(Unheimliches)을 모두가 시간이 지나면서 반추할 수 있다. 인간은 그의 정신적이고 역사적인 현존재의 시대를 자연 동력의 유입 및 그 사용과 관련하여 규정한다.

인간 현존재는 원자를 통해 각인되고 있다. '원자'라는 낱말은 오늘날 아마도 소수의 사람들만이 "사유"할 수 있는 것으로 여겨진다. 그 동안에 이 시대를 원자시대로 특징짓는 것이 아마도 존재하고 있는 것에 적용되고 있다. 왜냐하면 여전히 존재하고 있는 주변적인 것과, 사람들이 아직 문화라고 부르는 것들 — 극장, 예술, 영화, 방송, 나아가 문학과 철학, 그리고 믿음과 종교 — 도 도처에서 모두 원자시대라는 특징이 이 시대에 부여하는 것을 한사코 추종하기 때문이다. 사람들은 이에 대해 많은 것을 보고하고 있다. 오늘날 『삽화 신문(die Illustrierten Zeitungen)』은 그것을 빠르고 재미있게 조달하는 일을 하고 있다. 이러한 "정보

(Information)"의 형태는 물론 이 시대의 특징이기도 하다. 여기에서 "정보"라는 낯선 낱말은 한편으로는 직접적인 보고와 전달을 의미하고, 다른 한편으로는 독자와 청자를 드러나지 않게 정형화(Formierung)하는 일을 맡고 있다. 우리는 '인류 역사의 시대가 원자를 통해 각인되고 있다'고 반추하는 시각을 더 이상 피할 수 없다.

그러나 원자시대는 원자에 대한 학문 없이는 있을 수 없었을 것이다. 이는 사람들이 흔히 말하곤 하는 자명한 이치이다. 그럼에도 불구하고 이 자명한 이치는 만족할 만한 것이 아니다. 그것은 반만 사유된 것이다. 우리는 다음과 같이 물을 수 있고, 물어야 한다. 원자에 대한 학문은 어디에서 유래하는가? 이 학문은 핵물리학이라 불리며, 오늘날 이미 더욱더 적합하게 소립자 물리학이라 특징지어지는 분과에 의해 다루어진다. 왜냐하면 얼마 전만 해도 원자에 대한 현대 물리학은 아직 프로톤과 중성자와 같은 소립자를 알지 못했기 때문이다. 오늘날에는 10개 이상의 소립자가 알려져 있다. 그리고 이미 학문은 분할된 다양한 소립자를 그것을 담고 있는 새로운 단일체계로 되돌리는 방향으로 진전하고 있다. 학문이 표상 가능한 이론의 성립과 관찰된 사실로서 제공되는 것을 더욱더 적합한 단일체계를 확보하는 쪽으로 이끌어가는 이러한 진전은 무엇을 의미하는가? 우리는 이미 학문의 물음이 항상 새롭게 등장하는 모순을 제거하는 데 집중하고 있다고 언급한 바 있다. 이러한 제거는 모순을 단일체계 안에서 해소시키는 진척을 통해서 실행된다. 단일체계는 겉으로 드러나는 모순을 버티어내는 것, 즉 그 모순에 근거를 제공하는 데 적합하다. 모순을 넘어선 표상작용과 물음의 진척에는 적합한 근거의 송달에 대한 요구가 지배한다.

우리는 원자시대가 원자에 관한 학문에 기인한다고 말하면서 어디에서 이 학문이 유래하는지를 물었다. 그러나 이 물음은 학문의 발생사와 발전과정을 추적하는 것이 아니다. 이 물음은 이 학문 자체의 가장 내적인 추동력이 무엇이며, 나아가 이 추동력이 탐구자에게 의식되고 있는지에 대한 여부를 성찰하려는 것이다. 여기에서는 다음과 같은 것이 제시된다. 즉 서로 대립하는 이론, 그리고 통합되지 않는 사실적 요소에 내재한 모순을 지속적으로 제거하기 위한 추동력과 진척은 이유보충의 원리에 대한 요구에서 유래한다. 이 요구는 학문 자체와는 다른 것이다. 근거의 송달에 대한 요구는 학문을 위한 기본요소이다. 이 기본요소에서 학문의 표상작용은 마치 물속의 고기와 공기속의 새처럼 움직인다. 학문은 이유보충의 원리에 상응해야 하며, 이는 무조건적인 것이다. 그렇지 않을 경우에 학문은 현재의 모습으로 존재할 수 없다.

그러나 학문이 보충되어야 할 것에 대한 요구에 상응하고 그것에 귀를 기울이지만, 그 요구를 성찰할 수 있을 만큼 그것에 귀

47

를 기울이지 않는다. 우리는 "원자시대"라고 말하면서도 그 이름에 대해 아무것도 생각하지 않는다. 그렇기 때문에 이 시대에 살고 있는 우리 자신이 강력한 이유보충의 원리가 제시하는 요구의 지배 안에 있다는 사실에 주목할 필요가 있다. 우리 현대인은 근거의 송달에 대한 강력한 요구가 우리를 이끌고 있는 한에서만 존재한다. 지구상에 사는 인류의 시대로서 원자시대는 강력한 원리, 즉 보충되어야 할 원리의 힘이 ― 그 힘에서 전혀 벗어날 수 없다면 ― 섬뜩한 방식으로 인간 현존재의 중심 영역에서 행사되고 있다는 사실에 의해 두드러지게 드러난다. 여기에서 "섬뜩한(unheimlich)"이라는 낱말은 감상적인 의미를 가진 것이 아니다. 그 낱말 자체가 제시하는 사태에서 사유해야 할 것은 근거의 송―달(Zu-stellung)에 대한 요구를 하나의 방식으로만 풀어낼 경우에 인간이 고향처럼 느끼고 있는 모든 것이 위협을 받을 것이며, 뿌리를 내리고 있는 지반 ― 지금까지 인류의 위대한 시대, 모든 세계를 개방시키는 정신, 모든 인류 형태의 특징이 생겨난 지반 ― 의 모든 근거와 바탕을 빼앗기게 된다는 사실이다.

그로부터 아주 기이한 현대인의 상황이 드러나고 있다. 그 상황은 귀머거리와 장님처럼 우리를 이리저리 떠돌게 만드는 일상적 표상의 익숙한 모든 견해와 대립하는 것이다. 송달되어야 할 근거에 대한 강력한 원리의 요구는 현대인에게서 뿌리를 내리고 있는 지반을 탈취한다. 우리는 또한 다음과 같이 말할 수 있다.

즉 지구상에서 인간이 필요한 에너지를 영원히 충족시켜줄 수 있는 거대한 에너지의 관리에 대한 추구가 중시될수록, 본질적인 영역에서 건설하고 거주해야 하는 인간의 능력은 더욱더 척박해진다. 근거의 송달에 대한 요구와 기반의 탈취(Entzug) 사이에는 수수께끼 같은 대립운동이 존속한다.

48

중요한 것은 송달과 탈취 사이에서 일어나는 이러한 고차적인 대립운동의 형태를 통찰하는 것이다. 중요한 것은 이러한 대립운동의 유래를 숙고하는 것이다. 중요한 것은 이러한 대립운동에서 겉으로 드러나지 않은 강력한 근거 원리의 지배가 어느 정도로 작동하고 있는지를 묻는 것이다. 또한 중요한 것은 우리가 숙고하면서 근거율을 철저하게 사유할 때 우리가 어떤 근방에 머무르고 있는지를 알아차리는 것이다.

강의 _ 다섯 번째 시간 5

라이프니츠는 근거율을 최상의 원리들 가운데 하나로 여겼다.
라이프니츠는 근거율 — '이유 없이는 아무것도 있지 않다', '근거
없이는 아무것도 있지 않다' — 에서 이유보충의 원리라는 엄밀한
표현양식을 발견하였다. 보충되어야 할 이유에서 근거는 송달에
대한 요구의 성격을 가진 것으로 제시된다. 우리는 근거율의 엄
밀한 표현양식에 대해 말하고 있다. 왜냐하면 이 표현양식은 라
이프니츠의 사유와 그의 시대에서 처음으로 나타났던 근거의 성
격과 정확하게 일치하기 때문이다. 그럼에도 불구하고 지금까지
밝혀진 이유의 원리에 대한 엄밀한 표현양식은 라이프니츠의 의
미에서조차 근거율의 완전한 표현양식이라고 할 수 없다.

출판에서 확인되는, 이유의 원리에 대한 첫 번째 언급은 라이
프니츠의 논문 「추상적 운동이론(Theoria motus abstracti)」(Gerh.
Philos. IV, 232)에서 발견된다. 이 이론은 운동의 가능성을 위한 다
음과 같은 조건을 고찰한다. 즉 여기에서 조건은 감각적으로 지
각할 수 있는 현상에 독립되어 있는 것이다. 라이프니츠는 이 논
문을 25세가 되던 해인 1671년에 파리 학술원으로 보냈다. 이 논
문의 끝부분에서 그는 추상적으로 고찰된 운동에 대해 제시한 다
음의 명제들을 언급한다. "이 명제(다시 말해 추상적 운동과 관
련된 명제)는 가장 잘 알려져 있고, 동시에 탁월한 원리, 즉 '**근
거 없이는 아무것도 있지 않다**'라는 원리에 의존한다(pendet ex
nobilissimo illo (principio가 생략됨) **Nihil est sine ratione**).

라이프니츠는 여기에서 익숙한 근거율의 표현양식을 보편적으로 알려져 있고 인정되고 있는 것으로 전제하고 있다. 그러면서도 동시에 그는 근거율에 탁월하고 주도적인 역할을 덧붙인다. 근거율은 가장 고귀한 원리(principium nobilissimum)이다. 6년 후 (1677년)에 라이프니츠는 스피노자의 한 제자가 쓴 글에 대해 언급하면서 이유의 원리에 대해 말한다. 라이프니츠는 런던에서 독일로 돌아가는 여행길에 암스테르담에 있는 스피노자를 1676년 11월 18일부터 28일 사이에 방문하였다. 라이프니츠는 앞에 인용한 곳에서 다음과 같은 내용을 기술한다. "내가 (형식적으로) 말하곤 했던 것(원리)은 '그것의 충분한 존재근거가 송달될 수 없는 것은 아무것도 존재하지 않는다'는 것이다(id, quod dicere soleo, nihil existere nisi cujus reddi postest ratio existentiae sufficiens)."

송달을 요구하는 근거는 동시에 그것이 근거로서 충족시키는 것, 즉 완전하게 만족시키는 것을 요구한다. 그 요구는 무엇을 위한 것인가? 그것은 대상을 존립(Stand) 속에 확보하기(sicherstellen) 위한 것이다. 충족시킴, 충족(Suffizienz, suffectio)의 규정에 대한 배후에는 라이프니츠의 사유가 보여주는 주도적 표상, 즉 완전성(perfectio), 근거의 존립을 위한 규정의 완전한-존립성(Voll-ständigkeit)이 반영되어 있다. 가능조건의 완전한-존립성에서, 즉 근거의 완전한-존립성에서 비로소 대상의 존립이 철저하게 확보된다. 다시 말해 완전하게 된다. 근거(ratio, 이유)는 원인(causa)으로서 작용함(efficere)과 연관되어 있다. 근거 자체는 충분해야 한다(sufficiens, sufficere). 이러한 충분함은 대상의 완전성(perfectio, perficere)을 통해 요청되며 규정된다. 근거율의 근방에서 작용함(efficere), 충족시킴(sufficere), 완전하게 함(perficere), 즉 다양한 제작함(facere), 산-출함(herstellen), 송-달함(zu-stellen)과 같은 말이 등장하는 것은 결코 우연이 아니다. 엄밀하고 완전하게 사유된 근거율이라는 명칭은 라이프니츠에게 "충분한 이유보충의 원리(principium reddendae rationis sufficeintis)(참조, Monadologie §32)", 즉 송달되고 충족되어야 할 근거에 대한 근거명제로 표현된다. 우리는 이것을 '권한을 가진(zuständig) 근거율'이라고도 말할 수 있다. 라이프니츠의 발견과 충분한 근거율에 대한 규정에서처럼 강력한 원리가 명백히 드러나는 곳에서 사유와 표상작용은 모든 본질적인 관점에서 새로운 운동 속으로 진입한다. 이는 우리 자신이 일상적으로 머물러 있는 근대적 사유방식을 보여준다. 그러나 모든 표상 51 작용에서 일어나고 있는 근거의 송달에 대한 요구를 우리는 사실상 주목하거나 인지하고 있지 못하다. 그렇게 본다면 라이프니츠는 역사학적으로(historisch) 드러난 것보다는 역사적으로(geschichtlich) 드러나지 않게 수리 논리학(Logistik)과 사유하는 기계(Denkmaschine)를 위한 현대 논리학의 발전뿐만 아니라, 독일 관념론과 그 후예들의 철학에서 전개되는 주체의 주체성에 대해 더욱더 근본적인 해석을 규정하고 있다. 더 나아가 라이프니츠의 사유는 우리가 현대 형이상학이라고 부를 수 있는 주요 경향을 견인함과 동시에 각인하고 있다. 그러므로 우리의 고찰에서 라이프니츠라는 이름은 지나간 철학 체계에 대한 특징을 대표하는 것이 아니다. 그 이름은 사유의 현재를 규정하고 있다. 그 사유의 강함은 아직 끝나지 않았으며, 현재 우리는 그것에 직면하고 있다. 라이프니츠가 사유한 것을 되돌아볼 때에만 우리는 사람들이 원자시대라고 부르고 있는 현대를 충분한 이유보충의 원리의 힘에 의해 완성된 시대로 특징지을 수 있다. 표상된 모든 것을 위한 충분한 근거의 송달에 대한 요구는 오늘날 원자와 원자에너지라는 이름 아래 대상이 되고 있는 것 안에서 드러난다.

그러나 엄밀하게 사유해볼 때, 우리는 아직도 대상이 그렇게 드러날 것처럼 말해서는 안 된다. 면밀하게 살펴본다면 우리는 이미 마주-서있는 것(Gegen-stand, 대-상)이 더 이상 없는 세계 안에서 움직이고 있다. 그러나 이러한 마주-서있지 않은 것(das Gegen-standlose)은 존립하지 않는 것(das Standlose)이 아니다. 오히려 무대상적인 것(das Gegenstandlose)에서 다른 형태의 존립성(Ständigkeit)이 생겨난다. 맞서-존립하는 것(das Gegen-ständige)이 다른 형태로 존립하는 것에 길을 비켜주는 세계를 위해서도 강력한 원리, 즉 근거율은 결코 자신의 힘을 상실하지 않는다. 무엇보다도 지속성과 안정화를 위해 송달되어야 할 권한을 가진 근거의 힘은 이제 비로소 가장 궁극적인 것으로서 행사되기 시작한다. 이러한 시대에 예술이 무대상적인 것이 되었다는 사실은 그러한 역사적 정당성을 증명해주고 있다. 이는 대상 없는 예술 자체가 자신을 다음과 같이 파악할 때 분명해진다. 즉 예술적 창작물은 더 이상 작품일 수 없고 그것을 부를 만한 적합한 낱말이 없는 어떤 것이라고 여겨진다. 현대 양식의 예술 전시회가 있다는 사실 자체가 우리가 처음에 생각하는 것보다는 강력한 근거율, 송달되어야 할 근거와 훨씬 더 밀접한 관계가 있음을 보여준다. 근대는 끝나지 않았다. 근대가 존재하고 있는 것과 존재할 수 있는 모든 것에 대한 [근거의] 완전한 송달 가능성을 추구하고 있는 한, 근대는 비로소 완성되기 시작한다.

52

우리가 언제 어디에서나 강력한 원리의 힘이 미치는 영역에 머물러 있다는 사실과 그러한 정황을 강조하기 위해서는 원자시대에 대한 제시가 필요했다. 이러한 제시는 — 우리가 물으면서 근거율로 향해갈 때 — 근거율이 우리에게 말을 걸고 있는 근방으로 우리를 이끌었다.

이러한 사유의 과정을 고수한다면, 우리는 무엇보다도 두 가지 사실을 분명하게 볼 수 있다. 첫째는 통상적인 우리의 과학적-기술적 표상작용은 근거율의 근방에 도달하여 그 안에 놓여 있는 것을 통찰하기에 충분하지 않다는 사실이다. 둘째는 직접 분명하게 드러나는 원리들을 규정하는 최상의 근거명제들에 관한 철학적 이론도 결정적인 사유의 물음을 피해간다는 사실이다. 근거율의 명제적 성격에는 근거명제가 두 개의 표현양식을 승인하고 있다는 사실이 포함되어 있다. 지금까지 통속적이며 압축된 표현양식은 근거율에 대한 풍부한 논의를 시작하기에 적합하지 않는 것처럼 보였다. 이에 대해 엄밀한 표현양식은 이미 우리에게 근거에 대한 요구의 성격, 즉 보충되어야 할 이유(ratio reddenda)로서의 이유[근거]에 대해 중요한 통찰을 제공해 왔다. 그러나 이러한 성격이 단적으로 근거의 본질에 속하는 것인지, 또는 이러한 성격이 그 속에서 근거의 본질이 특정한 시대를 드러내는 방식에만 해당되는 것인지에 대해서는 결정할 수 없는 것이다. 왜냐하면 근거율에 대한 엄밀한 표현양식 역시 압축된 형식을 인정하고 있는 한, 원리에 대한 통속적인 표현양식과 엄밀한 표현양식이 돌연 본질적으로 동일한 것으로 보이기 때문이다. 겉으로 보기에 명백한 근거율이 다시금 분명하지 않게 되었다. 그런 점에서 근거율을 직접 논의하기 전에 좀 더 깊은 숙고가 필요하다.

53   엄밀한 해석에 따르면 근거율은 다음을 의미한다. 즉 어떤 진리도, 다시 말해 라이프니츠에 따르면 어떤 올바른 명제도 필연적으로 그것에게 송달되어야 할 근거 없이는 있지 않다. 어떤 방식으로 근거율, 즉 이유보충의 원리에 대한 엄밀한 표현양식 또한 압축된 형식으로 다시 제시될 수 있는가?

우리의 표상작용이 표상된 것을 위해 그때마다 송달되어야 할 것으로 향해 있음을 확인하고, 그것에 근거하여 그 안에서 표상된 것을 '**마주 서있는 것**'[대상]으로 확보한다면, 표상작용은 송달되어야 할 근거로 향한 시야를 보유하고 있는 것이다. 이는 표상작용에 대한 다음의 물음에서 확인되어야 한다. 표상된 것은 왜 있는가? 그리고 왜 그런 방식으로 있는가? 이런 '왜'의 형식으로 우리는 근거를 묻는다. 따라서 "송달되어야 할 근거 없이는 아무것도 있지 않다"라는 근거율의 엄밀한 표현양식은 다음과 같은 형식으로 옮겨진다. 즉 '왜' 없이는 아무것도 있지 않다.

여기 두 표현양식이 보여주는 압축된 형식을 비교해본다면, 그 특징이 분명하게 드러난다. 그로부터 우리는 근거율에 대한 더욱더 뚜렷한 시각을 얻을 수 있다. 근거율은 한편으로 '근거 없이는 아무것도 있지 않다'로 표현되며, 다른 한편으로 '왜 없이는 아무것도 있지 않다'로도 표현된다. 이와 대립하는 다음의 시구를 들어보자.

"장미는 왜 없이 있다. 그것은 피기 때문에 핀다.

그것은 자기 자신에게 주의하지 않으며, 사람들이 자신을 보는지 안 보는지에 대해서도 묻지 않는다.

(Die Ros ist ohn warum; sie blühet, weil sie blühet,

Sie acht nicht ihrer selbst, fragt nicht, ob man sie siehet.)"

이 구절은 "케루빔의 방랑자. 마지막 4가지에 대한 감각적 기술"이란 제목을 가진 안겔루스 질레지우스(Angelus Silesius)의 성시 모음 1권에 있다.

이 작품은 처음 1657년에 출판되었다. 이 구절은 "왜 없이"라는 제목을 가진 289번의 시에 나온다. 요한 세플러(Johann Scheffler)라는 본명을 가진 안겔루스 질레지우스는 철학박사이자 의학박사였다. 그는 의사로 활동하며 1624~1677년에 슐레지엔에서 살았다. 라이프니츠(1646~1716)는 젊은 안겔루스 질레지우스의 동시대인이었으며 "케루빔의 방랑자"를 알고 있었다. 라이프니츠는 그의 저작과 편지에서 안겔루스 질레지우스에 대해 자주 언급했다. 한번은 1965년 1월 28일 파치우스(Paccius)에게 보낸 편지에서 다음과 같이 말한다(Leibnitii opera ed. Dutends VI, p. 56).

54   "신비주의자들에게는 어려운 비유로 가득 차 있어 거의 신성모독에 가까울 정도로 보이는 아주 날카로운 면들이 있다. 그와 같은 것을 나는 때때로 요한네스 안겔루스 질레지우스로 불리는 … 어떤 사람의 ― 아주 아름다운 ― 독일어 시에서 알게 되었다."

그리고 헤겔은 자신의 저서 『미학 강의(Vorlesungen über die Aesthetik)』(X, 477, Glockner XII, 493)에서 다음과 같이 말한다.

"**신비주의**는 대체로 그리스도교 내에서 훨씬 더 주관적인 방식으로 형성되었던 것처럼 일반적으로 신과의 통일성에서 **자신**을 느끼고, 신을 — 주관적 의식에 현재하는 것으로서 체험하는 — **주관**과 연관시켜 드러내는 방식으로 범신론적 통일성을 제공한다. 그 예로 나는 안겔루스 질레지우스만을 인용할 것이다. 그는 대단한 명민함, 심오한 직관, 그리고 감수성을 통해 사물 안에 있는 실체적인 신의 현존, 자기와 신과의 합일, 신과 인간적 주관성의 합일을 비범하고도 신비적인 표현력으로 설명했던 사람이다."

안겔루스 질레지우스에 대한 라이프니츠와 헤겔의 판단은 앞에서 인용한 **"왜 없이"**라는 시가 중요한 원천에서 유래한다는 사실을 짧게나마 암시해줄 수 있다. 그러나 우리는 이 원천이 신비주의와 시라고 하는 것에 대해 당장 이의를 제기할 것이다. 시든 신비주의든 이것들은 똑같이 사유 안에 포함되는 것이 아니다. 사유 **안에** 포함되지 않는다는 것은 확실하다. 그렇지만 사유보다 **앞선** 것일 것이다. 이것을 라이프니츠와 헤겔이 우리에게 증명해주고 있다. 이들의 사유가 깨어 있음과 엄밀함에 있어서 [그것을] 능가하기는 어렵다.

안겔루스 질레지우스의 신비주의적 말이 어떤 것인지를 자세히 살펴보자.

"장미는 왜 없이 있다. 그것은 피기 때문에 핀다.

그것은 자기 자신에게 주의하지 않으며, 사람들이 자신을 보는지 안보는지에 대해서도 묻지 않는다."

55 먼저 라이프니츠가 제시한 이유보충의 원리에 대한 짧은 표현양식을 생각해보자. 이 표현양식은 다음과 같다. '왜 없이는 아무것도 있지 않다.' 안겔루스 질레지우스는 완전히 그것과 정반대로 말한다. "장미는 왜 없이 핀다." 장미는 여기에서 분명히 꽃을 피우는 모든 것, 모든 식물, 그때마다의 성장에 대한 예로서 주어진다. 시인의 말에 따르면 그러한 영역에서 근거율은 중요하지 않다. 이에 대해 식물학은 경솔하게도 식물의 성장을 위한 원인과 조건의 고리를 우리에게 증명하려고 할 것이다. 그러한 증명을 위해 우리는 식물의 성장이 안겔루스 질레지우스의 시구와는 반대로 그것의 '왜', 즉 그것의 필연적인 근거를 가지고 있다는 사실을 — 굳이 학문을 통해 밝히려고 않아도 — 필요로 한다. 일상적 경험이 성장과 개화의 근거에 대한 필연성을 말해주고 있다.

그러나 시인 앞에서 이러한 근거의 필연성을 유달리 따지는 것은 쓸데없는 짓이다. 왜냐하면 시인도 시의 같은 연에서 그러한 필연성 자체를 확인하고 있기 때문이다.

"장미는 왜 없이 있다. 그것은 피기 때문에(weil) 핀다."

'때문에(Weil)'? 이 낱말은 근거를 덧붙이는 것으로서 근거와 연관하여 언급되는 것이 아닌가? 장미, 그것은 '왜' 없이는 있지만, 그렇다고 '때문에' 없이 피지는 않는다. 그렇다면 시인은 모순을 범하고 있으며 애매하게 말하고 있다. 그러나 여기에 신비주의적인 것이 놓여 있다. 어떤 의미에서 시인은 명료하게 말하고 있다. "왜(warum)"와 "때문에(weil)"는 다른 것을 의미한다. "왜"는 근거에 대한 물음을 위한 낱말이다. "때문에"는 근거에 대해 답하는 지시를 포함한다. '왜'는 근거를 찾는다. '때문에'는 근거를 가져다 놓는다. 따라서 각기 근거와의 연관이 표상되는 형태가 다르다. '왜' 안에서 드러나는 근거와의 연관은 찾음(Suchen)의 연관이다. '때문에' 안에서 드러나는 근거와의 연관은 곁에 가져다 놓음(Beibringen)의 연관이다. 그러나 각기 다른 연관이 향하고 있는 것은 근거이다. 이런 점에서 그것은 동일하게 보인다. 그러나 시의 첫 번째 연의 앞부분은 근거의 앞서 있음을 부정하고, 같은 연의 뒷부분은 "때문에"를 통해 근거의 성립을 명시적으로 긍정하는 한, 여기에는 모순이 놓여 있다. 다시 말해 동일한 것, 즉 근거에 대한 동시적인 긍정과 부정이 놓여 있다. 그렇다면 "왜"가 찾고 있는 근거와 "때문에"가 가져다 놓는 근거는 동일한 근거인가? 시구의 두 번째 연이 우리에게 대답을 주고 있다. 이 연은 첫 번째 연의 해석을 포함한다. 전체적으로 시구는 놀라울 정도로 명료하며 간결하게 짜여 있다. 이로부터 사람들은 진정으

56

로 위대한 신비주의에 사유의 궁극적인 예리함과 심오함이 담겨 있다는 생각을 하게 된다. 이것은 진리이기도 하다. 마이스터 에크하르트가 그것을 증명하였다.

　안겔루스 질레지우스의 시구에서 두 번째 연은 다음과 같다.

"그것은 자기 자신에게 주의하지 않으며, 사람들이 자신을 보는지 안 보는지에 대해서도 묻지 않는다."

　두 번째 연의 앞부분은 첫 번째 연의 앞부분에 있는 "없이"가 어떻게 이해될 수 있는지를 우리에게 말해주고 있다. 장미는 장미이다. 그것은 틀림없이 자기 자신에게 주의를 기울이지 않는다. 장미는 본래 자신에게 주의를 기울일 필요가 없다. 장미는 자신이 존재하는 방식을 위해서 유달리 자기 자신에 대해, 그리고 장미를 규정하는 것, 즉 장미의 근거를 정립하는 모든 것에 대해 주의를 기울일 필요가 없다. 장미는 피기 때문에 핀다. 장미의 개화와 개화의 근거들 사이에는 근거가 그때마다 비로소 근거**로서** 존재할 수 있게 하는 그런 근거들에 대한 주의가 개입되어 있지 않다. 안겔루스 질레지우스는 장미의 개화가 근거를 가진다는 사실을 부정하려고 하지 않는다. 장미는 피기 때문에 핀다. 이에 반해 인간은 자기 현존재의 본질적 가능성 속에 존재하기 위해서 자신을 위해 그때마다 규정하는 근거가 무엇인지, 어떻게 근거가 존재하는지에 대해 주의를 기울여야 한다. 그러나 안겔루스 질레지우스의 시구는 그것에 대해서 말하지 않는다. 왜냐하면 그는 한층 더 감추어져 있는 것을 사유하고 있기 때문이다. 역운적으로(geschicklich) 인간을 본질상 기분적으로-규정하는(be-stimmen) 근거는 근거의 본질에서 유래한다. 그 때문에 이 근거는 탈-근거적이다(ab-gründig). (근거율의 다른 어조Tonart에 대해서는 다음에 다룰 것임.) 그러나 장미는 어떤 다른 것으로서, 즉 개화의 원인과 조건으로서 개화를 처음부터 작동시킬 수 있는 것 안에서 개현하면서도 그러한 것에 주의를 기울이지 않으면서 개화를 일으킨다. 장미의 개화를 위한 근거는 처음부터 고유하게 장미에게 송달될 필요가 없다. 인간은 이와 다르다. 인간이 근거와 어떻게 관계를 맺는지는 시구의 두 번째 연에서 드러난다.

여기에서는 장미에 대해서 다음과 같이 말한다.

"그것은 자기 자신에게 주의하지 않으며, 사람들이 자신을 보는지 안 보는지에 대해서도 묻지 않는다."

인간은 여러 면에서 장미와 다르게 산다. 인간은 자신이 세계에서 어떻게 활동하며, 세계가 자신을 어떻게 여기고 무엇을 요구하는지에 대해 의심의 눈초리로 살핀다. 우리 인간은 이러한 의심의 눈초리가 중단되는 곳에서도 자신을 규정하는 세계에 대해 주의를 기울이지 않고서는 자신의 존재로 있을 수 없다. 이러한 주의 속에서 우리는 동시에 자신에게도 주의를 기울인다. 이러한 주의를 장미는 필요로 하지 않는다. 라이프니츠의 사유에 따르면 이는 다음을 의미한다. 즉 장미가 피기 위해서 장미는 자신의 개화가 근거하고 있는 근거의 송달을 필요로 하지 않는다. 장미는 이유를 보충하는 것, 즉 근거의 송달이 장미-존재에 속하지 않아도 장미이다. 그럼에도 불구하고 장미는 결코 근거 없이 있지 않다. 장미와 근거율이 말하는 것과의 연관은 분열되어 있는 것처럼 보인다.

장미는 '왜' 없이 있지만 그렇다고 해서 근거 없이 있지는 않다. "왜 없이(ohne Warum)"와 "근거 없이(ohne Grund)"는 같은 것이 아니다. 이것이야말로 앞에서 인용한 시구가 가장 먼저 명백히 하려던 것임에 틀림없다. 장미는 그것이 어떤 것으로 존재하는 한, 강력한 원리가 속하는 힘의 영역에서 벗어나지 못한다. 그럼에도 불구하고 장미가 이러한 힘의 영역에 속하는 방식은 고유한 것이며, 근거율에 속하는 힘의 영역에 우리 인간이 머무르고 있는 방식과는 다른 것이다. 그러나 안겔루스 질레지우스의 시구가 제시하는 의미가 장미와 인간이 본래 존재하는 방식의 차이만을 언급하는 데 있다고 여기는 것은 너무 짧은 생각일 것이다. 시구가 말하고 있지 않은 것 — 모든 것은 그것에 달려 있다 — 은 오히려 인간이 '왜' 없는 장미와 같은 방식으로 존재할 때, 비로소 인간은 가장 숨겨져 있는 본질적 근거 속에 참으로 존재한다는 사실이다. 이러한 사상을 우리는 여기에서 더 이상 다룰 수 없다. 우리는 지금 "장미는 왜 없이 있다"라는 시구만을 숙고할 것이다. 우리는 그 시구를 '왜 없이는 아무것도 있지 않다'라는 근거율에 대한 짧고 엄밀한 표현양식의 관점에서 숙고할 것이다.

무엇이 우리에게 제시되었는가? 제시된 것은 장미에 대해서, 그리고 장미의 방식에 따라 존재하는 모든 것에 대해서 이유보충의 원리가 타당하지 않다는 사실이다. 장미는 그것이 피는 근거를 향하여 — 찾으면서 자신을 둘러보는 — 근거를 송달함 **없이** 있다.

〈장미가 피는 근거는 그것에 **대해**, 그것을 **위해** 근거의 송달을 필요로 하는 요구의 성격을 장미를 위해 가지지 않는다. 그렇다고 한다면 이는 여기에서 지배하는 근거들**로서** 개화의 근거를 송달하는 것이 장미의 개화에 속한다는 사실을 의미한다. 장미는 피기 때문에 핀다. 장미의 개화는 단순 소박하게 자기-자신에서-개현하는 것이다.〉

동시에 우리는 정당하게 이유보충의 원리가 장미에 대해서도 타당하다고 주장할 수 있다. 다시 말해 장미가 우리의 표상작용을 위한 대상이 되고, 우리가 우리 자신을 위해 어떤 방식으로,

즉 어떤 근거와 원인에서, 그리고 어떤 조건에서 장미가 그것이 있는 바대로 **존재**할 수 있는지에 관한 정보를 요구하는 한에서는 타당하다.

그렇다면 여기에서 이유보충의 원리는 어떤 것인가? 그것은 장미에 **대해서는**(von) 타당하지만, 장미를 **위해서는**(für) 타당하지 않다. 장미가 우리 표상작용의 대상으로 있는 한, 장미는 장미에 대해서는 타당하지만, 장미가 자기 자신 안에 있으며 단순 소박하게 장미로 존재하는 한, 장미를 위해서는 타당하지 않다.

우리는 주목할 만한 사태연관 앞에 도달하였다. 장미와 같은 어떤 것은 근거 없이 있지는 않지만 그럼에도 불구하고 '왜' 없이 있다. 어떤 것은 통속적으로 파악된 근거율이 타당한 영역에 속한다. 또한 동일한 것이 엄밀하게 파악된 근거율의 타당한 영역에서는 벗어난다. 그러나 이미 우리가 이전 시간에서 본 것처럼, 라이프니츠와 모든 근대적 표상작용에 대해 엄밀하게 사유된 근거율의 타당한 영역은 통속적으로 이해된 근거율만큼이나 광범위하다. 다시 말해 제한이 없다. 라이프니츠에게 "근거 없이는 아무것도 있지 않다"라는 명제는 '왜 없이는 아무것도 있지 않다'라는 명제만큼이나 많은 것을 말한다. 그러나 안겔루스 질레지우스의 시구에 따르면 이러한 동일화는 타당하지 않다.

따라서 안겔루스 질레지우스의 시구에 대한 숙고에 의해 근거율은 한층 더 불투명하게 되었다. 근거율이 속하는 근방은 안개

59

102

속에 휩싸여 있다. 근거율의 엄밀한 표현양식에 우리를 붙잡아 두려는 시도는 지금 제시한 것처럼 이루어질 수 없다. 이런 상황에서 우리는 라이프니츠의 의미에서 엄밀한 표현양식이 — 절대적으로 참인 표현양식이 아니라고 한다면 — 근거에 대한 근거명제의 근본적인 표현양식인지 아닌지에 대한 물음을 포기할 수밖에 없다.

그러나 근거율에 대한 라이프니츠의 형식이 제시하는 것은 송달의 요구 성격, 즉 보충되어야 할 것(reddendum)이 근거에 속한다는 사실을 우리에게 보여주었다. 그러나 우리는 그와 동시에 다음의 물음으로 인도되었다. 이러한 근거의 요구는 어디에서 유래하는가? 누가 또는 무엇이 모든 표상작용과 그것을 위해 근거를 송달하라는 요구를 하고 있는가?

우리 인간은 그때마다 근거가 송달되어야 한다는 요구 아래 자신의 고유한 표상작용을 내려놓고 있는 자들인가? 아니면 근거 자체가 그 자신에서부터 근거로서 우리의 표상작용에 대해 그러한 요구를 하고 있는가? 그러나 어떻게 근거가 그러한 요구를 할 수 있는가? 이 물음은 어디에서 근거의 본질이 성립하는지를 충분히 알고, 그러한 과정에서 사람들이 근거(Grund)와 이유(ratio)라고 부르는 것이 무엇인지를 경청하기 위해 우리가 먼저 근거의 본질에 대해 물었을 때에만 명백하게 대답될 수 있다. 그렇지만 그것에 관하여 근거율은 우선적으로 모든 것을 규명하는 정보를 주어야 한다.

　무엇 때문에 근거율이 근거에 대해 우리에게 무엇을 알려주는지를 우리는 근거율에서 캐묻지 않았는가? 무엇 때문에 우리는 가깝게 있는 직선적 길보다 여러 갈래의 에움길들(Umwege)을 선택했는가? 이에 대한 대답은 다음과 같다. 왜냐하면 에움길은 근거율에 대한 많은 관점을 제공하며, 그로부터 우리는 지금 그리고 다음에도 계속해서 근거율을 되돌아볼 수 있기 때문이다. 또한 근거명제와 원리로서의 근거율에 대한 이러한 되돌아봄에서 우리는 놀랄 만한 통찰에 이를 수 있기 때문이다. 근거에 **대한** 명제는 근거에 **관해** 아무것도 진술하지 않는다. **근거에 대한 명제는 근거의 본질에 관한 직접적인 진술이 아니다.** 이러한 사태 연관은 이 명제를 둘러싸고 지금까지 거쳐온 에움길에서 드러나야 한다. 우리는 다음과 같은 것에 올바로 주목해야 한다. 즉 근거에 대한 명제는 근거에 대해 말하지만, 그럼에도 불구하고 근거로서의 근거에 관한 진술이 아니다.

　근거에 대한 명제는 무엇에 대해 말하는가? 이에 대한 대답은 우리가 근거율에 귀를 기울일 때에만 주어질 것이다. 그것을 위해 우리는 근거율이 말하는 소리(Ton)에 주목할 필요가 있다. 다시 말해 이 명제는 **상이한 두 개**의 어조(Tonart)로 소리를 낸다. 이 명제는 서로 다르게 말한다. 지금까지 우리는 규정되지 않은 어조로 근거율에 대해 많이 들었다. 이는 어떻게 그럴 수 있는지를 의심하지 않고 상이한 표현양식으로 근거율을 사유하도록 허락하였다.

근거율은 다음과 같이 표현된다. '이유 없이는 아무것도 있지 않다.' '근거 없이는 아무것도 있지 않다.' 우리는 이것을 이제 이미 싫증이 날 정도로 충분히 자주 듣고 있다. 그러나 우리는 이제 같은 소리를 내면서 말했던 명제에서 어떻게 상이한 두 개의 어조가 진동하고 있는지를 인지해야 한다. 우리는 다음과 같이 말할 수 있다. '이유 **없이는 아무것도** 있지 **않다**(**Nihil** est sine ratione).' '근거 **없이는 아무것도** 있지 **않다**(**Nichts** ist **ohne** Grund).' 긍정하는 형식으로 이것은 다음을 뜻한다. '**모든 것**은 근거를 **가진다**.'

그러나 우리는 그 소리를 다음과 같이 낼 수도 있다. **이유** 없이는 아무것도 **있지** 않다(Nihil **est** sine **ratione**). **근거** 없이는 아무것도 **있지** 않다(Nichts **ist** ohne **Grund**). 긍정하는 형식에서 이것은 다음을 뜻한다. 각각의 **존재자**는 (**존재자로서**) 근거를 가진다. 그렇다면 근거율은 무엇에 관하여 말하는가?

강의 _ 여섯 번째 시간

6

지금까지 우리의 성찰과정이 이끌어낸 근거율에 대한 제시는 61
라이프니츠의 사유를 통해 개방되고, 윤곽을 확보한 시야 속에서
그 명제를 볼 수 있게 한다. 마지막에 우리는 근거율에 대한 익숙
한 표현양식과 엄밀한 표현양식을 다음과 같은 압축된 형식으로
가져왔다. 즉 "근거 없이는 아무것도 있지 않다"와 "왜 없이는 아
무것도 있지 않다"가 바로 그것이다. 안겔루스 질레지우스의 시
구는 우리에게 근거율이 엄밀한 표현양식에서는 통용되지 않는
다는 것을 보여주기 위한 발판을 제공하였다. 왜냐하면 "왜 없이
는 아무것도 있지 않다"라는 명제와 반대로 그의 시구는 다음과
같이 말하기 때문이다.

"장미는 왜 없이 있다. 그것은 피기 때문에 핀다.
그것은 자기 자신에게 주의하지 않으며, 사람들이 자신을 보는지 안
보는지에 대해서도 묻지 않는다."

"왜 없이(ohne warum)"라는 문구는 거칠게 표현하면 다음을
말한다. '장미는 어떤 근거도 가지지 않는다.' 이에 대해 같은 연
에 나오는 "때문에(weil)"라는 낱말은 대략적으로 듣는다면 다
음을 말한다. '장미는 근거를 가진다.' 이에 따라 장미처럼 동시
에 근거를 가진 것과 근거가 없는 것이 있을 수 있다. 우리는 물
론 이전 시간에 보다 정확하게 다음과 같이 말했다. 즉 장미는 왜

없이도 있지만 그렇다고 해서 — "때문에"의 관점에서는 — 근거 없이 있지 않다. 이로써 확인된 것은 장미에 대해 직접적으로 표현한 문구가 "왜 없이"와 "때문에"를 말하고 있다는 사실이다. 우리는 먼저 안겔루스 질레지우스의 시구를 고려하지 않고 "왜"와 "때문에"에서 생각되고 있는 것이 무엇인지를 일반적으로 밝힐 것이다. "왜"와 "때문에"는 우리의 표상작용이 근거와 맺는 각기 상이한 연관에 대해 말한다. "왜"에서 우리는 물으면서 근거를 뒤따르고 있다. "때문에"에서 우리는 대답하면서 근거를 이쪽으로 가져온다. 이에 따르면 "때문에"에서 우리는 근거를 우리 자신에게 더 가까운 연관으로 가져오고, 반면 "왜"에서 우리는 근거를 우리 자신으로부터 멀리 두는 것처럼 보인다. 정확히 본다면, 이 사태는 오히려 반대이다. 근거가 우리에게 말하고 대답하도록 하기 위해 우리는 "왜"에 근거를 둔다. 이에 반해 "때문에"에서 우리는 근거와 그것에 의해 근거가 제시된 사태로의 방향으로 우리의 표상작용을 즉시 내려놓는다. "때문에"에서 우리는 근거가 정립된 사태에 우리 자신을 내맡긴다. 우리는 사태를 그 자체에, 그리고 근거가 사태를 근거정립하면서 단순 소박하게 그것이 있는바 그대로 존재하게 하는 양식에 내맡긴다.

대략적으로 들을 경우에 "장미는 왜 없이 있다"라는 명제는 "장미는 근거를 가지지 않는다"와 동일한 것을 말한다. 정확하게 말한다면 "왜 없이"는 '근거와의 연관 없이'와 거의 같은 것을 말한다. 그러나 "때문에"도 근거와의 연관이라고 부를 수 있다. 이것은 확실하다. 특히 우리가 일면적인 견해에서 사태를 보는 관점에 붙잡혀 있을 때, 우리가 단적으로 연관이라고 부르는 것이 가장 현혹되기 쉬운 사태들 중의 하나라는 것을 숙고해야 한다. 모든 연관을 위해 중요한 것은 항상 그 연관이 어떤 영역에서 작동하는가를 아는 것이다. 예를 들어, 낯선 곳에 머무는 사람에게는 거주하는 고향과의 연관이 거부되어 있다. 고향에서 거주하는 것과 맺는 연관이 거기에는 빠져 있다. 그러나 이 연관의 결핍은 그 자체로 그 연관의 고유한 내면성, 즉 향수이다. 그러므로 연관은 바로 그것의 결핍을 통해 성립할 수 있다. 준비를 위해 우리는 동일한 형식으로 근거와의 연관에 대해 말할 것이다. "왜 없이"에는 근거와의 연관이 부정되고, "때문에"에서는 그것이 긍정된다. 이것은 옳기는 하지만 피상적이다. 그러므로 우리는 다음과 같이 묻는다.

"때문에"와 비교해서 "없이"는 무엇을 부정하는가? 부정하는 것은 단순히 근거와의 연관이 아니다. 오히려 우선적으로 부정하는 것은 근거에 대해 물으면서 그 근거를 고유하게 표상하는 연관 없이 장미가 있다는 사실이다. 반대로 표상하는 근거와의 연관은 우리 인간에게 통용되는 것이다. 이 모든 것은 단지 다음의 사실을 가장 먼저 나타낸다. 즉 근거는 다양한 연관 속에서 표상하는 본질로서 우리에게 성립될 수 있다. 그러나 동물도 심지어

식물도 표상하는 본질이 아닌가? 확실히 그렇다. 라이프니츠의
63 사유에서 근거-경험(Grund-erfahrung)은 심지어 우리가 흔히
생명 없는 물질이라고 부르는 것도 표상한다고 말할 정도로 광범
위하다. 라이프니츠에 따르면 모든 본질은 **생명체(Lebewesen)**이
며, 그 자체로 표상하고 욕구하면서 있다. 그러나 비로소 인간이
그의 표상작용에서 근거를 근거로서 자신에게 가져올 수 있는 그
런 생명체이다(참조, Monadologie §29 sqq.). 전승된 규정에 따르면 인
간은 이성적 동물(animal rationale)이다. 그러므로 인간은 근거
로서의 이유에 대해 표상하는 연관 속에 살고 있다. 아니면 우리
는 뒤집어서 다음과 같이 말해야 한다. 인간은 이유에 대해 표상
하는 연관 속에 있기 때문에 인간은 이성적 동물이 아닌가? 심지
어 이렇게 말하는 것으로도 불충분한가? 어떤 경우에서든 인간
은 근거를 근거로서 표상할 수 있는 능력 속에 산다. 다른 지상의
생명체도 근거와 원인에 의해서 살지만 결코 근거에 **따라** 살지는
않는다. 따라서 사람들은 첫 번째 연의 두 번째 부분, 즉 "그것은
피기 때문에 핀다"를 여기에 가져다 붙이려고 시도하면서 다음과
같이 설명할 수 있다. 즉 장미는 근거에 따라 살지 않는다. 장미
는 왜 없이 있다. 그러나 장미는 근거에 의해 산다. 그러나 안겔
루스 질레지우스는 "그것은 피기 때문에 핀다"를 가지고 완전히
다른 것을 말하고 싶어 한다. 인간과 장미의 차이만을 강조하려
고 했다면, 그는 다음과 같이 말할 수 있었을 것이다. 장미는 핀

다. 왜냐하면 태양이 빛나고 수많은 다른 것들이 그것을 둘러싸고 결정하기 때문이다.

그러나 안겔루스 질레지우스는 "그것은 피기 때문에 핀다"라고 말한다. 이것은 본래 아무것도 말하고 있지 않다. 왜냐하면 어떤 다른 것을 덧붙여야 할 것이 "때문에"에 속해 있기 때문이다. 그 다른 것이란 근거정립이 되어야 할 것을 위한 근거로서 우리에게 이해될 수 있는 것이다. 그러나 외관상 아무것도 말하지 않는 것처럼 보이는 "그것은 피기 때문에 핀다"라는 시구는 모든 것, 즉 본래 아무것도 말하지 않는 방식으로 말해야 하는 모든 것을 말한다. "때문에"는 아무것도 말하지 않고 있는 공허한 것처럼 보이지만 근거와 "때문에"에 대해서 시인이 자신의 사유 단계에서 말할 수 있는 풍부한 것을 말한다. 그러나 지금까지 우리가 지나온 길은 아직 거기에 도달하지 못하고 있다.

그 외에도 사유의 길을 가던 중에 장애가 있었다. 이후에도 우리는 그 장애에 자주 부딪힐 것이다. 우리는 두 개의 압축된 근거율 — '근거 없이는 아무것도 있지 않다', '왜 없이는 아무것도 있지 않다' — 을 대립시켰다. 두 명제를 비교함으로써 우리가 주목한 것은 근거가 때때로 그리고 심지어 필연적으로 그때마다 표상된 것이라는 사실이었다. 우리는 당황해서 묻고 싶어진다. 모든 "왜"와 "때문에"에서 벗어나 있는 근거라는 것이 근거로서 도대체 있을 수 있는가? "근거"와 같은 것이 자기 자신으로부터 벗

64

어나 사유하는 본질인 우리와의 연관을 필연적으로 동반하지 않아도 되는가? 이 물음에 대한 대답과, 그에 앞서 우리가 이러한 방식으로 물어도 되는지에 대한 고찰은 지금 지속적으로 "근거 (Grund)"와 "이유(ratio)"라고 불렸던 것을 우리가 어떻게 규정하는지에 달려 있다. 이 규정은 앞서부터 획득해온 지식에도 불구하고 근거율을 둘러싸고 축적된 불투명한 모든 것 속에서 우리가 어떻게 제자리를 찾는가에 달려 있다.

그렇지만 이렇게 희미한 근거율에 대한 조망으로부터는 다른 것도 언급할 수 없다. 이 다른 것은 '위대하고 강력하며 가장 고귀한 원리(principium magnum, grande et nolbilissimum)'가 지배하고 있는 힘이다. 왜냐하면 그 힘의 행사는 우리가 근대의 정신, 소위 완성의 정신, 원자시대의 정신이라 부를 수 있는 것을 두루 규정하기 때문이다.

라이프니츠에 의해 사유된 이유의 원리는 요구의 형태로 근대적 표상작용을 일반적으로 규정할 뿐만 아니라, 이 원리는 우리가 사유자의 사유로서 알고 있는 그러한 사유, 즉 철학을 결정적인 방식으로 두루 규정한다. 내가 아는 한에서 이에 대한 것은 완전한 범위에서 주목되고 있지 않다. 그 때문에 우리는 라이프니츠의 사유로 더 깊이 들어가는 것을 중단할 뿐이며 결코 결론을 내리려는 것이 아니라는 점을 밝혀둘 필요가 있다. 왜냐하면 그러한 결론은 적어도 라이프니츠의 사유 속에 감추어진 심오한 시각을 완전하게 드러내야 하는 것이기 때문이다. 이러한 심오한 시각은 어둠 속에서만 빛난다. 그것에 대해 우리는 쉽게 오해할 수 있다. 사람들이 흔히 말하는 것처럼 라이프니츠가 자신의 주요 사상을 요약하여 제시한 두 권의 저작에 집중하기만 한다면, 라이프니츠가 사유를 통해 통찰한 것을 우리도 통찰할 수 있을 것으로 생각한다. 라이프니츠는 죽기 얼마 전에 두 개의 저작을 작성했지만 출판하지 않았다. 첫 번째 저작은 18개의 큰 문단으로 되어 있고, 다른 저작은 90개의 짧은 문단으로 되어 있다. 후자는 라이프니츠에서 유래하지 않은 "단자론"이란 제목으로 알려졌다. 깊이 사유하는 사람들은 이 문단들에서 계속해서 많은 것을 배울 것이다. 그렇지만 이 문단들과 많은 편지에서 드러나는 라이프니츠의 사유에 담긴 가장 내적인 운동과의 관계는 휠덜린(Hölderlin)이 그가 지은 송가를 연속되는 20개의 문단으로만 남겨놓았을 때에 주어지는 것과의 관계와 유사하다. 이는 우리가 라이프니츠의 사유운동에 담긴 불안을 두 권의 저작초고에서 추적할 수 있는 오늘날에도 여전하다. 이 저작들은 얼마 전에 앙드레 로벵느(André Robinet)의 탁월한 편집에 의해 비로소 접할 수 있게 되었다(Presses Universitaires de France, Paris 1954). 첫 번째 프랑스어 원판 "단자론"은 라이프니츠의 서거 130년 후에 출판되었다. 이 출판은 헤겔의 제자, 에르드만(Joh. Ed. Erdmann)에 의해 이루어졌다(Leibnizii opera philosophica, Berlin 1840).

지금까지의 길을 되돌아볼 때 드러난 것은 우리가 근거율에 강조점을 두면서 주로 처음에 언급했던 [표현양식의] 어조를 보다 더 고수했다는 점이다. 이는 우연한 것이 아니다. 왜냐하면 우리는 우선적으로 라이프니츠를 포함하여 철학이 근거율을 다루어온 통상적인 표상, 물음의 방향, 관점을 따랐기 때문이다. 그러나 근거율에서 근거의 본질에 관한 안내를 요구하고 있는 지금, 우리는 일차적으로 근거율은 도대체 무엇에 대해 진술하는지를 한번은 물어야 한다. 이에 따라 이 진술문에서 문법적으로 문장의 주어가 무엇이며, 술어가 무엇인지를 찾아보자. 이에 대한 대답을 위해 두 번째로 언급한 [표현양식의] 어조가 우리에게 도움을 준다. 그 때문에 이 어조는 여전히 중요한 것으로 남아 있다. '이유 없이는 아무것도 **있지** 않다.' '**근거** 없이는 아무것도 **있지** 않다.' 각각의 존재자는 근거를 가진다. 근거율의 주어는 근거가 아니라 "각각의 존재자"이다. 이것에 근거를 가진다는 술어가 귀속된다. **근거율은 익숙한 방식에 따라 이해되고 있듯이 근거에 관한 진술이 아니라, 그때마다 존재자가 있는 한에서 존재자에 관한 진술이다.**

많은 청중들은 지금 내심으로 다음과 같이 생각할 것이다. 왜 근거율의 이러한 명백한 내용이 우리에게 즉각 언급되지 않았는가? 그 대신에 왜 우리는 몇 시간 동안 이 명제의 주위를 맴돌고 있는가? 대답은 쉽게 주어진다. 왜냐하면 지금까지 근거율에 대

66

한 논의는 그것을 명제로서, 정확히 말해 근거명제와 원리로 받아들였고 받아들이고 있기 때문이다. 근거에 대한 근거명제는 심지어 근거를 본질적인 관점에서 표상한다. 그렇지만 이러한 관점에서 그 명제는 존재자에 관해 진술하고, 근거에 관해 진술하지는 않는다. 그럼에도 불구하고 넓지 않게 규정된 근거의 표상은 근거율에서 명제의 도출 및 근거정립을 위한 주도적인 명제로서 역할을 가능하게 한다. 여기에서 본다면 주도하는 근거의 표상은 그 자체로 도출불가능성의 탁월한 특징을 받아들이고 있다. 근거율이 근거의 관점에서만 그것이 정립하는 것을 제시하고 근거에 관한 어떤 직접적인 진술이 아님에도 불구하고 지금까지 이유의 원리에 대한 논의는 그 내용에서는 물론, 전승의 관점에서도 큰 의의를 가진다.

우리가 근거율을 논구하려고 시도할 때, 이는 모든 다른 시도와 마찬가지로 전승(Überlieferung) 안에서, 그리고 전승과의 대화에서만 가능하다. 이전의 사유와 그때 사유된 것의 전승은 뒤엉켜 있는 철학적 견해들의 단순한 혼합물이 결코 아니다. 전승된 사유가 우리를 넘어서 아주 광범위하게 펼쳐져 있고, 고유하게 우리를 전승과 연결시키고 있는 거기에서 우리가 전승을 찾고 있다고 한다면, 그 전승은 현재이다. 그런 이유에서, 오로지 그런 이유에서 우리는 근거율을 둘러싼 에움길을 가고 있는 것이다.

그러나 우리가 지금 직접 근거율을 상세히 다루고, 거기에서 67

그 명칭이 우리에게 전하고 있는 것을 근거율이 전혀 실행하고 있지 않다는 것을 발견한다면, 이러한 확정만으로도 우리는 아주 중요한 걸음을 한 발짝 내딛은 것이다. 그러나 아직 이 걸음만으로는 근거율에 대한 논구가 전망이 밝은 길에 들어설 것이라고는 보증하지 못한다. 따라서 근거율에 대한 논구는 명제가 근거에 대해 말하면서도 표명하고 있지 않은 것을 가져다줄 수 있는 전망(Aussicht)을 찾고 있다. 그러나 우리의 사유를 위해 우리가 지금 찾고 있는 전망은 거기에서 지금까지의 사유가 이미 움직이고 있던 바로 그것이다. 그 전망이 우리에게 가져다주는 것을 통찰할 때에만 우리는 전승을 극복할 수 있다.

그러나 지금까지 그 전망은 위장되어 있고 빗장으로 잠겨 있었다. 그 빗장이 바로 근거율이다. 그것은 산악열차처럼 전망을 가로 막고 있다. 산악열차는 극복될 수 없는 것처럼 보인다. 왜냐하면 근거율은 최상의 근거명제로서 도출할 수 없는 것, 즉 사유를 저지하는 것이기 때문이다.

근거에 **대한(von)** 명제가 직접 근거에 **관해서(über)**가 아니라 존재자에 관해서 진술한다고 하는 통찰로 이행하는 것은 위험한 발걸음이다. 이러한 이행은 사유를 위기의 영역(kritische Zone)으로 인도한다. 우리의 사유가 상당히 훈련되어 있다고 할지라도 자주 결정적인 지점에서 당황하기 때문에 우리는 도움을 필요로 한다. 이러한 도움에는 향해가는 길에 맞는 성찰이 속한다. 우리는 지금 들어서 있는 영역을 위기의 영역이라고 부른다. 왜냐하면 근거율이 진술하고 있는 것을 여기에서 보고 있음에도 불구하고 다음에 계속될 논구의 발걸음은 여전히 잘못된 길로 들어설 수 있기 때문이다. 이러한 지적은 처음 1929년 후설의 기념논문집을 위한 기고로 출판된 「근거의 본질(Vom Wesen des Grundes)」이라는 논문에 대해서도 타당한 것이다.[1]

그 논문의 1부 첫 문단은 다음과 같은 말로 시작한다. "이 명제(근거율을 의미한다)는 존재자에 관해 진술하며, 그것도 '근거'와 같은 것에 주목하며 진술한다. 그렇지만 근거의 본질을 형성하는 것은 이 명제 안에서 규정되지 않는다. 그것은 이 명제를 위해 자명한 '표상'으로서 전제되어 있다."[2]

68

이러한 설명은 옳다. 그러나 그것은 잘못된 길로 안내하는 것이었다. 한편으로 근거율은 근거의 본질에 대한 특별한 물음을 위해 제공되는 가능적인 길이라는 관점에서 그러하다. 다른 한편으로 무엇보다도 모든 사유에 자극을 주는 성찰이라는 관점에서 그러하다. 앞에서 언급한 논문도 그러한 성찰에 기여하려고 한 것이다. 방금 언급된 경우에 잘못된 안내는 어디에서 생겨나는

---

1. 전집 9권 『이정표(Wegmarken)』 Hrsg. von Friedrich Wilhelm von Herrmann, Frankfurt a. M.: Vittorio Klostermann, 1976, 123쪽 이하.
2. 위의 책, 127쪽.

가? 올바른 확정임에도 불구하고 도대체 어떻게 그런 잘못된 안내가 일어날 수 있는가? 단순하면서도 이중적인 방식으로 잘못된 안내가 일어난다. 이 잘못된 안내는 빈번하게 사유를 엄습한다. 그러므로 우리가 주목하고 있는 잘못된 길은 그것에 주의하자마자 우리에게 깨달음을 줄 수 있다.

우리는 사태연관을 아주 분명하게 눈앞에서 볼 수 있게 되었다. 그러나 우리는 앞에 놓인 것에서 가장 가깝게 있는 것을 통찰하지 못한다. 어떤 것을 본다는 것과 본 것을 고유하게 통-찰한다(er-blicken)는 것은 같은 것이 아니다. 여기에서 통-찰함이 의미하는 것은 본 것에서부터 본래적으로, 즉 가장 본래적인 것(Eigenstes)으로 우리의 시선을 이끄는 것(anblicken) 안을 들여다보는 것(einblicken)이다. 우리는 많이 보지만 통찰하지는 못한다. 본 것을 통-찰했을 때조차 우리는 통찰한 것에 대한 시선을 유지하고, 그것을 시선 속에 보유하기 힘들다. 왜냐하면 참된 보유를 위해서 죽을 자들에게는 항상 새로워진 전유(Aneignung), 즉 그때마다 더 근원적인 전유가 필요하기 때문이다. 사유가 본 것에서 가장 고유한 것을 통찰하지 않는다면, 앞에 있는 것에 대한 사유는 잘못 볼(versehen) 수 있다. 사유가 잘못 봄으로써 생기는 위험은 자주 그 자신으로 인해, 다시 말해 사유가 너무 성급하게 잘못된 근거로 돌진함으로 인해 고양된다. 이러한 돌진은 근거율에 대한 논구와 관련하여 특히 위험을 초래할 수 있다.

69

지금 봄, 통찰, 잘못–봄에 관해 짧게 언급한 것을 "근거의 본질"을 다룬 논문에 적용해보자. 이 논문에서 분명하게 주목하고 있는 것은 "근거 없이는 아무것도 있지 않다"라는 명제가 존재자에 관해 어떤 것을 진술하고, "근거"가 무엇인지에 관해서는 어떤 해석도 하고 있지 않다는 사실이다. 그러나 여기에서 다룬 명제의 내용에 대한 시각은 가장 가깝게 있는 것을 들여다보지 못하고 있다. 그 대신에 이 시각은 전혀 피할 수 없는 발걸음을 내딛게 만들고 있다. 이 발걸음을 우리는 다음의 추론에서 보여줄 수 있다.

근거율은 존재자에 관한 진술이다. 따라서 근거의 본질에 관한 어떤 정보도 없다. 결국 근거율, 특히 전승된 표현양식에서 근거율은 — 우리가 근거의 본질을 숙고한다면 — 우리가 의도하고 있는 논구를 위한 단서로서 적합하지 않다. 우리는 근거율이 존재자에 관해 어떤 것을 말하고 있다는 사실을 알고 있다. 그러나 우리가 이전에 확정한 것에서 그 사실을 반추해볼 때, 우리의 시선에 들어오지 않은 것은 무엇인가? 본 것에서 여전히 통찰할 수 있는 것은 무엇인가? 앞의 논의에서 중요하게 여겼던 그러한 강조[상이한 어조의 차이] — '**이유** 없이는 아무것도 **있지** 않다', "**근거** 없이는 아무것도 **있지** 않다" — 에서 근거율을 한층 더 분명하게 듣고 청각 속에 보유하는 즉시, 여기에서 통찰할 수 있는 것에 우리는 더 가깝게 다가간다. 그 강조는 우리로 하여금 "있다(ist, est)"와 "근거(Grund, ratio)"의 조화로운 소리를 듣게 한다. 심지어 우리는 이러한 조화로운 소리를 근거율이 존재자에 관해 진술하며, 존재자가 근거를 가진다는 사실에 관해 진술하고 있다는 것을 확정하기 전에 이미 들어왔다.

우리의 사유는 지금 이러한 강조에서 본래적으로 이미 들었던 것을 통찰해야 한다. 사유는 들을 수 있는 것을 통찰해야 한다. 이때 사유는 이전에 듣지—못했던 것(das Un-erhörte)을 통—찰한다(er-blicken). 사유는 통찰하는 경—청함(Er-hören)이다. 사유에서 익숙한 들음과 봄은 우리에게서 사라진다. 왜냐하면 사유는 우리를 경청함과 통찰함으로 이끌기 때문이다. 이것은 낯설지만 아주 오래된 지혜이다. 플라톤은 존재자에서 본래적인 것을 형성하는 것을 '이데아(ιδέα)', 즉 존재자의 모습(Gesicht)과 우리에 의해 보인 것(das Gesichtete)이라고 불렀다. 그리고 그전에 헤라클레이토스도 존재자에서 본래적인 것을 형성하는 것을 '로고스(λόγος)', 즉 우리가 들음에서 그것에 응답하고 있는 존재자의 말(Spruch)이라고 불렀다. 이때 이 두 가지[이데아와 로고스]는 사유가 들음과 봄이라는 것을 우리에게 알려준다.

그러나 우리는 이것을 다음과 같은 방식으로 간단하게 설명하려고 한다. 즉 들음과 봄은 단지 옮겨진 의미에서만 사유를 뜻할 수 있다. 사실이다. 그러나 사유에서 경청한 것과 통찰한 것은 우리의 귀로 들을 수 있거나 우리의 눈으로 볼 수 있는 것

70

이 아니다. 그것은 우리의 감각기관을 통해 지각될 수 있는 것이 아니다. 우리가 사유를 일종의 들음과 봄으로서 파악한다면, 감각적인 들음과 봄은 비-감각적인 인지의 영역, 즉 사유의 영역 안으로 넘겨지고 저편으로 운반된다. 이러한 저편으로 넘김(Hinübertragen)은 그리스어로 '메타페레인'(μεταφέρειν)을 뜻한다. 학술적인 언어로 표현한다면 이러한 옮김은 '메타포(Metapher, 은유)'로 불린다. 따라서 사유는 다만 '메타포'의 의미에서, 즉 옮겨진 의미에서 들음과 경청함, 봄과 통찰함으로 불릴 수 있다. 여기에서 그렇게 "불릴 수 있다"고 말하는 사람은 누구인가? 귀로 들음과 눈으로 봄이 본래적인 들음과 봄이라고 주장하는 사람이다.

우리가 들음과 봄에서 어떤 것을 지각하는 방식은 감각을 통해 일어난다. 다시 말해 감각적이다. 이러한 확정은 옳다. 그러나 그것은 참은 아니다. 왜냐하면 그것은 본질적인 것을 놓치고 있기 때문이다. 우리는 분명히 바흐의 푸가를 귀로 듣는다. 그러나 바흐의 푸가가 고막을 두들기는 음파에서 발생한 청각으로만 있다면, 우리는 결코 그것을 들을 수 없다. **우리**가 듣는 것이지 귀가 듣는 것이 아니다. 우리는 물론 귀를 통해서(durch) 듣지만 귀를 가지고(mit) 듣는 것은 아니다. 이때 "가지고"는 감각기관으로서 귀가 청각을 우리에게 전달하는 것을 말한다. 그러므로 인간의 귀가 둔해진다면, 즉 귀머거리가 된다면, 베토벤의 경우가 보여주는 것처럼 그럼에도 인간은 여전히 듣고, 심지어 이전보다 더 많은 소리와 더 큰 소리를 듣는 것이 가능할 수 있다. 이와 함께 주목해야 할 것은 "귀머거리"와 "어리석음"은 둔함과 거의 같은 의미로 여겨진다는 사실이다. 그런 까닭에 그리스어로 같은 의미를 가진 '어리석음'은 다시금 '티플로스(τυφλός)', 즉 보는 것에 둔함, 즉 맹목적임을 뜻하는 낱말로도 통용된다.

그때마다 우리가 들었던 것은 어떤 방식으로든 분리된 하나의 감각기관, 즉 우리의 귀가 수용한 것에서 다 이끌어낼 수 없다. 정확히 말해서 **우리**가 들을 때 귀가 수용한 것에만 어떤 것이 귀속하는 것이 아니다. 오히려 귀가 인지한 것과 그것이 인지하는 방식은 **우리**가 듣는 것 — 우리는 박새, 울새, 종달새의 소리를 들을 뿐이다 — 을 통해 이미 조율되고 규정된다. 우리의 청각기관은 어떤 관점에서는 필요조건이지만 우리의 들음을 위해서는 결코 충분조건, 즉 본래적으로 인지-해야 할 것(das zu-Vernehmende)을 우리에게 전달하고 허락해주는 것이 아니다.

같은 것이 우리의 눈과 봄에도 타당하다. 예를 들어, 인간의 봄이 망막의 감각으로서 눈에 전달되는 것에 제한되어 있다면, 그리스인은 청년의 조각상에서 아폴로를, 더 좋게 말해서 아폴로에서 그리고 아폴로를 통해 그 입상을 결코 볼 수 없었을 것이다. 이전의 그리스 사유자에게 사람들이 아주 거칠게 '같은 것은 같은 것을 통해서만 알려진다'로 표현하고 있는 사상이 익숙해 있었다. 이는 우리에게 말하는 것은 우리의 응답함(Entsprechen)을 통해서만 인지될 수 있다는 뜻이다. 우리의 인지활동은 그 자체로 하나의 응답함이다. 괴테는 그의 『색채론(Farbenlehre)』 서문에서 이러한 그리스 사상과의 연관을 인정하며 독일어 시로 다음과 같이 표현하고 싶어 했다.

"눈이 햇빛을 간직하고 있지 않다면,
어떻게 우리가 빛을 볼 수 있겠는가?
신의 고유한 힘이 우리 안에 살아 있지 않다면,
어떻게 신적인 것이 우리를 매혹시킬 수 있겠는가?"

우리는 오늘날까지 눈이 간직한 햇빛이 어디에 있고, 우리 안 어디에 신의 고유한 힘이 고요히 머물고 있는지, 어느 정도로 이 두 가지가 공속하면서 — 사유하는 본질로 존재하는 — 깊이 사유된 인간 존재에 대한 지시를 주고 있는지에 대해 아직 충분하게 숙고하고 있지 못한 것처럼 보인다.

그러나 여기에서는 다음의 고찰로 만족할 것이다. 우리의 들음과 봄은 결코 단순한 감각적 수용이 아니기 때문에 경-청과 통-찰로서의 사유가 옮김, 즉 소위 감각적인 것을 비감각적인 것으로 옮기는 것이라고만 주장하는 것은 적절하지 않다. "옮김"과 '메타포'에 대한 표상은 감각적인 것과 비감각적인 것이 그 자체 72

로 존립하는 두 영역은 아닐지라도 구별되고 있다는 사실에 기인한다. 감각적인 것과 비감각적인 것, 물리적인 것과 비물리적인 것을 구별하여 배치하는 것은 형이상학이 그 이름을 부여하고, 서양 사유가 척도를 가지고 규정하는 것에 속하는 근본특징이다. 앞에서 언급하였듯이 감각적인 것과 비감각적인 것을 구별하는 것이 불충분하다는 사실에 대한 통찰과 함께 형이상학은 척도를 부여하는 사유방식의 위상을 상실한다.

형이상학의 한계에 대한 통찰과 함께 "메타포"에 대해 척도를 부여하는 표상도 힘을 잃는다. 왜냐하면 그러한 표상은 언어의 본질에 대한 우리의 표상을 위한 척도가 되기 때문이다. 그러므로 '메타포'는 시작과 예술적 활동 일반에 대한 작품해석에서 많이 사용되는 수단으로 적용된다. 메타포적인 것은 형이상학에서만 존재한다.

주제를 이탈한 것처럼 보이는 이러한 제시는 무엇을 위한 것인가? 그것은 너무 성급하게 경─청과 통─찰로서의 사유에 대한 언급을 단순한 메타포로 여기고, 그것들을 너무 가볍게 여기지 않도록 하는 신중함을 우리에게 제공한다. 인간적이며 죽을 자로 있는 우리의 들음과 봄이 그것에 속하는 본래적인 것을 단순히 감각적인 지각에서 획득하지 않는다면, 들을 수 있는 것이 즉시 ─ 사유가 들으면서 보고, 보면서 듣는다고 한다면 ─ 통찰될 수 있다는 사실은 전적으로 터무니없는 것이 아니다. 그러나 그러한 것은 우리가 '**이유** 없이는 아무것도 **있지** 않다'라는 근거율의 강조[어조의 차이]에서 그 근거율의 진술내용 안에 담긴 "있다"와 "근거"가 가진 조화로운 소리를 들으면서 가장 가깝게 있는 것을 통찰할 때 일어난다. 우리가 앞에서 인용한 어조에서 근거율을 숙고한다면, 우리는 무엇을 통찰하는가? "아무것도 ~ **있지** 않다"에서 "있다"는 무엇을 말하는가? 문법에서 "있다(ist)"는 동사 "존재하다(sein)"의 변형에 속한다. 그러나 문법으로의 도피를 필요로 하지 않는다. 명제의 내용은 충분하게 정보를 주고 있다. "아무것[존재하는 어떤 것]도 ~ [있지] 않다(Nichts, 無)", 즉 어떤 방식으로든 존재하는 것은 "근거 없이 **있지** 않다." 여기에서 "있다"는 완전히 규정되고 있지 않음에도 불구하고 그때마다 존재하고 있는 것의 존재를 말한다. 존재자에 관한 진술로서 지금 근거율은 다음과 같이 말한다. 즉 존재자의 존재에게는 근거와 같은 것이 속한다. 그러므로 근거율은 존재자에 관한 진술만을 제시하지 않는다. 오히려 우리는 바로 이것, 즉 근거율이 존재자의 존재에 대해 말하고 있다는 것을 통찰한다. 이 명제는 무엇을 말하는가? 근거율은 다음과 같이 말한다. 즉 **존재에게는 근거와 같은 것이 속한다. 존재는 근거형태로(grundartig), 근거를 주는 것으로(grundhaft)** 있다. "존재가 근거를 주는 것으로 있다"는 문장은 존재자가 근거를 가진다는 진술과는 완전히 다른 것을 말한다. "존재가 근거를 주는 것으로 있다"는 문장은 결코 "존재가 근거를 가진다"는 것을 의미하는 것이 아니라 **존재가 근거 놓는 것(gründendes)으로서 자기 안에서 현성한다(west)**는 것을 말한다. 근거율은 물론 이러한 사실을 진술하지 않는다. 근거율이 말하는 것, 직접적으로 인지할 수 있는 명제의 내용은 말해지고 있지 않다. 근거율이 그것에 대해 말하고 있는 것은 언어에 이르지 못한다. 다시 말해 근거율이 **그것에 대해** 말하는, **그것에 응**답하는 그런 언어에 이르지 못한다. **근거율은 존재에 대한 말함(Sagen)이다.** 그러나 은닉된 방식으로만 그러하다. 근거율이 그것에 대해 말하는 것만 은닉되어 있는 것이 아니라, 그것이 존재에 대해 말하고 있다는 **사실**도 은닉되어 있다.

강의 _ 일곱 번째 시간 7

이제 다음 시간에 다루어질 모든 것은 근거율이 표명하지 않고 말하는 것에 우리가 집중할 수 있는지의 여부에 달려 있다. 그렇게 집중하는 중에 우리는 근거율을 본래적으로 들을 수 있다.

근거율은 자신에게 가장 본래적인 것을 침묵하고 있는 명제들 중의 하나이다. 침묵되고 있는 것은 소리 나지 않는 것이다. 소리 나지 않는 것을 듣는 것은 우리 모두가 가지고 있지만 아무도 적합하게 사용하고 있지 않은 청각을 요구한다. 이 청각(Gehör)은 귀와 연결되어 있을 뿐만 아니라 동시에 인간의 귀 속성(Zugehörigkeit), 즉 인간의 본질이 그것을 향해 조율되어(gestimmt) 있는 것에 귀속되어 있다는 사실과 연결되어 있다. 인간은 자신의 본질이 그것에서 기분적으로-규정되어(be-stimmt) 있는 것을 향해 조-율되어(ge-stimmt) 있다. 기분적으로-규정되어 있음에서 인간은 [들려오는] 음성(Stimme)을 통해 당혹해하며 일깨워진다. 그 음성이 순수하게 울리면 울릴수록, 그 음성은 소리 나는 것을 통해 소리 없이 울려퍼진다.

"근거 **없이는 아무것도** 있지 **않다**"라고 근거율은 소리를 낸다. 이유 **없이는 아무것도** 있지 **않다**. 우리는 이 명제의 표현양식을 익숙한 표현양식이라고 부른다. 이러한 표현양식은 그 명제가 우선 오랜 세월 동안 어디에서도 특별한 명제로 부각되지 못했다는 사실을 포함하고 있다. 이 명제가 진술하는 것은 드러나지 않게 통용되는 것으로서 인간적인 표상작용의 움직임 속에 머물러 있다. 이에 대해 라이프니츠는 근거율을 무관심한 상태에서 이끌어내어 최상의 근거명제와 연결시켰다. 라이프니츠는 이 근거명제를 충분한 이유보충의 원리(principium reddendae rationis)라는 엄밀한 표현양식으로 발전시켰다. 이에 따라 근거율은 '송달을 요구하는 충분한 근거 없이는 아무것도 있지 않다'라는 것을 말한다. 긍정적인 형식에서 이는 각각의 존재자가 송달되어야 할 충분한 근거를 가진다는 것을 뜻한다. 간단히 말해서, 근거 **없이는 아무것도 있지 않다.**

그러나 마지막에 우리는 근거율을 다른 어조로 들었다. '근거 **없이는 아무것도 있지 않다**'라는 명제 대신에 그것은 지금 "**근거 없이는 아무것도 있지 않다**"로 소리를 낸다. 이 소리는 "아무것도 ~ [있지] 않다(Nichts)"에서 "있다"로, "없이"에서 "근거"로 옮겨졌다. 낱말 "있다"는 항상 어떤 방식으로든 존재로 불린다. 소리의 옮김은 우리로 하여금 존재와 근거의 조화로운 소리를 듣게 한다. 새로운 어조로 들릴 때, 근거율은 다음과 같이 말한다. 즉 존재에게는 근거와 같은 것이 속한다. 이 명제는 지금 존재에 대해 말한다. 그러나 이 명제가 지금 말하는 것은 우선 쉽게 잘못된 해석에 빠진다. "존재에게는 근거와 같은 것이 속한다." 이 명제를 사람들은 '존재가 근거를 가진다', 즉 '존재가 근거지어져 있다(gegründet)'는 의미에서 이해하고 싶어 한다. 이것에 대해 익숙하게 이해되고, 타당하게 받아들여진 이유의 원리는 결코 말하지 않는다. 근거율에 따라 근거지어진 것은 그때마다 존재자일 뿐이다. 이와 반대로 "존재에게는 근거와 같은 것이 속한다"는 명제는 그만큼 존재가 존재로서 근거를 놓으며(gründend) 있다는 것을 말한다. 이에 따라 존재자는 비로소 그때마다 자신의 근거를 가진다.

새로운 어조는 근거율을 존재율(Satz vom Sein)로 드러낸다. 이에 상응하여 지금 새로운 어조로 이 명제를 논구한다면, 우리는 사람들이 "존재물음(Seinsfrage)"이라는 일반적인 명칭을 가지고 부를 수 있는 영역에서 움직이고 있는 것이다. 우리가 근거율을 존재율로 이해한다면, 이는 우리가 마치 근거의 본질에 대한 물음을 빠뜨리고 있는 것처럼 보일 수 있다. 그러나 정확하게 그 반대이다. 근거의 본질에 대한 논구는 다르게 강조된 근거율을 통해 처음으로 권한을 가진(zuständig) 자신의 영역에 도달한다. 이제 중요한 것은 근거와 같은 것이 근거의 본질에 속한다는 사실과 그 의미를 통찰하는 것이다. 존재와 근거는 공속한다(zusammengehören). 존재로서의 존재와의 공속성에서 근거는 자신의 본질을 얻는다. 역으로 근거의 본질에서 존재는 존재로서 지배한다. 근거와 존재(는) 동일한 것(das Selbe)(으로 "있다"). 그것들은 똑같은 것(das Gleiche)이 아니다. 이는 이미 "존재"와 "근거"라는 이름의 차이에서 드러난다. 존재는 '본질 : 근거' 속에 "있다(Sein "ist" im Wesen : Grund)." 그러므로 존재는 처음부터 자신을 정립해야 할 근거를 결코 가질 수 없다. 따라서 근거는 존재로부터 벗어나 있다(wegbleiben). 근거는 존재로부터 떨어져 있다(ab-bleiben). 이처럼 존재로부터 근거의 떨어져-있음의 의미에서 존재는 탈-근거(Ab-grund)로 "있다". 존재 자체가 자기 안에서 근거를 놓으며 있는 한, 존재 자체는 근거 없이 있다. 근거율이 작용하는 힘의 영역 안에 속하는 것은 "존재"가 아니라 존재자일 뿐이다.

우리가 조심스럽게 존재율로서의 근거율이 말하는 것을 표명하는 언어에 주목할 때, 기이하며 참으로 근접할 수 없는 방식으로 우리가 존재에 대해 말하고 있다는 사실이 드러난다. 우리는 존재와 근거가 동일한 것으로 "있다"고 말한다. 존재는 "탈-근거"로 "있다". 우리가 어떤 것에 대해 "그것이 있다", "그것이 이러저러하게 있다"라고 말한다면, 이때 그것은 그러한 말함에서 존재자로서 표상된다. 존재자만이 "있다". 이 "있다" 자체, "존재"는 "있지" 않다. 여러분 앞에 있는 이 벽은 내 뒤에 **있다**. 이것은 우리에게 직접 현존하는 것(Anwesendes)으로서 나타난다. 그러나 이 벽의 "있음"은 어디에 있는가? 우리는 벽의 현존을 어디에서 찾아야 하는가? 아마도 이 물음은 이미 오류에 빠지고 있는 것처럼 보인다. 그럼에도 불구하고 이 벽은 "있다".

이 "있음"과 "존재"라는 낱말로 인해 독특한 상황이 발생한다. 이 낱말들에 응답하기 위해서 존재율로서의 근거율이 말하는 것을 우리는 다음과 같이 표명한다.

‘존재와 근거 : 동일한 것(Sein und Grund : das Selbe).’

‘존재 : 탈-근거(Sein und Ab-Grund).’

“존재”는 근거로 “있다(ist)”라고 말하는 것은 이미 우리가 지적했듯이 허용될 수 없다. 이처럼 피할 수 없는 형태로 말하는 것은 “존재”와 상관이 없으며, 존재의 고유함에 도달하지 못한다.

한편으로 우리는 ‘존재와 근거 : 동일한 것’이라고 말한다. 다른 한편으로 우리는 ‘존재 : 탈-근거’라고 말한다. 두 “명제”, 즉 더 이상 “명제”가 아닌 명제들의 조화를 사유하는 것이 중요하다.

이는 우리의 사유방식이 변화될 것을 요구한다. 그렇게 변화됨으로써 사유는 존재율로서의 근거율이 말하는 사태연관에 응답하게 된다. 이러한 사유의 변화를 우리는 까다로운 이론을 통해서도 어떤 마술로도 획득하지 못하며, 오로지 앞에서 언급한 사태연관의 가까움으로 인도하는 길에 우리 자신을 내맡기고 그 길을 건설함(bauen)으로써 얻을 수 있다. 여기에서 그 길 자체는 사태연관에 속하고 있는 것으로 나타난다. 우리가 사태에 더 가깝게 다가갈수록 그 길은 더욱더 분명하게 [그 사태를] 지-시(be-deutend)할 것이다. 그러므로 다음에는 이와 같은 표명의 양식으로 그 길에 대해 자주 언급할 것이다. 이때 사태는 언어로 표명된다. 길에 대한 논구는 방법에 대한 단순한 고찰, 연필이 표시하는 것을 단순히 따라가는 것이 아니다. 길은 표시해놓은 줄을 가지

78

고 제시될 수 없다. 중요한 것은 존재율로서의 근거율이 말하는 사태연관의 영역에 도달하는 것이다.

이것이 다음 시간에 해야 할 과제이다. 우리는 이 과제를 통해 "존재와 근거 : 동일한 것", "존재 : 탈−근거"가 의미하는 것이 무엇인지를 스스로 경험하고 가늠할 수 있다. 존재율로서의 근거율을 논구할 때, 우리는 ― 본래적으로 사유한다면 ― 명제가 우리를 옮겨놓은 거기에서 근거율을 따라갈 필요가 있다. 존재율로서의 근거율에 대한 논구를 시도하기 전에, 잠시 강의 첫 시간의 서두에서 말했던 것을 돌이켜보자. 그것은 다음으로 시작하였다.

"근거율은 '이유 없이는 아무것도 있지 않다(Nihil est sine ratione)'는 것을 뜻한다. 사람들은 이것을 '근거 없이는 아무것도 있지 않다'로 번역한다."

우리가 지금 도달한 길의 지점에서 확정할 수 있는 것은 다음과 같다. 강의의 시작에서 근거율은 통용되는 어조로 언급되었다. 그것에 따르면 그 명제는 다음을 말한다. 즉 모든 것은 근거를 가진다. 그러나 이제 근거율이 어조의 변화를 허용하고, 심지어 그것을 요구한다고 제시한 이후에 우리는 다음과 같은 물음을 더 이상 주저하지 않고 묻게 된다. 왜 이 강의 처음부터 어조의 변화를 도입하지 않았는가? 왜 근거율은 중점적으로 새로운 어조에서 숙고되지 않았는가? 이런 경우에 근거율은 처음부터 존재율로서 등장했을 것이다. 근거율을 존재율로서 철저하게 다르게 사유하는 것이 관건이라면 지금까지 제시한 모든 것은 필요 없었을 것이다.

이러한 고찰은 어떤 의미에서는 옳다. 그렇다고 해서 지금까지 걸어온 길을 불필요한 것으로 여기는 것은 아니다. 강의의 시작에 익숙한 어조를 가진 근거율을 짧게 인용한 이후에 다른 어조를 가진 명제를 어떻게 즉각적으로 가져올 수 있었겠는가? 두 번째 어조가 첫 번째 어조로부터 도출되지 않는 한에서만 그렇게 할 수 있다. 두 번째 어조는 독립적으로 첫 번째 어조에 머물지 않고 자체적으로 울려나온다. 어조의 변화는 갑작스런 것이다. 어조의 변화 배후에는 사유의 도약(Sprung)이 숨겨져 있다. 이 도약은 사유를 연결하는 다리도 없이, 다시 말해 전진의 연속성 없이 다른 영역으로, 말함의 다른 방식으로 옮긴다. 이로써 우리는 지금까지 지나온 시간 동안 근거율의 영역에서 존재율의 영역으로 넘어감을 제시하지 않았다는 것을 시인하고 있다.

우리는 자주 의도적으로 지적했듯이 근거율의 주위를 돌아가는 에움길을 선택하였다. 그러나 이 에움길이 우리를 도약에 더 가깝게 데려다 주었다. 에움길은 물론 도약을 대신하지도 않으며 그것을 이행하지도 않는다. 그러나 에움길은 어떤 관점에서는, 다시 말해 도약의 준비로서 자신의 과제를 가지고 있다. 이를 위해 지금 짧게 우리가 근거율의 주위를 돌아가는 에움길에서 마주친 주요한 사태를 기억해보자. 그것은 다섯 가지로 세분화될 수 있다. 그러나 다섯 가지 주요한 사태에 대한 기억은 이미 언급된 것에 대한 보고 이상이어야 할 것이다. 이 기억을 통해 우리는 다섯 가지 주요한 사태의 내적 연관을 통찰할 수 있다. 내적 연관은 우리가 도약 이후에도 그것에 **대해 사유해야** 할 통일적인 것과 유일무이한 것을 제시한다. 심지어 우리는 도약을 통해 그러한 회상(Andenken)에 비로소 도달하게 된다. 이와 동시에 즉각적으로 지금까지의 논의가 어느 정도로 근거율에서 존재율로의 도약을 준비했는지가 더욱더 분명해진다.

이전 시간부터 진행해온 길은 뛰어내림(Absprung)을 위한 도약이 필요한 장으로 우리를 인도하고 그 장을 통과하는 과정이었다. 도약 자체는 공중에 떠 있는 것이다. 어떤 공중에, 어떤 공기 속에? 이것을 우리는 도약을 통해서만 경험한다. 근거율은 최상의 근거명제로서만 있는 것이 아니다. 근거율은 도약이라는 탁월한 의미에서 하나의 "뜀"(Satz)이다. ■ 우리의 언어에는 '그가 한 번의 뜀으로(mit einem Satz), 즉 급작스런 도약을 통해 문 밖으

■ 역주 ─────────────────────────────

하이데거는 근거율(Satz vom Grund) 또는 근거명제(Grundsatz)에서 명제로 번역되는 'Satz'를 여기에서 일상적으로 다르게 사용되는 '뜀'의 의미와 연결하여 존재사유로의 비약을 보여주고 있다. 근거율과 대비하여 하이데거가 만든 용어 존재율(Satz vom Sein)에서 'Satz'는 존재의 본질 안으로 뜀이라는 의미를 담고 있다.

로 나갔다'라는 표현이 있다. 여기에서 말하는 '뜀'의 의미에서 근거율은 존재의 본질 안으로 뜀(ein Satz in das Wesen des Seins)이다. 우리는 본래적으로 더 이상 근거율이 존재율이라고 말해서는 안 되며, 오히려 근거율은 존재**로서**, 즉 근거로서 존재 안으로 뜀이라고 말해야 한다.

다섯 가지 주요한 사태 중의 **첫 번째**는 마치 근거율의 **숙면기**라고 말할 수 있을 정도로 덧없이 지나갔다. 익숙한 표현양식으로 근거율이 진술하는 것은 이미 이전부터 어떤 방식으로든 서양의 사유에서 울리고 있다. 그러나 역사학적으로 계산한다면, 근거율이 고유하게 근거명제로 부각되어 등장하기까지는 2300년이 필요했다. 우리가 익숙하지 않은 근거율의 숙면기를 제시함으로 인해 다음과 같은 물음이 추가적으로 제기된다. "어디에서 어떻게 근거율은 그렇게 오랫동안 잠자고, 그 안에 사유되지 않은 것을 앞서 꿈꾸고 있었는가?" 우리는 이 물음을 대답하지 않고 그대로 놓아둘 것이다.

그러나 지금 우리는 아직 규정되지 않은 상태라고 할지라도 이미 대답이 나올 수 있는 방향에 시선을 두고 있다. 다시 말해 근거율이 존재율이라면 근거율의 숙면은 그 명제가 참으로 말하는 것, 즉 존재가 본래적으로 여전히 잠자고 있다는 사실과 연결된다. 그러므로 우리는 결코 근거율의 숙면기 동안에 존재가 없었다고 말하지 않는다. 고대와 중세 형이상학의 역사는 존재자 자체에 대한 물음에서 항상 이미 존재가 출현하고 있다는 사실을 증명한다. 존재의 잠에 대한 언급을 통해 말하고 싶은 것은 다음과 같은 것이다. 즉 존재는 다음과 같은 형태로, 즉 그것(Es)이 그의 깨어 있는 본질로부터 우리의 시선을 이끄는 그런 형태로 아직 **그 자체로서** 일깨워지지 않았다는 것이다. 존재의 본질이 스스로 이탈하는(sich entziehen, 빠져나가는) 한, 우리 역시 그것이 앞서 꿈꾸었던 것을 통찰할 수 없다. 그러나 우리가 근거율을 존재 자체 안으로 뜀이라는 의미에서 경험한다면 다른 전망이 주어진다. 우리가 근거율의 숙면기라고 불렀던 것은 이제 존재가 존재로서 스스로 이탈한 존재사적 시대(Epoche)로서 밝혀진다. 이러한 이탈에는 존재의 본질이 은닉되어 있다. 이는 결코 존재가 단적으로 은닉되어 있다는 것을 의미하지 않는다. 왜냐하면 존재자 자체가 그의 존재에서 나타나는 즉시, 존재자의 현상함(Erscheinen)에는 존재의 나타남(Scheinen)이 작동하기 때문이다. 이는 모든 임의적이며 일상적인 경험을 통해 분명하게 제시될 수 있다. 이를 위해 특별히 엄선되어야 할 사례는 필요 없다. 예를 들어, 봄에 들판이 초록이 된다면 초록 들판, 즉 존재자의 현상함에는 자연의 활동과 지배가 나타나고 있는 것이다. 그러나 우리는 자연이 고유하게 자연으로서 나타나고 있지 않지만 초록으로 물든 들판을 걷는다. 이때 우리가 자연의 본질을 예감하고, 그 예감한 것을 특정한 표상으로 또는 심지어 개념으로 파악할지라도 자연의 본질은 항상 존재로서 감추어져 있다. 그러나 존재의 본질이 스스로 은닉하는 것은 동시에 존재자 속에서 존재가 우리를 향하여 자신을 보내는 방식이다. 이러한 보냄(Schickung)에서 역운(Geschick)이 일어난다. 이 역운에 의해 근거율의 숙면기가 주어진다.

다섯 가지 주요한 사태 중의 **두 번째**는 라이프니츠가 근거율을 **충분한 이유보충의 원리**라는 엄밀한 표현양식으로 이끌었다는 사실과 그 방식을 제시함으로써 언급되었다. 근거율을 최상의 근거명제로 명시적으로 강조함으로써 이 명제는 처음으로 원리의 형태를 가진 명제로서 출현하고 부각된다. 이를 통해 근거율의 숙면기는 끝난다. 근거율의 숙면기는 존재의 역운에 의해 일어난다. 이 역운에서 존재 자체는 스스로 이탈한다. 이제 근거율을 최상의 근거명제로서 제시함으로써 근거율의 숙면기가 끝에 이르렀다면, 이러한 숙면의 끝은 그 사이에 존재의 역운이 — 아마도 존재 자체가 깨어나서 출현한다는 의미에서 — 방향을 바꾸었다는 사실에 기인하다. **그러나 존재의 역운은 근거율의 숙면기 끝에 있지 않다.** 존재의 역운에서 어떤 것이 바뀌었지만 그것은 완전히 다른 의미에서 그렇다. 근거율이 특히 최상의 근거명제로 지배함으로써 이유의 원리로서 근거율의 본래적 힘은 가장 먼저 상실된다. 근거율의 지배는 **이제 비로소** 모든 표상작용이 각각의 존재자를 위한 충분한 근거의 무조건적인 보충에 대한 요구

82

에 철저하게 상응한다는 명백한 의미에서 시작한다. 그렇지만 이로 인해 존재 안으로 뜀으로서 근거율이 출현할 가능성은 긴 시간 동안 완전히 시야에서 사라져버린다. 이에 따라 우리는 앞에서 언급한 근거율의 숙면기와 비교해서 존재로서의 존재가 그동안 한층 더 뚜렷하게 이탈하고 있음을 추측할 수 있다. 그러나 이때 우리는 이러한 존재의 이탈(Entzug)이 지배할 때에만 스스로 이탈하고 있는 것이 동시에 즉각적으로 출현한다고 들었다. 이는 존재자 자체가 새로운 방식으로 현상함을 통해 일어난다. 그러한 방식에 따라 존재자는 표상작용으로 밀려들어와 **그것을 향해** 나아간다(**entgegen**drängen). 존재는 대상의 대상성으로 드러난다. 대상의 대상성, 객체의 객체성은 주체의 주체성과 맺는 연관의 변화에 도달한다. 대상의 대상성으로서 존재는 주체의 표상작용과 맺는 연관 안으로 돌입한다. 계속해서 주체와 객체 사이의 연관은 존재의 관점에서, 즉 존재 자체는 아니지만 대상의 대상성으로 그때마다 존재의 관점에서 존재자에 대해 결정하는 영역으로 여겨진다. 대상의 대상성에서 존재가 나타나는 한, 존재는 자신의 규정가능성을 반성하는 재현(Repräsentation)의 의미를 가진 표상작용에 넘겨준다. 이 재현은 존재자를 표상작용에 대상으로 송달한다. 그러므로 비로소 존재자의 근거를 고유하게 송달할 수 있는 가능성의 영역이 개방된다. 결국 우리가 근대 자연과학과 근대 기술이라고 부르는 것의 가능성이 비로소 주어진다. 인과원리의 타당성이 미치는 범위와 방식을 새롭게 다루는 많은 논쟁들은 다음의 사실을 통해 그 근거와 토대를 가진다. 즉 논쟁에 참여하는 자들 모두는 표상작용을 위한 충분한 근거 보충에 대한 동일한 요구 아래 있다.

존재가 대상의 **대상성**으로 보내지지만, 존재가 존재로서 자신의 본질에서 스스로 이탈하는 과정은 이탈의 새로운 존재사적 시대를 규정한다. 이러한 존재사적 시대는 우리가 근대(Neuzeit)라고 부르는 시대의 가장 내적인 본질을 특징 짓는다.

그러므로 우리는 다음과 같이 말해야 한다. 즉 라이프니츠의 사유로 인해 근거율의 숙면기가 끝남과 함께 그 후로 알려진 근거율의 숙면은 중단되지만 존재율로서 근거율의 숙면이 끝난 것은 결코 아니다. 오히려 근거율의 숙면은 근거명제, 즉 충분한 이유보충의 원리로서 근거율이 지배한다는 사실을 통해 한층 더 깊은 잠과 한층 더 명백한 존재 자체의 이탈로 복귀한다. 오늘날 존재 본질의 이탈은 완성되고 있는 것처럼 보인다. 오늘날 우리는 원자시대가 시작하고 있다고 말하고 그렇게 생각한다. 이러한 존재사적 시대의 시원적 근본특징이 종국에 이르기까지 무제한으로 전개되는 한, 근대는 원자시대를 통해 완성될 것이다.

다섯 가지 주요한 사태들 중의 **세 번째**는 충분한 이유보충의 원리를 '**위대하고 강력하며 가장 고귀한 원리**(principium magnum, grande et nolbilissimum)', 즉 강하고 압도적이며 탁월한 원리로 논구하면서 그 이름을 규정하였다. 여기에서는 근거를 송달하라는 요구가 추상적인 사유의 규칙으로 여겨지는 것에서 다 이루어질 수 없음을 제시하는 것이 중요했다. 이 요구는 섬뜩한 방식으로 자연 동력과, 그것을 준비하고 사용하는 양식이 지구에 사는 인간의 역사적 현존재를 규정하도록 만든다. 자연이 이렇게 에너지로 드러난다는 것은 자연이 대상이 되고, 심지어 계산 가능한 요소(Bestand, 부품)로서 그 진행과정을 산출하고 확보하는 표상작용의 대상이 된다는 것을 의미한다.

84 　우리는 이때 근거율이 행사하는 힘을 제시하면서 다음의 물음을 덧붙였다.

어디에서 근거를 송달하라는 요구가 나오는가? 이 요구가 근거 자체의 본질 안에 있는가?

이제 이 물음에 대해서도 대답할 수 있는 길이 우리에게 다음과 같이 제시되었다. 즉 근거율이 참으로 존재율이라고 한다면, 그리고 근거와 존재가 동일한 것을 말한다면, 고유하게 힘을 행사하는 요구, 즉 근거의 송달에 대한 요구에는 존재의 역운이 지금까지 들어본 적이 없는 방식으로 지배한다. 여기에서 사유는 가장 극단적인 존재의 이탈에서 존재의 본질을 비로소 통찰하기 위한 시민권을 가진다. 존재의 본질은 잃어버린 것에 대한 상실 속에서 우리에게 속한 것이 드러나는 것처럼 다른 방식으로 파악되는 인간 본질의 질서와 근본적으로 연관되어 있다.

존재의 본질을 통찰한다는 것은 그동안 제시해온 것에 따르면 근거의 본질을 존재 자체와 동일한 것으로 사유함을 말한다. 이에 대한 계획은 이미 그것을 준비하는 시작부터 다음의 것을 주목하도록 만들었다. 즉 "근거"로 불리는 것은 근거가 근거를 놓고 있는 것이 무엇이며, 어떻게 근거가 근거를 정립하는지에 대한 상이한 연관 속에서 성립할 수 있다.

다섯 가지 주요한 사태들 중의 **네 번째**는 라이프니츠보다 더 젊은 동시대인이었던 **안겔루스 질레지우스의 시구**를 숙고하면서 언급되었다.

장미는 왜 없이 있지만 근거 없이는 있지 않다. "왜"는 근거라고 불린다. 근거는 항상 근거를 놓는 동시에 그것이 근거로 표상됨으로써 그렇게 불린다. 그러나 장미는 장미로 존재하기 위해, 다시 말해 피기 위해 개화의 근거를 특별히 표상할 필요가 없다. 그럼에도 불구하고 "피기 때문에 피는" 장미는 근거 없이는 있지 않다. "때문에(weil)"는 근거로 불리지만, 기이하지만 탁월하다고 할 수 있는 근거이다. "그것[장미]은 피기 때문에 핀다"라는 것은 무엇을 말하는가? 여기에서 "때문에"는 익숙하게 생각하는 것처럼 어디에선가 개화의 근거로 제시되어야 할 다른 것으로 벗어나지 않는다. 시구에서 "때문에"는 개화를 단순 소박하게 그것 자체로 되돌린다. 개화는 그 자신 안에 근거하고 있으며, 그 자신에게서 그리고 그 자신 안에서 자신의 근거를 갖는다. 개화는 자

85

기 자신으로부터 유래하는 개현이며 순수한 나타남이다. 뫼리케(Mörike)는 그의 시, 「하나의 등불을 향해(Auf eine Lampe)」의 마지막 연에서 다음과 같이 말한다. "그러나 아름다운 것은 행복하게 그 자신 안에서 나타난다." 이에 따르면 아름다움은 장식으로서 존재자에 덧붙여지는 속성이 아니다. 아름다움은 존재의 최고방식, 다시 말해 여기에서는 순수한 자신-으로부터-개현함(aus-sich-Aufgehen)과 나타남(Scheinen)이다. 그리스의 사유에서 고대인들은 이것을 '퓌지스(Φύσις)'라 불렀다. 이 낱말을 우리가 '나투어(Natur)'로 번역한다면, 그 낱말이 말하는 것을 구제 불가능할 정도로 파괴하는 것이다. "때문에"는 근거로 불리지만, 그 근거는 시구에서 단순 소박한 장미의 개화, 즉 장미-존재(Rose-sein)이다. 근거율은 "장미는 왜 없이 있다"라는 시구를 통해 부정되지 않는다. 여기에서 근거율은 오히려 특정한 관점에서 존재로서의 근거와 근거로서의 존재가 통찰되는 방식으로 울리기 시작한다. 그러나 시를 사유하는 방식에 속하는 영역에서 나오는 이러한 울림은 고유하게 들리지도 않고, 나아가 숙고되지 않을 수 있다. 더구나 이러한 존재로서의 근거에서 울리는 소리는 강력한 원리(pricipium grande)의 요구로 인해 주목받지 못하고 소멸하게 된다. 그러나 이러한 소멸은 우리가 존재의 역운이라 부른 것과 연결되어 있다. 존재 자체가 항상 결정적으로 이탈하며 심지어 대상적인 것으로서 존재자에서만 유일하게 있는 것처럼 보이는 우월성으로 인해 역운은 이탈하는 방식으로 지배한다.

다섯 가지 주요한 사태들 중에 **다섯 번째**는 우리가 근거율을 **다른 어조**로 말하고, 거기에서 그 명제 안에 있는 소리의 상이한 가능성을 지시하면서 논의되었다. 우리가 표명하는 많은 명제들은 자주 그 안에 있는 개별적인 낱말들을 다르게 강조함 속에서 언급될 수 있다. 지금의 경우에는 어조의 변화가 어떤 임의적인 사태가 아니라 주요한 사태, 즉 다음에 가야 할 길을 규정하는 주요한 사태이다. 왜냐하면 지금 들었던 어조의 변화를 통해 근거율은 완전히 다른 명제가 된다. 그것은 이 명제가 존재율로서 말한다는 관점에서만 다른 것이 아니라 그 명제가 말한 것을 말하면서도 여전히 "명제"로 있는 방식과의 연관에서도 다른 것이다. 그러한 말함의 방식에 대한 관점에서 우리는 존재율이 문법과 논리학의 의미에서 여전히 하나의 명제로 있는가에 대한 물음에 직면한다. 정확히 어떤 표현양식에서 우리가 존재율을 표명하고 기술하는지에 대해 주목해보자.

86

다섯 가지 주요한 사태를 기억하면 다음과 같다.
1. 근거율의 숙면
2. 근거율을 최상의 근거명제로 제시함
3. 근거율을 우리 시대를 규정하는 강력한 원리로서 주장함

4. "왜"로서의 근거와 "때문에"로서의 근거

5. 근거율에서 어조의 변화

    이러한 기억은 단순 소박한 사태연관으로 우리의 시선을 모은다. 이 사태연관의 통일성과 독특함을 우리는 근거율을 존재 자체 안으로 뜀, 즉 이러한 "뜀[명제]"으로 이행할 때 숙고할 수 있다.

강의 _ 여덟 번째 시간 8

다른 어조로 들었던 근거율은 존재율로서 다음과 같은 것, 즉 '존재와 근거 : 동일한 것 ; 존재 : 탈-근거'를 말한다. 우리는 이 명제로 인해 심연으로 추락하는(stürzen) 것처럼 보인다. 그러나 다른 것이 등장한다. 근거율은 심지어 예상하지 않은 방향에서 다가와 우리를 당황스럽게 만든다(bestürzen). 닥쳐오고 있는 당황스러운 추락함(Be-stürzen)을 파악하기 위해 이전 시간에 종합적으로 본 것을 모으는 통일성의 관점에서 통-찰하는 것이 필요하다. 근거율은 원리, 즉 최상의 근거명제로서 일반적인 명제이다. 일반적인 명제에 의해 파악될 수 없는 것은 대개 우리가 일반적인 명제의 적용(Anwedung)을 중단하는 지점에 놓여 있다. 그[일반적인 명제의] 적용은 개별적인 경우로 향한다. 이 경우들은 직접 직관할 수 있는 것에서 나온 사례들처럼 명제가 정확한 근거가 없이 일반적으로 말하는 것을 우리에게 제공한다. 그때부터 우리는 근거율을 우리가 생각하는 것 이상으로 더 자주 적용한다. 우리는 언제 어디에서나 근거 제시된 것과 근거 제시하는 것 — 이것이 유일하게 원인이라는 지배적인 방식으로도 존재한다 — 을 발견한다. 현실적인 모든 것은 우리에게 작용하는 것과 작용된 것, 근거 제시하는 것과 근거 제시된 것이다. "원인 없이는 아무것도 있지 않다(Nihil est sine causa)"라는 형식으로 근거율은 자명함을 표명한다. 이렇게 본다면 근거율은 어떤 난해함도 가지지 않는다. 그러나 이는 당장 근거율을 대립된 방향에서 숙고한다면 우리를 당황스럽게 만든다. 이 방향은 근거율이 적용되는 분야와 영역의 방향이 아니라, 그것이 고유하게 유래하고 있는 방향, 즉 그 명제 자체가 **그것에서부터** 말하는 방향을 말한다. 지금 이 명제의 난해함은 더 이상 우리에 의한 적용의 결핍에 있는 것이 아니라 명제의 요구가 우리에게 향해 있다(Zuwendung)는 점이다. 명제의 요구가 거기에서부터 말하고 있는 것[유래]을 우리는 근거율의 장소(Ort)라고 부른다. 이 장소로 이끌고, 이 장소를 가장 먼저 알려주는 길을 우리는 근거율에 대한 논구(Erörterung, 자리매김)라고 부른다.

모든 것은 길에 놓여 있다. 이것이 의미하는 것은 두 가지이다. 첫째, 그것은 모든 것이 길에 달려 있다는 것을 의미한다. 다시 말해 모든 것은 그 길을 발견하고 그 길 위에 머무는 것이다. 이는 "도상에 있음"(unterwegs)을 견지한다는 의미이다. 논구하는 사유의 길은 다음과 같은 독특함을 가진다. 즉 정주하기 위해 어떤 장소에 도달하기를 주장하기보다는 그러한 길로 가는 도상에서 우리는 그 장소에 더 가깝게 있을 수 있다. 왜냐하면 장소는 하나의 위치 또는 공간 안에 있는 자리와는 다른 본질이기 때문이다. 우리가 장소, 여기에서 근거율의 장소라고 부르는 것은 사태에서 현성하는 것(das Wesende)을 자기 안에 모으는 것이다.

둘째, '모든 것은 길에 있다'라는 말은 통찰해야 할 것으로 여겨지는 모든 것이 도상에서만 그때마다 나타난다는 것을 의미한다. 통찰해야 할 것은 길에 있다. 길이 개방하고, 길이 지나가는 시야 안에서 그때마다 길에서 통찰할 수 있는 것이 모아진다. 그러나 근거율을 논구하는 길에 이르기 위해서 우리는 도약해야 한다. 도약은 우리가 근거율의 어조의 변화를 따를 때에만 예고된다. 하나의 어조에서 다른 어조로 점차로 넘어가는 것으로는 그것이 가능하지 않다. 오히려 도약이 필요하다. 그것에 대해서는 앞으로 분명하게 밝혀질 것이다. 익숙한 의미에서 이해된 근거율이 의미하는 것과, 존재율로서의 근거율이 말하는 것 사이에는 하나의 물음이 놓여 있다. 이 물음은 즉각 '사이(das Zwischen)'가 무엇인지를 묻는 것이다. 이 사이를 우리는 도약에서 어떤 방식으로 뛰어넘거나, 아니면 더 좋게 말해서, 불꽃처럼 통과한다.

그러나 우선적으로 궤적의 전체 범위에서 논구의 길을 추적하기 위해서 우리는 다르게 숙고해야 한다. 도약은 그때마다 뛰어내림(Absprung)이다. 사유의 도약이 뛰어내리기 이전의 것은 이 도약에서 포기되지 않는다. 오히려 뛰어내리기 이전 영역은 비로소 도약으로부터 이전과는 다른 방식으로 개관될 수 있다. 사유의 도약은 뛰어내리기 이전의 것을 뒤에 내버려두는 것이 아니라 89 더욱더 근원적인 방식으로 전유한다. 이러한 관점에 따르면 회상(Andenken)으로의 도약에서 사유는 지나가는 것(vergehen)이 아니라 기재해온 것(Gewesenes, 있어 온 것)으로 향한다. 이것을 우리는 바로 지나가는 것이 아니라 회상 속에 새로운 통찰을 모아 보존함(gewähren)으로써 현성하고(west) 존속하는(währen) 것을 모음(Versammlung)이라고 생각한다. 모든 기재해온 것에는 모아 보존함이 은닉되어 있다. 모아 보존함에서 [보존된] 보물은 자주 오랜 시간 동안 드러나지 않는다. 그렇지만 그 보물은 계속해서 고갈되지 않는 샘물 앞으로 회상을 데려다 놓는다. 역운적으로 사유한다면, 한 시대의 위대함은 지나간 후에 남겨져 있는 것에 맞추어 사유되는 것이 아니다. 오히려 그것은, 예를 들어 모든 계획이 그럴 수밖에 없는 것처럼 그 자체로 지나가는 것이지만, 그것이 그렇게 되기 전에 — 그것이 모아 보존된 것으로 있는 한에서 — 그것으로부터 기재해온 것에 속하고 있는 것에 맞추어 사유된다. 모아 보존된 것(Gewährtes)만이 그 자체로 존속된다는 보증(Gewähr)을 가진다. 그러나 여기에서 존속함은 단지 지나감의 텅 빔 속으로 넘어간 것으로만 유지되는 대신에 모아 보존된 것으로 남아 있는 것을 의미한다. 지나가는 것과 지나간 것은 셀 수 없이 많지만 기재해온 것은 드물며, 나아가 그것을 모아 보존하는 것은 더욱더 드물다.

다섯 가지의 주요한 사태에 대한 제시는 지금 도약을 위해 뛰어내리기 이전의 영역으로서 우리가 인식하고 있는 하나의 영역을 관통하는 길로 우리를 되돌려놓아야 했다. 도약은 존재자에 관한 최상의 근거명제인 근거율의 영역에서 벗어나 존재 자체에 대한 말함으로 사유를 옮겨놓는다.

다섯 번째로 언급한 주요한 사태는 근거율에서의 어조 변화라고 언급한 것으로서 그것은 이미 도약을 지시하고 있다. 그에 반해 앞에서 언급한 네 가지 주요한 사태는 몇 가지 관점에 불과하지만 뛰어내리기 이전의 영역을 통일적으로 특징짓는다. 어떤 조건에서 그러한가? 그것은 항상 다시금 역운과 존재의 이탈에 대한 논의를 통해, 좀 더 정확히 말해서 존재가 스스로 이탈함으로써 자신을 우리에게 보낸다는 사실에 대한 논의를 통해서 그 특징이 드러난다. 이는 낯설게 들릴 뿐만 아니라 우리의 모든 표상 작용에 대립하기 때문에 우선적으로는 전혀 이해가 불가능한 것처럼 들린다. 그러나 존재의 역운에 대한 제시는 의도적으로 먼저 다룬 네 가지 주요한 사태의 언급에서 다루어졌다. 존재의 역 90 운이라고 불리는 것은 지금까지 서양 사유의 역사를 — 우리가 도약으로부터 그 역사로 향해, 그리고 그 역사의 안을 되돌아보는 한에서 — 특징짓는다. 도약을 이행하지 않는 한, 우리는 존재의 역운이 무엇을 뜻하는지 사유할 수 없다. 도약은 존재자에 대한 명제로서 근거에 대한 근거명제로부터 벗어나 존재로서의 존재에 대한 말함 안으로의 뜀(Satz)이다.

이제 존재의 역운에 대한 회상조차 도약에서만 가능하다고 한다면, 지금까지 서양 사유의 역사에 대한 존재역사적 경험은 완전히 낯설거나, 심지어 자의적인 역사의 구성에 기인하는 것은 아닐 것이다. 그러므로 서양 사유의 역사는 그 자신에게서 지침을 주고 있음에 틀림없다. 그 지침은 우리가 그것을 따를 경우에 감추어져 있음에도 불구하고 여기에서 존재역사(Seins-geschichte)라고 부르는 것에 대해 몇 가지 통찰을 가능하게 하는 것이다. 존재역사는 존재가 자신의 본질을 이탈함으로써 우리에게 자신을 보내는 존재의 역운이다.

존재의 역운에 대해 언급하면서 "역운(Geschick)"이라는 낱말을 사용하기 위해서는 우리는 다음의 사실을 명심해야 한다.

흔히 우리는 역운이라는 낱말을 운명(Schicksal)을 통해 정해지는 것, 운에 따르는 것 ― 즉 비운(悲運), 악운(惡運), 행운(幸運) ― 으로 이해한다. 이 의미는 파생된 것이다. 왜냐하면 "보냄(schicken)"은 근원적으로 준비함, 질서 있게 함, 어떤 것을 그것이 속한 곳으로 보냄을 의미하며, 이에 따라 자리를 배치함(einräumen)과 지정함(einweisen)을 의미하기도 한다. 집과 방을 정돈함(beschicken)은 적합한 질서 속에 자리를 배치하고 치우는 것을 뜻한다. 슈테판 게오르게(Stefan George)는 가장 아름다운 그의 후기 시, 「바다의 노래(Seelied)」에서 "보냄"과 "정돈함"이라는 낱말의 옛 울림을 다시 들려주었다(Das Neue Reich 1919, 130쪽 이하). 이 시는 다음과 같이 시작한다.

"지평선에 부드럽게 낙하하며
불덩어리의 빨간 공이 물속에 잠기면"

마지막의 앞 연은 다음과 같다.

"나의 화로는 좋으며, 나의 지붕은 물샐틈없지,
그러나 기쁨은 거기에 거주하지 않는다.
그물을 나는 모두 손질하였고
부엌과 방은 정돈되었다(beschickt)."

우리가 존재에 대해 "역운"이라는 낱말로 말한다면, 우리는 존재가 우리에게 말을 건네고, 스스로 빛을 비추어 밝게 드러나면서(lichtend, 열린 터를 부여하면서) 존재자가 그 안에서 나타날 수 있는 시간-놀이-공간(Zeit-Spielen-Raum)에 자리를 배치한다고 생각하는 것이다. 존재의 역운에서 존재의 역사는 경과와 과정을 통해 특징지어지는 어떤 하나의 사건으로부터 사유되지 않는다. 오히려 역사의 본질은 존재의 역운, 즉 역운으로서의 존재에서, 다시 말해 스스로 이탈함으로써 우리에게 자신을 보내는 그러한 것에서 규정된다. 양자, 즉 자기를 보내는 것과 스스로 이탈하는 것은 하나이며 동일한 것으로서 서로 다른 것이 아니다. 양자에서는 상이한 방식으로 앞에서 언급한 '모아 보존함(Gewähren)'이 지배한다. 양자에서 이탈은 한층 더 본질적이다. 존재의 역운에 대한 말은 대답이 아니라 물음이다. 특히 이것은 우리가 역사를 존재로서 사유하고, 본질을 존재에서 사유하는 한에서 역사의 본질에 대한 물음이다. 존재의 역운적 성격은 우선 우리에게 가장 낯선 것이다. 이는 우리가 존재에 대한 언급을 즉시 막연하게 이해하면서도 동시에 — 엄밀하게 사유할 때 — "존재"가 무엇인가라는 물음에서 우리를 당황스럽게 만드는, 지속적으로 따라오는 어려움은 제쳐두더라도 그렇다. 그러나 존재가 그때마다 자신을 우리에게 보내고 그 자체로서 우리에게 자리를 배치하며 보냄(Schickung)으로 있다는 진리를 얻는다면, 이로부터 "존재"와 "존재"는 그때마다 역운의 상이한 존재역운적 시대(Epoche)에서 다르게 말하고 있음이 밝혀진다. 그럼에도 불구하고 존재의 역운 전체에는 동일적인 것(Selbiges)이 지배한다. 물론 이 동일한 것은 일반적인 개념으로 표상하거나 다양한 역사의 과정에서 실마리로 이끌어낼 수 있는 것이 아니다. 우선적으로 낯선 것은 존재가 그의 본질을 이탈함으로써, 즉 이탈 속에 그의 본질을 은닉함으로써 우리에게 자신을 보낸다는 사실이다.[a]

그러나 바로 이러한 가장 낯선 존재의 성격은 이미 일찍이 서양 사유의 역사에서 알려져 왔다. 그 성격은 그리스의 초기 사유가 그것의 완성으로 여겨지는 플라톤과 아리스토텔레스에서 하

---

a. 스스로 은닉함"의" 밝게 드러남을 간직함(Lichtung "des" Sichverbergens Bergen).

나의 사태연관으로 고유하게 주목을 받고 있었음에 틀림없다는 점에서 드러난다. 이후에 오는 사유도 이 사태연관을 시선 속에 보유하고 있었지만, 그것의 너비를 결코 가늠할 수 없었다. 이 사태연관을 본질에 맞게 우리의 시선으로 가장 빠르게 가져오기 위해서는 많은 증거들 중에서도 탁월한 증거가 선택되어야 할 것이다. 바로 그 증거가 아리스토텔레스의 『자연학(Physik)』 1권 1장 초입부에 놓여 있다. "자연학"은 아리스토텔레스가 '자기로-부터 존재하는 것(das von-sich-her Seiende)', '타 퓌제이 온타 (τά φύσει ὄντα, 자연적 존재자)'를 그 존재의 관점에서 규정하려고 시도한 강의이다. 아리스토텔레스의 "자연학"은 우리가 다음과 같은 점에서 오늘날 그 이름에서 이해하는 것과는 다르다. 즉 자연학이 고대에 속한다면 그와 반대로 물리학은 근대에 속한다. 뿐만 아니라 무엇보다도 아리스토텔레스의 "자연학"이 철학이라면 근대 물리학은 철학을 전제하는 실증학문이다. 아리스토텔레스의 『자연학』은 사람들이 이후에 형이상학이라고 부르는 것의 기본서이다. 형이상학은 서양 사유의 전체 구조를 규정한다. 그 사유가 근대적 사유로서 고대 사유와 대립하는 것으로 여겨지는 것처럼 보이는 곳에서도 그것은 마찬가지이다. 그러나 이러한 대립은 지속적으로 결정적이며 심지어 위험스런 의존성을 자체 안에 포함하고 있다. 아리스토텔레스의 "자연학"이 없다면 갈릴레이도 없었을 것이기 때문이다.

아리스토텔레스는 자기로—부터 존재하는 것, '타 퓌제이 온타'를 그것에 부합하는 존재의 관점에서, 그리고 그것의 존재를 '퓌지스($\varphi\acute{u}\sigma\iota\varsigma$)'로서 경계 짓는 사유에 이르도록 하는 길을 숙고하면서 자신의 강의를 시작한다. 그 길은 그리스어로 '호도스($\acute{o}\delta o\varsigma$)'라고 불리며, '메타($\mu\epsilon\tau\acute{a}$)'는 "뒤"를 뜻한다. '메토도스($\mu\acute{\epsilon}\theta o\delta o\varsigma$)'는 우리가 어떤 사태를 뒤따라가는 길, 방법이다. 존재자의 존재를 뒤따라가는 것이 중요하다. 자기로—부터—개현하고, 자기로—부터 현존하는 것의 존재는 '퓌지스'를 뜻한다. 이제 '퓌지스'로 가는 도상에 있는 사유의 길은 어떤 것인가? 거기로 가는 길은 존재자의 존재가 인식하는 인간에 대해 개방될 수 있는 방식에서 고유한 성격을 얻는다. 이제 도처에서 쉽게 그때마다 존재하는 것, 예를 들어, 땅, 바다, 산맥, 식물, 동물이 항상 개방되어 우리에게 마주서 있다는 사실이 드러난다. 그렇기 때문에 존재하는 것은 우리에게 친숙하며 직접 접근될 수 있다. 이에 반해 자기로—부터—현존하는 모든 것이 그것을 관통해서 자신의 방식으로 현존하고 개현하는 것은 결코 여기저기에서 그때마다 현존하는 것처럼 우리에게 마주서 있지 않다. 존재는 우리에게 결코 직접적으로 친숙하지도 않으며, 그때마다 존재하는 것처럼 개방되지도 않는다. 존재는 마치 완전히 은닉된 것처럼 있는 것도 아니다. 그런 일이 생긴다면 존재자는 결코 우리에게 마주서 있을 수도 없고 친숙해질 수도 없다. 존재는 그때마다 존재자가 나타날 수 있기 위해 자기로부터 이미 앞서 나타나야 한다. 존재가 나타나지 않는다면, 그것에 마주해 있는 것이 그 안에 정착할 수 있는 어떤 근방(Gegend)도 없을 것이다. 이로부터 우리는 다음과 같은 사실을 알게 된다. 즉 존재는 직접적으로 접근될 수 있는 존재자와 비교하여 그 자신에 머물며, 어떤 방식으로든 자신을 은닉하는 성격을 나타낸다. 이러한 존재의 근본특징에 따라 존재자의 존재를 규정하도록 인도해야 하는 길의 성격이 규정된다. 존재자의 존재의 **근방** 안으로 사유를 인도하는 길을 특징짓기 위해서 아리스토텔레스는 자연학–강의의 시작에서 다음과 같이 말한다.

πέφθκε δέ τῶν γνωριμωτέρων ἡμῖν ἡ ὁδος καί σαφεστέων ἐπί τά σαφέστερα τῇ φύσει καί γνωριμώτερα. (184 a 16 sqq.)

뜻을 풀어서 번역해본다면, 이것은 다음과 같이 말하고 있다.

"그러나 (존재자의 존재로 향하는) 그 길은 그 본질로부터 형성되어 인도됨으로써 우리에게 더욱더 개방됨으로 인해 우리에게 더욱더 친숙한 것으로부터 자기 자신으로부터 개현함으로 인해 자기 자신에서 더욱더 개방되고 그런 의미에서 앞서 이미 신뢰하게 된 것으로 나아가게 한다."

우리는 여기에서 — 그 언어적 구조가 가장 아름다운 그리스의 꽃병 그림의 구성과 비교될 만한 — 이 문장에 대해 완벽한 해석을 포기해야 할 것이다. 이 문장의 해석은 아리스토텔레스의 『자연학』1권 12장에 대한 상세한 논의를 요구한다. 이 짧은 장은 철학을 위한 고전적인 입문이다. 그것은 오늘날도 여전히 철학 서적 전체를 무색하게 만들 정도이다. 이 장을 이해한 사람은 사유의 첫걸음을 감행할 수 있다.

아리스토텔레스는 인용된 문장에서 '자기 자신으로부터 개현함으로 인해 자기 자신에서[퓌지스에서] 더욱더 개방된 것(τά σαφέστερα τῇ φύσει)'과 '우리에게 더욱더 개방된 것(τά ἡμῖν σαφέστερα)'을 구별한다. 여기에는 각각 '개방된 것(τὸ σαφές, das Offenkundige)'이 문제가 되고 있다. 정확하게 말해서, 아리스토텔레스는 한편으로 우리로부터 그리고 우리의 인지작용을 고려할 때 보이는 한에서 보다 더 개방된 것과, 다른 한편으로 자신으로부터 스스로 개방되며 알려지는 그런 형태로 보다 더 개방된 것을 구별한다. 후자는 '퓌지스'라는 이름이 말하는 것, 즉 존재이다. 먼저 언급된 더욱더 개방된 것, 즉 우리에게 더욱더 접근될 수 있는 것은 그때마다 존재하는 것이다. 철학의 길은 이제 아리스토텔레스의 문장에 따라 우리에게 더욱더 개방되는 것으로부터 그 자체에서 자기-로부터-개현하는 것으로 나아간다. 그러므로 우리는 존재를 직접 통찰하지 않는다. 이는 우리의 눈이 즉

각적으로 존재를 통찰하기에 적합하지 않기 때문이며, 존재가 스스로 이탈하기 때문이 아니다. 오히려 아리스토텔레스의 문장은 정확하게 그가 우리에게 자신의 인용을 통해 증명해야 하는 것, 즉 존재 자체가 스스로 이탈하고 있다는 것의 반대를 말하고 있다. 아리스토텔레스는 '퓌지스'와 그것에 속하는 것이 '단순 소박하게 개방되는 것(τὰ ἁπλῶς σαφέστερα)'이라고 말한다. 존재는 자기로부터 더욱더 개방되는 것이다. 존재는 우리에 의해 고유하게 통찰되는지 아닌지에 대한 고려 없이 이미 나타난다. 왜냐하면 그것은 우리에게만 더욱더 개방되는 것으로 있는 것, 즉 그때마다 존재하는 것을 경험하는 거기에서도 이미 나타나기 때문이다. 존재자는 존재의 빛(Licht von Sein) 속에서만 나타난다.

그러나 우리가 방금 내린 확정 — 즉 존재는 자기로부터 더욱더 개방되는 것이며 즉시 스스로 이탈하지 않는다 — 으로 만족하려고 한다면, 우리는 너무 성급하게 결정적인 것을 완전하게 주목하지 못할 수 있다. 왜냐하면 여기에서는 다음의 물음이 강조되고 있기 때문이다. 앞에서 언급한 대로 존재는 스스로 이탈하지 않음(Sichnichtentziehen) 속에서도 이미 고유하게 자신의 본질과 유래를 밝게 드러내는가? 우리는 '아니오'라고 대답해야 한다. 그러나 자기-로부터-개현함, 즉 '퓌지스'에서도 스스로 이탈함은 지배한다. 따라서 중요한 것은 스스로 이탈함 없이는 자기-로부터-개현함이 지배할 수 없을 것이라는 사실이다.

95

이미 플라톤과 아리스토텔레스 이전에 초기 그리스 사유자들 중의 하나인 헤라클레이토스는 다음과 같이 말했다. '존재는 (하나의) 스스로 은닉함(Sichverbergen)을 좋아한다(φύσις κρύφτεσθαι φιλεί)(Frag. 123).' 그러나 그리스적으로 사유해볼 때 '필레인(φιλεῖν)', '좋아하다'는 낱말은 무엇을 뜻하는가? 그것은 동일한 것 안에 공속함(zusammengehören)을 뜻한다. 헤라클레이토스는 존재에게 하나의 은닉함이 속하고 있다는 것을 말하고자 한다. 이를 통해 그는 결코 '존재는 스스로 은닉함 이외에 다른 것이 아니다'라고 말하는 것이 아니라 존재는 심지어 퓌지스, 스스로 탈은닉함(Sichentbergen), 자기로부터 개방되는 것으로서 지배하지만, 그것에 하나의 은닉함이 속한다고 말한다. 은닉함이 빠지고 없어진다면 탈은닉함은 어떻게 일어나야 하는가? 우리는 오늘 다음과 같이 말하고 있다. 즉 존재는 자신을 우리에게 보내지만 그렇게 함으로써 존재는 동시에 이미 그의 본질에서 스스로 이탈한다. "존재역사(Seinsgeschichte)"라는 명칭은 바로 이것을 의미한다. 이 명칭을 통해 우리는 자의적으로 어떤 것을 고안하려는 것이 아니라 앞에서 이미 사유했던 것을 더 분명하게 사유하려고 한다. 거의 통찰하기 어려운 존재역사에 대한 회고에서 존재역사 자체가 비로소 출현한다. 존재 자체가 이미 그의 본질에서 스스로 이탈함으로써 우리에게 자신을 보낸다고 우리가 말하고 있다면, 이는 헤라클레이토스의 말과 아리스토텔레스의 명제가 언급하는 것과는 물론 다른 것을 말하고 있는 것이다. 그러나 우선 우리가 어느 정도로 서양 사유의 역사에 대한 회상에서 존재를 존재역운(Seinsgeschick)으로 통찰될 수 있는지를 들여다보는 것이 중요하다.

존재의 숙면에 대한 언급이 이제는 덜 낯설게 들린다. 왜냐하면 "숙면"이란 낱말은 은닉함 안으로 존재가 스스로 이탈한다는 것에 대한 다른 이름일 뿐이기 때문이다. 은닉함은 모든 탈은닉함의 원천이다. 존재의 은닉함을 위한 최종적 여지조차 사라진 곳에서, 다시 말해 독일 관념론의 형이상학에서 드러나는 절대정신의 절대적인 자기 자신에 대한 지식(Sichselbstwissen)에서 존재의 관점에 따른 존재자의 탈은닉함, 즉 형이상학은 완수되고 철학은 끝에 이른다.

96

존재의 숙면에서부터 그리고 그것의 존재사적 시대로부터 근거율의 숙면기가 — 이 명제가 이전과 달리 참으로 하나의 존재율로 존재하며, 그것이 존재율로서 그 말함의 방식에 따라 존재역운으로부터 규정될 때 — 유래한다.

그러나 근거율에 속하는 숙면기의 끝남과 존재 자체에 속하는 숙면의 끝남은 결코 서로 일치하지 않는다. 오히려 근거율이 최상의 근거명제로서 산출되고, 그 요구가 비로소 강력한 것으로 행사되며 섬뜩한 것을 고양시킨다는 사실, 즉 존재 자체가 그때마다 더욱더 결정적으로 스스로 이탈한다는 사실이 초래된다. 사유와 인식을 위한 최상의 근거명제로서 근거율에 대한 요구가 점증함에 따라 존재자의 존재에 대한 새로운 해석이 전개된다고 해도 그것은 모순이 아니다. 결국에 존재는 의식에 대한 대상성으로서 밝혀진다. 이는 동시에 존재가 의지로서 드러난다는 것을 말한다.

존재를 대상성과 의지로서 각인하는 것이 어느 정도로 동일한 것인지를 제시하는 일은 특히 오늘날의 표상작용에서는 여전히 파악하기 힘든 과제일 것이다. 존재를 대상성과 의지로 각인하는 작업을 위한 결정적인 발걸음은 데카르트, 스피노자, 라이프니츠에 의한 사전준비로 시작되었고, 이후에 칸트의 철학이 비로소 완수하였다. 우리가 근거율을 두 번째 어조로 듣는다면, 근거율은 존재율로서 말한다. 이에 따라 점증하는 근거율의 지배요구는 ― 대상성(의지)으로서 ― 존재가 더욱더 결정적으로 지배권을 행사한다는 것을 의미한다. 이러한 사태연관에 대한 시선을 통해 우리는 존재역운에 대한 광범위한 통찰을 얻는다. 이 통찰은 지금 사람들이 역사학적 시대구분에 따라 근대라고 부르는 시대에서 획득된다.

지금까지 논구된 것과의 연관에서는 물론, 다음에 진행될 과정에 대한 전망에서도 우리가 존재역운이라고 부르는 것을 신뢰할 수 있을 만큼 명료하고 충분히 숙고해야 할 것이 많이 남아 있다. 그 때문에 존재역사의 두 번째 특징이 제시될 필요가 있다. 이 특

97

징은 — 근대적 사유의 역사에서 볼 때 — 칸트와 라이프니츠의 관계와 연결된다. 라이프니츠에 의해 근거율은 특히 최상의 근거명제라는 위상을 가지게 된다. 그러나 이유의 원리가 가진 강력한 힘은 추론된 사유규칙으로 명시된 적용의 수준에 머물러 있는 것이 아니다. 오히려 이유의 원리에 대한 강력한 요구는 수학적 물리학의 형태를 가진 근대 학문만이 아니다. 무엇보다도 철학의 사유는 충분한 근거의 송달에 대한 요구에서 표명되는 분부(Geheiß) 아래 놓여 있다.

강의 _ 아홉 번째 시간 9

지금으로부터 200년 전 볼프강 아마데우스 모차르트(Wolfgang Amadeus Mozart)가 태어났다. 나는 그의 작품에 대해, 그의 현존재에 대해, 이 둘의 연관성에 대해 한 마디라도 행사할 만한 권한이 없다. 오히려 모차르트 자신의 말이 이 순간 우리가 향하는 길에 대한 눈짓을 우리에게 줄 수 있을 것이다.

모차르트는 한 편지에서 다음과 같이 쓰고 있다("Auszüge aus Mozartbriefen", Das Musikleben, I. Jahrgang, 1. Heft, Mainz 1948, 참조).

"마차로 가는 여행길에서 또는 좋은 식사시간 이후나 산보 중에 또는 잠 못 이루는 밤에 생각이 폭풍처럼 가장 잘 나에게 다가온다. 지금 나에게 떠오르는 것들을 머릿속에 간직하면서 나는 다른 사람들이 나에게 말했던 것처럼 모아들인다. 내가 [그 중에] 어떤 것을 확실하게 붙잡는다면 나에게는 즉시 그것이 다른 것과 연결되어 잇달아 지나간다. 대위법, 다양한 악기의 소리 등에 따라 파이(Pastete, 일종의 고기만두)를 만들기 위해서는 [떠오른 착상의] 조각들이 사용될 것이다. 이때부터 그 조각은 내가 방해받지 않는다면 나의 영혼을 달굴 것이다. 거기에서 그것은 점점 더 커지고, 나는 그것을 점점 더 확장시키고 더 명료하게 만든다. 그리고 긴 시간이 지남에도 불구하고 그것은 머릿속에서 실제로 완성되어 간다. 이후에 나는 그것을 마치 아름다운 그림이나 멋있는 사람처럼 일견에 정신 속에서 개관한다. 나는 그것을 나중에 도달할 것처럼 이후에 상상 속에서

듣는 것이 아니라 방금 일어난 것처럼 모든 것을 함께 듣는다. 이것
은 하나의 축제이다! 발견하고 만드는 모든 일이 이제 내 안에서는
아름답고 강한 꿈처럼 지나간다. 그러나 모든 것을 종합하여 개괄적
으로 듣는 것이 최고의 것이다."

100   무엇 때문에 내가 이 문구를 인용하는지에 대해 이전에 말했
던 것을 기억해보면 알게 될 것이다. 듣는다는 것은 보는 것이다.
"일견에(mit einem Blick)" 전체를 "개관하는 것(übersehen)"과
"모든 것을 종합하여 개괄적으로 듣는 것(überhören)"은 하나이
며 동일한 것이다.

이러한 통—찰(Er—blicken)과 경—청(Er—hören)의 감추어진 통
일성은 사유하는 존재인 우리 인간에게 위탁된 사유의 본질을 규
정한다.

위에서 인용한 모차르트의 편지를 단지 심리학적으로 해석하
고 예술적 창작을 기술하기 위한 증거로만 취하려고 한다면, 우
리는 그것을 너무 피상적으로 왜곡하여 파악하는 것일 수 있다.
인용한 문구는 모차르트가 듣는 자들 중에 가장 잘 듣는 자였으
며, 지금도 여전히 그렇다는 것을 우리에게 말해주고 있다.

모차르트의 천성과 그의 심성이 어떠했는지에 대해서는 이미
앞에서 한번 들었던 안겔루스 질레지우스가 그의 방식으로 아주
오래된 사상을 통해 우리에게 암시를 줄 수 있다. "체루빔의 방랑

자"(V. Buch)의 **336**번 시구는 다음과 같이 말한다.

"신이 원하는 대로 깊이 신에게 고요히 머물러 있는 마음은
기꺼이 신에 의해 감동될 것이다: 이것이 신의 현악연주이다."

이 시구에는 "신의 현악연주(Das Lautenspiel Gottes)"라는 제
목이 붙어 있다.

모차르트는 바로 그런 사람이다.

*

우리는 근거율을 두 방식으로 들을 수 있다. 첫 번째는 존재에
관한 최상의 근거명제로서 들을 수 있고, 둘째는 존재율로서 들
을 수 있다. 두 번째 경우에서 우리는 근거를 존재로서, 존재를
근거로서 사유하도록 지시를 받는다. 이 경우에 우리는 존재를
존재로서 사유하는 시도에서부터 시작한다. 이는 **존재가 더 이
상 존재하는 어떤 것을 통해 설명될 수 없다**는 것을 말한다. 이러
한 시작이 얼마만큼이나 어떤 한계에까지 인도할지는 존재를 존
재로서 말하려는 시도만이 제시할 수 있다. 그러나 이러한 사유
에 이르는 길은 이제 근거율을 존재율로서 듣는 것 이외에 다른
것이 아니다. 물론 우리는 도약을 통해서만 이러한 들음의 길에   101

이른다. 도약은 뛰어내리기 이전의 영역에서 분리되어 거기로부터 벗어나는 것이다. 도약은 그 영역을 떠나지만 그것을 뒤에 내버려두지 않는다. 떠남을 통해 도약은 뛰어내리기 이전의 영역을 재획득한다. 이는 결코 부수적인 것이 아니라 필수적인 것이다. 도약은 본질적으로 되돌아보는 도약이다. 우리는 뛰어내리기 이전의 영역에 속한 주요한 특징을 드러냄으로써 주요한 사태에 따라 되돌아봄에서 통찰한 것을 통일적으로 보유하려고 시도한다.

그[뛰어내리기 이전의] 영역은 우리에게 서양 사유의 역사로서 나타난다. 이 역사에 대한 관점에서 존재역운에 대한 언급이 있었다. 근거율의 두 번째 어조에서 존재율을 듣는 것이 중요하다는 말은 그것이 귀로 듣지 못하는 방식이라는 것을 의미하지는 않는다. 오히려 듣는다는 것은 우리의 본질에서 우리에게 요구하고 있는 방식이다. 여기에서 주목해야 할 것은 '우리의 본질에서'라는 말이다. 이는 존재의 요구가 인간을 비로소 그의 본질 안으로 들어서도록 자리를 배치함(einräumen)을 말한다. 존재의 역운 안에서, 그리고 그것으로부터 우리는 비로소 역운적으로 존재하며, 역운적 본질로서 운명적인 것을 지속적으로 발견하기도 하며, 동시에 운명적인 것을 항상 놓칠 수 있는 상황에 휩쓸리기도 한다.

그러나 모든 사유는 사유되어야 할 것의 관점에서 결코 구체적인 것에 대한 경험이 아니라 다음과 같이 짧게 표명될 수 있는 경험 속에서 움직이고 있다. 즉 아주 기이하게도 우리는 그 본질에서 우리에게 요청하는 것, 다시 말해 우리를 필요로 하는 것에 의해 고유하게 요구받고 있음을 알지 못한다. 이러한 요청에서 존재는 자신을 우리에게 보낸다. 동시에 이러한 자기 보냄으로서 존재는 그의 본질 안으로 스스로 이탈하는 방식으로 존속된다. 이탈은 앞에서 밝혀진 의미에서 역운의 근본특징이다. "존재역사"에 대해 말할 때, 그에 대한 언급은 우리가 역사를 이탈로서의 역운에서 사유할 때 — 우리가 그와 반대로 습관에 따라 역운을 하나의 사건으로서의 역사로부터 지속적으로 흘러가는 과정에 따라 표상하지 않을 때 — 에만 의미를 가진다.

그러나 존재의 역사를 역운으로 보는 첫 번째 시선만큼이나 다른 것도 중요하다. 왜냐하면 서양 사유의 역사에서 이미 우리가 존재의 역운이라고 부른 것이 어느 정도로 어떻게 등장했는지를 앞서 주목하는 것이 중요하기 때문이다. 존재의 역운을 더욱더 분명하게 보고 미래에 더욱더 절박한 것으로 전유하기 위해 우리는 서양 사유의 역사에서 주어지는 두 가지 눈짓(Wink)을 붙잡으려고 시도한다.

첫 번째 눈짓을 우리는 "퓌지스"에 관한 아리스토텔레스의 강의에서 이끌어낼 것이다. 아리스토텔레스의 『자연학』에는 — 철학적으로 사유할 때 — 모든 변경을 겪으면서도 지속적으로 남아서 형이상학이 무엇인지를 알려주는 본질유래가 제시된다. 아리스토텔레스는 자연학-강의를 시작하면서 존재자의 존재에 관한 명제를 말한다. 이 명제는 존재가 '퓌지스', 자기로부터 개방되는 것임을 보여준다. 이는 스스로 탈은닉함(Sichentbergen)이 존재의 근본특징임을 말한다. 그러나 이미 이 명제는 우리가 그것을 직설적으로 진술하는 방식에서, 그리고 우리의 익숙한 들음과 언어사용에서 항상 오해되고 있다. 스스로 탈은닉함은 존재의 근본특징이다. 이는 다음과 같이 들린다. 즉 존재가 있으며 이 존재는 그 외에도 스스로 탈은닉한다는 속성(Beschaffenheit)을 갖는다. 그러나 존재는 스스로 탈은닉한다는 속성을 가지고 있지 않다. 오히려 스스로 탈은닉함은 존재의 고유함(Eigenes)에 속한다. 존재는 탈은닉함에서 자신의 고유함을 가진다. 존재는 앞서 자신에 대해 어떤 것으로 있다가 이후에 비로소 스스로 탈은닉함을 작동시키는 어떤 것이 아니다. 스스로 탈은닉함은 존재의 어떤 속성이 아니다. 오히려 스스로 탈은닉함은 존재의 고유성(Eigenschaft)에 속한다. 우리는 여기에서 고유성이란 낱말을, 예를 들어 '정보(Kundschaft)'라는 낱말처럼 단수로 사용한다. 이 고유성은 "존재"가 거기에서 고유한 본질을 자신의 재산(Eigentum)으로서 보유하고 있는 그런 것을 의미한다. 스스로 탈은닉함은 존재의 고유성에 속한다. 그러나 이러한 언급 자체도 여전히 빗나가고 있다. 엄밀하게 사유한다면, 우리는 존재가 스스로 탈은닉함의 고유성에 속한다고 말해야 한다. 이것, 즉 스스로 탈은닉함 자체에서 그리고 그 자체로서 "존재"가 명하는 (heißen) 것이 우리에게 말을 건네고 있다. "존재"가 명하는 것을 우리는 우리 자신으로부터 임의적으로 고안할 수도 없고, 권위에 호소하여 확정할 수도 없다. "존재"가 명하는 것은 그리스 사유의 주도적인 논의에서 표현되는 분부(Geheiße) 속에 간직되어 있다. 이 분부가 말하는 것을 우리는 결코 학문적으로 증명할 수도 없으며, 증명하려고 해서도 안 된다. 우리는 그것을 들을 수도 있고 듣지 못할 수도 있다. 우리는 그것을 들을 준비를 할 수도 있고 그러한 준비를 등한히 할 수도 있다.

아리스토텔레스는 존재는 자기로부터 더욱더 개방되는 것이라고 말한다. 그러나 자신으로부터 더욱더 개방되는 이것은 동시에 우리에게, 즉 익숙한 우리의 인지방식과 방향에서 볼 때 덜 개방되는 것이다. 우리에게 그때마다 존재하는 것은 더 개방되는 것으로 여겨진다. 그러므로 자신으로부터 더욱더 개방되는 존재는 우리에게 덜 개방되는 것이며, 심지어 존재자를 위한 것이라는 사실은 ─ 사람들이 생각하고 싶어 하듯이 ─ 우리 인간에게만 해당된다. 존재가 덜 개방적이라는 것은 ─ 사람들이 추론하고 싶어 하듯이 ─ 우리 인간을 위한 것이다. 그러나 겉으로 보기에 올바른 이 숙고는 아주 근시안적으로 사유된 것이다. 인간의 본질이 존재에 의해 요청된다는 사실에 기인하고 있다고 한다면, 여기에서 "우리 인간을 위한 것"이라는 말은 무엇을 의미하는가? 우리에게 그때마다 존재하는 것이 더욱더 개방되는 것이며, 존재는 덜 개방적인 것이라는 사실은 존재의 본질에만 해당되는 것이지 우리에게 기인할 수 없다. "우리에게" 기인한다고 할 경우에 우리는 자신을 공허함과 무연관 속에 놓아두게 된다. 우리는 존재의 요구 밖에서는 결코 우리 자신으로 존재하는 자로 있을 수 없다. 이에 따라 존재는 인간학적으로 표상된 인간에게 속하는 — 존재가 우리에게 그때마다 존재하는 것보다 덜 개방되도록 하는 — 어떤 속성이 아니다. 오히려 — 스스로 탈은닉함으로써 스스로 탈은닉하는 — 존재의 본질에는 이러한 탈은닉함에 스스로 은닉함, 즉 스스로 이탈함이 속한다는 사실이 놓여 있다. 이것을 사람들이 '단편 123'으로 번호를 붙인 헤라클레이토스의 말이 전해주고 있다. '퓌지스 크립테스타이 필레이(φύσις κρύφτεσθαι φιλεί, 자연은 스스로 숨기를 좋아한다).' "스스로 탈은닉함에는 하나의 은닉이 속한다." 밝게 드러나면서 자기를 보내는 것으로서 존재는 동시에 이탈이다. 존재의 역운에는 이탈이 속한다.

104 　서양 사유의 역사에 대한 두 번째 제시는 어느 정도로 이 사유의 역사에서 존재의 역운이 이탈로서 지배하는지에 대한 넓은 통찰을 우리에게 주어야 한다. 그러나 여기에서 이탈이 의미하는 것은 우리의 내적인 시야를 만족시킬 만큼 충분하지 않다. 스스로 탈은닉함이 어떤 방식으로든 이미 존립하고 있는 "존재"의 — 처음에 덧붙여야 하는 — 속성이 아닌 것처럼 이탈과 스스로 이

탈함에도 그것은 동일하게 적용된다. 스스로 이탈함이 존재의 속성이라면 이는 이탈을 통해 존재가 간단히 사라진다는 것을 의미한다. 따라서 그렇게 이해된 이탈의 결과로 인해 어떤 존재도 없을 것이다. 사람들은 여기에서 이탈을, 예를 들어 포도주에서 신맛을 빼서 그것에 더 이상 신맛이 없도록 하는 하나의 방식과 같은 의미로 이해할 수 있다. 그러나 존재는 누군가가 우리에게 빼앗아 그것을 제거할 수 있는 어떤 사물이 아니다. 오히려 스스로 이탈함은 존재가 현성하는 방식, 즉 존재가 자신을 현-존(An-wesen)으로 보내는 방식이다. 이탈은 존재를 배제하는 것이 아니다. 스스로 이탈함은 스스로 은닉함으로서 존재의 고유성에 속한다. 존재는 스스로 탈은닉함으로서 동시에 은닉하는 한에서 자신의 고유함을 스스로 탈은닉함 속에서 유지한다(wahren). 스스로 은닉함, 이탈은 존재가 존재로서 존속하며(währen) 자신을 보내는, 다시 말해 자신을 모아 보존하는(gewähren) 하나의 방식이다.

존재자의 존재를 역운으로서 더욱더 명료하게 시선 속에 획득하기 위해서 우리는 라이프니츠와 칸트 사이의 관계를 서양 사유의 역사 속에서 주목할 것이다. 이러한 제시는 부득이하게 이 강의 과정에서 개방되는 제한된 시야의 범위에 한정된다.

라이프니츠는 근거율을 최상의 근거명제로서 이끌어내어 부각시켰다. 서양 사유의 전승을 새로운 방식으로 일깨우고 그것을 정리한 라이프니츠의 사유는 근거율을 최상의 명제로 요구하는 길을 개척하고, 그로부터 그 요구에 간직된 힘을 견인해낼 수 있었다.

그러나 근거율이 존재율이며, 이에 따라 존재와 근거가 동일한 것으로 "있다"고 한다면, 근거의 요구에 담긴 강력한 힘은 무엇인가? 근거율의 요구에 속하는 힘 속에서 존재가 역운으로서 지배한다. 그리고 존재가 역운으로 지배하고 있다면, 그것은 이탈의 방식 속에 있는 것이기도 하다. 이제 근대의 본질을 규정하는 존재역운의 존재사적 시대에 대한 통찰을 시도하는 것이 중요하다.

라이프니츠와 칸트의 사유가 역사학적으로 계산된 시간적 거리에 따라 그리스의 사유보다 우리에게 훨씬 더 가깝게 있음에도 불구하고, 근대적 사유는 그 근본특징에 있어서 더 어렵게 접근된다. 왜냐하면 근대 사유자의 저작은 다르게 구축되어 전승을 통해 다층적으로 진행되었으며, 언제 어디에서나 기독교와의 대결과 연루되어 있다. 이렇게 얽혀 있는 상황의 관점에서 다음에 다룰 칸트에 대한 제시는 항상 분산된 미약한 광선으로 남아 있다. 이 광선은 근대적 사유에서 존재역운의 지배를 조금이라도 통찰할 수 있도록 우리에게 도움을 준다. 여기에서 우리는 다음의 주요한 사상에 주목할 것이다.

한 사유자의 사유업적 — 이것은 저작의 범위와 숫자와 결코 일치하지 않는다 — 이 크면 클수록 그 사유업적에서 사유되지 않은 것, 즉 일차적으로 그 사유업적을 통해서만 아직—사유되지—않은 것으로서 다가오는 것이 더 많아진다. 여기에서 사유되지 않은 것은 사유자가 개관하지 못하거나 완성하지 못한 것, 그리고 잘 아는 후손들이 보충해야 할 것과는 무관하다.

라이프니츠는 모든 것이 근거를 가지며 모든 결과가 원인을 가진다는 통상적인 표상을 충분한 이유보충의 원리로서, 즉 충분한 근거의 송달에 대한 근거명제로서 규정한다. 그러나 충분한 이유, 충분한 근거는 라이프니츠의 의미에서 어떤 것을 존재자로서 유지하여 그것이 무로 전락하지 않도록 하는 충분한 근거가 아직 아니다. 충분한 근거는 존재자에게 그의 완전한 본질, 즉 완전성(perfectio)을 만족시킬 수 있는 그런 것을 전달하고 제공하는 것이다. 그러므로 충분한 이유는 라이프니츠에게 최고의 이유(summa ratio), 최고의 근거이기도 하다. 여기에서 우리는 라이프니츠에게 충분한 근거가 지속적으로 가장 풍부하며 모든 것에 선행하는 근거라는 언급으로 만족해야 한다. 근거율을 충분한 이유보충의 원리로 파악하는 엄밀한 표현양식을 통해 근대적 사유는 비로소 자신의 사상적 깊이를 발견하였다. 이러한 사유의 역사에서 **칸트**의 업적은 사실상 최고의 경지에 도달하였다. 세 권의 그의 주저 ― 순수이성비판, 실천이성비판, 판단력비판 ― 는 모두 "비판(Kritik)"이라는 제목으로 시작한다. 판단력은 판단하는 능력이다. 순수한, 다시 말해 감성을 통해 규정되지 않는 순수

106

이성, 즉 이론이성과 함께 실천이성은 선험적 원리에 따라 판단하는 능력이다. 그러므로 순수이성 — 이론적이면서 실천적인 이성 — 의 완전한 비판에는 판단력 비판이 속한다. 세 번째 비판에서도 이성이 본래적인 주제이다. 그러나 이성은 라틴어로 '라치오 (ratio)'로 불린다. 라틴어 '라치오', 계산적 고려(Rechnung), 이성이 어떻게 "근거(Grund)"라는 의미에 이르게 되었는지(근거율 = 이유의 원리)에 대해서 우리는 잠시 후에 듣게 될 것이다.

칸트의 사유는 순수이성(reine Vernunft), 순수 라치오(ratio pura)의 비판이다. 칸트에 따르면 이성은 원리(Prinzip), 근거명제(Grundsatz, 원칙), 즉 근거부여의 능력이다. 이미 이러한 암시에 따라 근거율, 즉 이유의 원리가 칸트의 사유에서 탁월한 방식으로 지배한다는 사실이 시야에 들어온다. 바로 이것이 칸트가 근거율에 대해 아주 드물게 말하는 이유이다. 이때 순수이성비판은 어디에서도 잘못을 탓하는 의미에서 '비판함'을 뜻하지 않는다. 비판은 또한 단순한 시험과 검사가 아니다. 비판은 이성에 제한(Schranke)을 가하는 것만도 아니다. 오히려 비판은 이성을 자신의 한계(Grenze)로 이끈다. 제한과 한계는 같은 것이 아니다. 흔히 우리는 어떤 것이 거기에서 멈추는 것을 한계라고 생각한다. 그러나 한계는 — 오래된 그리스의 의미에 따라 — 철저하게 차단하는 것이 아니라 모음(Versammeln)의 성격을 가진다. 한계는 거기에서부터 그리고 그 안에서 어떤 것이 시작하고, 있는 바

107

그것으로서 개현하는 그런 것이다. 이러한 한계의 의미에 낯선
사람은 결코 그리스의 사원, 그리스의 입상, 그리스의 꽃병을 그
것의 현존에서 통찰할 수 없다. 칸트가 사용한 "비판"이라는 제목
에는 '크리네인(κρίνειν)'이라는 그리스적 의미가 계속해서 울리
고 있다. '구별한다(unterscheiden)'는 뜻을 가진 이 낱말은 중시
되고 있는 것을 드러내는 부각시킴의 방식에서 이해된다. 한계는
배척하지 않고 현존의 빛에서 그 형태를 드러내어 현존을 유지하
는 것이다. 칸트는 비판의 고차적인 의미를 알았다. 그의 세 비판
은 그가 "선험적 가능성의 조건(Bedingungen der Möglichkeit a
priori)"이라고 부르는 것을 목적으로 한다.

　"선험적 가능성의 조건"이라는 말은 칸트의 작업 전체를 관통
하여 울리고 있는 주요 동기이다. "선험적(a priori)", "앞선 것
으로부터"라는 표현은 아리스토텔레스가 '프로테론 테 퓌제이
(πρότερον τῇ φύσει, 자기 자신으로부터 개현함으로 인해 자기
자신에서['퓌지스'에서] 앞선 것)'라고 부른 것이 이후에도 여운
을 가지고 등장한 것이다. 그것은 스스로 탈은닉함의 관점에서
앞선 것, 자신으로부터 더욱더 개방되는 것으로서 모든 것에 앞
서 있는 것이다. 이런 의미에서 칸트에게 "가능성의 조건"은 그
자체로 선험적인 것이다. 여기에서 "가능성"은 가능하게 하는 것
을 의미한다. 가능하게 하는 선험적 조건은 무엇과 연관되어 있
는가? 정확히 말해서, 아리스토텔레스에서 '자기 자신으로부터

개현함으로 인해 자기 자신에서['퓌지스'에서] 앞선 것($\pi\rho\acute{o}\tau\epsilon\rho o\nu$ $\tau\tilde{\eta}$ $\varphi\acute{u}\sigma\epsilon\iota$)'이 그것과 이미 연관을 맺고 있다. 다시 말해 '우리에 대해 보다 더 개방되는 것($\tau\grave{a}$ $\sigma\alpha\varphi\acute{\epsilon}\sigma\tau\epsilon\rho\alpha$ $\pi\rho\grave{o}\varsigma$ $\dot{\eta}\mu\tilde{a}\varsigma$)'과 연관되어 있다. 우리와의 연관에서 그리고 우리에게 우선 개방되는 그것은 '퓌지스', 즉 존재에 대해 있는 것이다. 그것은 존재자이다. 칸트는 "선험적 가능성의 조건"이라는 명칭 아래 거기로부터 우리에게서 존재자 자체가 한계 속에서 규정되는 것을 가능하게 함에 대해 숙고한다. 이것은 어디로부터 일어나는가? 분명히 우리가 인간으로서 그 안에 들어서 있는 존재자의 영역들에서 일어난다. 인간은 이성적 동물(animal rationale)이다. 인간은 자연적 존재로서 자연의 영역에 속하며, 이성적 존재로서 이성의 왕국, 즉 의지와 자유의 왕국에 속한다.

이에 따라 "순수이성비판"은 이성을 자연과의 관계에서, 의지와의 관계에서, 또한 의지의 인과성 및 자유와의 관계에서 규정해야 한다. 비판의 물음은 자연과 자유의 선험적 가능성의 조건에 대한 물음이다. 선험적 가능성의 조건은 자연과 자유가 그 본질에서 경계가 설정되고, 이들을 규정이 완성된 상태로 우리에게 제공하고 도달하게 하는 근거를 가져다준다. "선험적 가능성의 조건"이라는 정식 뒤에는 충분한 근거, 즉 '라치오'로서 순수이성이라는 충분한 이유의 송달이 은닉되어 있다. 칸트에 따르면 이성(라치오)과 다시 연관됨을 통해서만 어떤 것이 있는 바대로 존

108

재하고, 존재자가 이성적 생명체인 "인간"에 대해 어떻게 있는지가 규정될 수 있다. 그러나 이는 이제 근대적 사유의 의미에서 존재자가 그때마다 객체로만 **존재하고**, 객체가 그때마다 주체에 대한 객체로만 존재한다는 것만을 의미하지 않는다. 오히려 이제 더 분명해지는 것은 이 주체, 즉 이성, '라치오', 다시 말해 자연과 자유에 대한 선험적 가능성의 조건에 대한 모음, 이 모음이 충분한 근거의 송달로서만 존재한다는 사실이다.

계속해서 변화된 형태로 초기 그리스 사유의 말이 전하고 있는 것이 지금 밝혀지고 있다.

τὸ γὰρ αὐτὸ νοεῖν ἐστίν τε καί εἶναι

"그러므로 동일한 것은 인지함이며 동시에 존재이다."

이 말은 근대적으로 사유하면 다음과 같은 것을 의미한다. 즉 인지함, 이성(라치오), 존재는 공속한다. 따라서 순수이성, '라치오'는 이제 어떤 것이 존재자로서 현상하는 방식, 즉 표상되어 (vorstellen) 주문되고(bestellen), 취급되어 거래될 수 있는 모든 것에 대한 정립, 즉 충분한 근거의 송달(Zustellen) 이외에 다른 것이 아니다.

"순수이성비판"이라는 제목을 칸트의 첫 번째 주저를 위한 역사학적으로 현존하는 제목으로 밝히는 것으로 우리는 만족하고 있다. 이것을 막을 수는 없다. 그러나 우리는 또한 칸트의 사유가 얼마나 철두철미하게 하나의 요구로서 그런 제목 아래 놓이게 되었는지에 대해 숙고할 수 있다. 그렇게 함으로써 순수이성, 이론적이고 실천적인 이성이 근거의 정립, 즉 모든 근거정립의 근거라는 의미에서, 다시 말해 존재자의 가능성에 대한 모든 조건을 그것의 통일성에서 규정하는 것이라는 의미에서 순수 '라치오'('ratio' pura)로 드러난다. 순수이성비판은 모든 근거정립의 근거를 틀이 잡힌 형태로 가져다놓는다. 칸트를 통해 사유가 순수이성비판이 되는 한에서 사유는 충분한 이유의 원리(principium rationis sufficientis)에 대한 요구에 상응한다. 이러한 상응에 의해 칸트의 사유는 이유의 원리에 대한 요구를 전체적 범위에서 드러나게 하며, 이로써 라치오가 근거명제(Grundsätze, 원칙)의 능력이라는 이성의 의미를 가진 라치오로서 유일한 근거라는 사실이 밝혀진다.

그러나 "순수이성비판"이라는 제목 아래 은닉되어 있는 것에 대한 이러한 제시는 칸트의 세 비판서 전체가 직관적으로 수행되는 통찰에서 우리에게 현재화되지 않는 한에서 전적으로 불충분하게 남아 있다. 외적으로 본다면 이 세 저작은 마치 세 개의 큰 블록이 연결되지 않고 나란히 놓여 있는 것과 같다. 칸트 자신도 계속해서 그가 확실하다고 여겼던 내적 통일성을 더욱더 외적인 건축학을 통해 드러내려고 시도했다. 그러면서 칸트는 그가 이러한 저작들의 건축을 통해 제시할 수 있었던 것보다 더 많은 것을 알게 되었다.

그러나 무엇보다도 서양 사유의 역사에서 "순수이성비판"이란 제목 아래 우리에게 보내지고 있는 것에 대한 본질적 통찰을 가로막고 있는 것이 있다. 그것은 칸트의 물음이 놓여 있는 결정적인 지평이 라이프니츠를 통해 엄밀하고 완전한 근거율의 표현양식의 빛 속에서 비로소 어느 정도로 개방될 수 있었는지를 아직 우리가 철저하게 사유하지 못하고 있다는 사실이다. 물론 다른 한편으로 라이프니츠의 사유에 담긴 가장 내적인 특징이 칸트의 철학을 통해, 정확히 말해서 그것이 영향을 끼친 방식으로 인해 어둡게 되었다. 라이프니츠의 사유는 오늘까지 어두움 속에 머물러 있다. 여기에서 언급하고 넘어가야 할 것은 칸트 자신도 도처에서 표현하고 있듯이 자신의 시대에 잘 알려진 "라이프니츠 선생님"의 저서를 큰 존경심을 가지고 대했다는 사실이다.

강의 _ 열 번째 시간 10

"근거 없이는 아무것도 있지 않다." 이러한 근거율에 대한 익숙한 표현양식은 다음과 같이 바꿔서 표현된다. "각각의 존재자는 근거를 가진다." 여기에서 각각의 존재자가 가지는 근거 자체는 존재하는 어떤 것으로서 표상된다. 라이프니츠의 문헌에 대해 앞에서 다룬 제시는 이것을 보여주어야 했다. 근거율은 존재자에 관한 진술이다. 다른 어조로 근거율은 다음과 같이 들린다. "**근거** 없이는 아무것도 **있지** 않다." 이것은 다르게 기술하면 다음과 같다. "존재에는 근거가 속한다." 또는 "존재와 근거 — 동일한 것". 지금 들은 명제는 존재에 대해 말한다.

첫 번째 어조에서 두 번째 어조로의 넘어감은 도약이다. 그러나 도약은 뒤를 돌아보는 도약이다. 이 도약은 뛰어내리기 이전의 영역을 시야 속에 유지하기 위해 그것을 되돌아본다. 뛰어내리기 이전의 영역은 근거율이 지속적으로 원리로 여겨지지는 않지만 그래도 다소 분명하게 파악된 주도적인 사상으로서 자주 언급된 그런 장이다. 우리가 생각하고 있는 뛰어내리기 이전의 영역은 통용되는 표상에 따르는 서양 사유의 역사이다. 이러한 사유에는 다양하게 변화되는 개념들과 이름들로 여러 측면에서 언제 어디에서나 지속적으로 경험된 존재자가 그의 존재에서 물어진다. 왜냐하면 이 사유의 역사에서, 그리고 그것을 위해서는 어떤 방식으로든 존재가 존재자의 존재로서 앞서 드러나기 때문이다. 그러나 이러한 앞서 드러남(Vorschein)은 존재 자체에 대한 눈짓을 준다. 이 눈짓은 존재에 대한 알림(Kund)이며, 그에 따라 존재는 먼저 인간의 표상작용을 통해서는 결코 정립되지 않는다. 존재는 존재자 자체에게 하나의 시간–놀이–공간으로서 밝게 드러나면서 자리를 배치함(einräumen)으로써 인간에게 자신을 보낸다. 존재는 그러한 역운으로서, 스스로 탈은닉함으로서 현성한다. 이것은 동시에 스스로 은닉함으로서 존속된다. 서양 사유의 역사는 존재의 역운에 기인한다. 그러나 이러한 기인함이 의미하는 것은 보다 정확한 규정을 필요로 한다. 이를 위해 필수불가결한 것은 우리가 "존재의 역운"이라는 피할 수 없는 다의적인 명칭을 다음과 같은 의미에서 일의적으로 사유하는 것이다. 그 의미는 존재를 이러저러하게 나타나는 것, 즉 존재자를 위한 시간–놀이–공간을 밝게 드러내면서 그것에 자리를 배치함으로 사유하는 것이다. 이러한 방어적 태도에서는 지금 다음과 같은 사실만이 언급될 수 있다.

  존재의 역운에 대한 제시를 통해 심오한 층(Schicht)과 같은 것만이 사유의 역사 뒷전으로 밀려나는 것이 아니다. 그렇게 된다면 쉽게 스위치를 돌리는 것처럼 사람들은 "철학" 대신에 "존재역운"을 계속 말해도 될 것이다. 존재의 역운은 우리에게 우선적으로 다음과 같은 이유로 어렵게 경험될 수 있는 것으로 남아 있다. 왜냐하면 사유의 역사에 대한 묘사가 이미 우리에게 다양한 관점에 따라 전승되고 해석되었기 때문이다. 이는 거의 대책이 없을 정도로 철학사에 대한 표상과 견해의 혼란을 초래한다. 그런 관점에서 평가해본다면, 역사적으로 전승된 철학에 대한 모든 해석은 일면적인 것으로 보인다. 헤겔은 정당하게 [빵처럼] 집에서 구워낸 지성은 그러한 일면성 속에 맴돌고, 그로 인해 사태 주위를 겉돈다고 말한다. 익숙한 표상작용은 자신의 시대를 언어로 드러내고, 하나의 해석에서 어떤 것이 존재하는지 또는 존재하지 않는지에 대해 결정하는 그러한 단순함과 동일함을 통찰할 수 없다. 그러한 해석은 우연적으로 받아들여진 표상들의 시야에서는 결코 판단될 수 없다. 해석을 위한 척도는 물음의 범위에서 유래한다. 그 속에서 해석을 위한 척도는 그 물음이 요구되어야 하는 상황을 철저하게-가늠(er-messen)하고 있다. 지금 언급한 것은 지난 시간에 아리스토텔레스와 칸트를 돌아보면서 존재의 역운에 대한 눈짓을 따라가려고 시도했던 사유의 역사에 대한 두 가지 관점에도 해당된다.

칸트의 사유는 가장 내적이며, 가장 외적인 측면에서도 순수이성비판이다. 거기에서 우리는 전체적인 풍부함과 범위에서 그 명칭을 생각하게 된다. 이성은 '라치오'를 뜻하며, 바로 그것이다. 다시 말해 근거명제[원칙], 즉 근거의 능력이다. 이성은 근거를 놓는(gründen) 근거이다. 근거는 순수이성의 이성적인 근거로만 존재한다. 칸트가 그의 사유의 근본 동기에 순응하면서 자연과 자유를 위한 선험적 가능성의 조건을 숙고했다면, 이 사유는 이

113

성적인 표상작용으로서 인간에게 존재자로서 나타날 수 있는 것과 없는 것에 대해, 그리고 현상하는 것이 현상할 수 있거나 현상할 수 없는 방식에 대해 충분한 근거를 송–달(Zu–stellung)하는 것이다.

충분한 이유보충의 원리와 순수이성비판 사이의 내적이며 역사적인 연관에 대한 짧은 제시가 존재역운의 근대적 시기에 대한 통찰을 어느 정도로 우리에게 줄 수 있는가? 칸트의 사유가 속하는 권역에서 존재는 어떻게 자신을 보내는가? 이 물음은 동시에 이러한 보냄에서 존재가 어떻게 스스로 이탈하는가에 대해 묻고 있다. 이 물음에 대해 대답하면서 우리는 칸트의 사유에 속한, 유일하면서도 결정적인 특징에 제한해야 한다. 이 특징은 칸트가 처음으로 그리스 철학 이후에 존재자의 존재에 대한 물음을 다시 전개되어야 할 물음으로 기획하고 있다는 점에서 전개되고 있다. 이 물음을 물음으로서 받아들이고, 이 물음을 통해서 칸트는 고유하게 존재의 관점에서 존재자를 뒤따라가는 길, 즉 방법을 성찰하였다. 이 모든 것은 물론 전혀 다른 방향의 길에서 일어난다. 왜냐하면 그리스의 사유자들과는 다른 차원에서 일어나기 때문이다. 칸트의 물음이 취한 길의 방향과 길의 폭은 '라치오', 즉 이성과 근거라는 이중적 의미를 가진 '라치오'를 통해 특징지어진다.

이성의 영역에서 움직이는 근대적 사유의 특징을 따라 칸트도 이성의 차원 안에서 그리고 이성의 차원으로부터 사유한다. 이성은 근거명제의 능력으로서 일반적으로 어떤 것을 어떤 것으로 표상할(vorstellen) 수 있는 능력이다. "나는 어떤 것을 어떤 것으로 나의 앞에(vor) 놓는다(stellen)"라는 것은 "나는 생각한다"라는 데카르트의 '에고 코기토(ego cogito)'에 대한 보다 더 엄밀한 표현양식이다. 따라서 비판의 차원, 즉 이론적, 실천적, 기술적(technisch) 이성의 차원은 나의 자아성(Ichheit), 주체의 주체성이다. 주체로서의 나와 맺는 연관에서 볼 때, 표상작용에서 나의 앞에 놓인 존재자는 주체에 대한 객체의 성격을 가진다. 존재자는 의식에 대한 대상으로서의 존재자이다. 의식이 대상을 **자기**와의 연관에 놓을 수 있기 때문에 의식은 자기 자신을 함께 표상한다. 다시 말해 의식은 자기의식이다. 그러나 이제 이성의 의미를 가진 '라치오'의 영역으로서 주체성의 영역은 그 자체에서 이유의 원리, 즉 근거의 의미를 가진 '라치오'의 영역이기 때문에, 순수이성비판은 대상, 즉 그 자신을 의식하는 표상적 주체의 대상을 위한 충분한 근거를 따른다. 대상을 위한 충분한 근거에 대한 비판적 물음은 대상을 경험하는 표상작용의 선험적 가능성의 조건에 대한 물음이다. 이러한 조건이 어디에서 성립하고, 칸트에 따라 어떤 방식으로 표상작용을 가능하게 하는지에 대해서는 여기에서 논의할 수 없을 것이다. 지금 중요한 것은 다른 것이다.

대상에게 대상으로서 그의 가능성을 충분하게 제시하는 근거는 우리가 대상의 대상성(Gegenständlichkeit)이라고 부르는 것

114

으로서 다르게 기술된다. 대상성은 칸트적으로 이해된 경험될 수 있는 존재자의 존재이다. 대상의 대상성은 분명히 대상에게 가장 고유한 것이다. 그럼에도 불구하고 대상성은 그 밖의 속성들 중의 하나처럼 대상에 그리고 대상 속에 붙어 있지 않다. 오히려 대상성이 대상을 선사한다(zueignen). 이는 차후적인 것이 아니라 대상이 그 자체로서 나타날 수 있기 위해서 대상이 대상으로서 나타나기 전에 일어난다. 그러므로 대상의 대상성에 대한 비판적 경계설정은 대상을 넘어간다. 그러나 이처럼 대상을 넘어감(Hinausgehen)은 근거를 놓는 근거명제, 이성의 주체성에 속하는 영역 안으로 들어감(Hineingehen) 이외에 다른 것이 아니다. 대상을 넘어 대상성으로 넘어섬(Überstieg)은 이성 안으로 들어섬(Einstieg)이다. 이성은 이때 처음으로 근거-적립하는(grund-setzend, 근거명제가 되는) 본질에서 자신을 드러낸다. 이렇게 주체성 안으로 고유하게 들어서는 대상의 넘어섬이 라틴어로 말하면 '초월하다'(transcendere)이다. 칸트는 대상에 대한 가능성의 선험적(apriorisch) 조건을 뒤따르는 그의 비판적 방법을 넘어서는 방법, 초월론적 방법(transzendentale Methode)이라고 부른다.

115　오늘날 '초월(Transzendenz)'이라는 명칭이 '초월론적(trans-zendental)', '초월적(transzendent)'이라는 말로 사용되는 혼란이 초래되고 있지만 분명하게 구별할 필요가 있다. 칸트가 초월론적

방법에서 이해하고 있는 것이 무엇인지를 잘 알고 있는 사람도 칸트에 의해 사유된 것을 항상 다시금 새롭게 전유해야 한다.

무엇 때문에 그러한가? 왜냐하면 초월론적 방법은 탐구하고 있는 것을 외적으로만 맴도는 방식이 아니기 때문이다. 칸트는 "비판"의 방법, 즉 충분한 이유의 경계를 설정하는 송달함의 방법을 심사숙고하여 '초월적'이라고 하지 않고 '초월론적'이라고 부른다. 왜냐하면 '초월적'이란 표현을 칸트는 다음과 같은 점에서 인간적 경험의 경계 밖에 있는 것에 대해 적용하기 때문이다. 즉 그 표현은 대상을 대상성의 방향에서 넘어서는 것이 아니라, 근거정립의 가능성이 없음으로 인해 충분한 권한도 없이 대상성과 함께 대상을 넘어서는 것을 의미한다. 칸트에 따르면 경험에 적합하게 접근할 수 없는 대상을 인식하려는, 권한을 넘어선 표상작용은 초월적이다. 이에 대해 초월론적 방법은 바로 경험대상과 경험 자체의 충분한 근거로 향한다. 초월론적 방법은 경험대상을 그것의 가능성에서 근거를 정립하는 근거들의 권역 내에서 움직인다. 초월론적 방법은 작동하면서 근거를 정립하는 근거들의 권역에 대한 경계를 설정한다. 초월론적 방법은 이 권역을 고수하고, 이 권역이 설정한 경계 안에 머문다. 이 방법은 경험의 가능성에 대한 충분한 근거의 범위, 다시 말해 경험의 본질 안에 있기 때문에 그 안에 머물고 있는 초월론적 방법은 내재적이다. 그럼에도 불구하고 이 방법은 초월론적이다. 왜냐하면 그것은 초월적인 것(das

Transzendente)과 관계하기 때문이다. 그로부터 이 방법은 초월적인 것의 권한에 대해 비판적으로 경계를 설정한다. 초월론적 방법은 주체성의 내재성, 즉 충분한 근거로서 대상을 표상작용의 대상으로서 남아 있게 하는 그런 표상작용을 통과한다. 이것이 바로 대상성, 즉 존재자의 존재이다.

116

우리는 폭넓게 사용되는 "초월론적"이란 낱말을 기재해온 것에로 되돌아가 보고, 그리고 그 사이에 도래하고 있는 것 앞으로 나아가면서 사유할 때에만 칸트의 초월론적 방법 속에 살아 있으며 "초월론적"이라는 낱말에서 변화된 방식으로 진동하고 있는 것을 가늠할 수 있다.

더 정확히 말해서, 초월론적인 것에 대한 논구가 우리의 길에서 근거율의 한 어조에서 다른 어조로 향하는 도약을 어느 정도로 준비하고 있는지를 명확히 보기 위해서 다음과 같은 것을 잠시 기억해볼 필요가 있다. 즉 칸트에 따라 비판적으로 이해된 "초월론적"이란 낱말은 대상, 즉 경험할 수 있는 존재자로부터 대상성, 즉 존재로 넘어섬과 관계한다. 그러나 도약은 존재자에 관한 명제로서의 근거율로부터 존재로서의 존재에 대한 말함 안으로 뜀(Satz)으로서 도약이다. 도약은 존재자와 존재 사이의 영역을 관통한다. 초월론적인 것, 넘어섬, 도약은 존재자와 존재의 구별의 관점에서 같은 것이 아니라 동일한 것이다. "초월론적"이란 낱말과 그 속에서 언급된 사태를 기재해온 것으로 되돌아가 숙고한다면 짧게 언급할 수 있는 다음의 두 계기가 제시된다.

낱말의 사용에 따라 초월론적이라는 낱말의 특징은 중세 스콜라 철학에서 유래한다. 이 특징은 '초월하는 것(transcendens)'과 관련된다. 이것을 통해 하나의 양태(modus), 즉 방식과 척도가 특징지어지며, 그것에 의해 '존재하는 모든 것이 존재자로서(omne ens qua ens)' 산정된다(bemessen). 예를 들어 각각의 존재자는 '우눔(unum, 하나)', 즉 **하나의** 존재자이며, 이런 존재자 이외에 다른 것이 아니다. 정확히 말해서 이러한 존재자의 양태는 '일반적으로 모든 존재자를 뒤따르는 양태(modus generaliter consequens omne ens)'로서 규정된다. 여기에서 '뒤따르는 것(consequens)'은 '앞서 가는 것(antecedens)'에 대한 반대 규정으로 사유된다. 이것에 주목할 필요가 있다. 각각의 존재자 자체에 대한 가장 일반적인 규정들은 존재자를 **뒤따르며**, 그것에서 제시된다. 이러한 의미에서 이 규정들은 각각의 존재자에게 속하는 것을 지나가며, 관통한다(transcendere, durchschreiten). 그러므로 이 규정들은 "초월자들(Transzendentalien, 관통하는 것들)"이라 불린다. 그러나 이때 칸트에서 초월론적 방법이 따르고 있는 것은 경험대상의 의미를 가진 존재자와 관련하여 뒤따르는 것(ein consequens)이 아니다. 오히려 대상에게 그것의 가능 근거를 충족시키는 대상성은 앞서 가는 것(das antecendens, das Vorhergehende), 선험적인 것(das a priori)이다.

117

존재자로서의 존재자에 대한 중세 스콜라 철학적 규정은 아리스토텔레스의 『형이상학』 4권의 시작 부분에서 유래한다. "아리스토텔레스의 형이상학"이란 제목에서 사람들이 알고 있는 것은 "저서"가 아니라 아리스토텔레스에 의해서 계획되지 않은 논문들의 조합이다. 이 논문들의 물음은 각각 완전히 다른 범위와 방향을 가지고 있다.

아리스토텔레스의 『형이상학』은 문헌적으로 본다면 전혀 통일적인 것이 아니며, 내용적으로 사유해본다면 모든 부분들에서 각기 다른 방식으로 물음이 제기되고 있다.

이 책의 4권 1장 첫 문장은 다음과 같다.

Ἔστιν ἐπιστήμη τις ἣ θεωεῖ τὸ ὂν ᾗ ὂν καί τὰ τούτῳ πάρχοντα καθ᾽ αὐτό.

뜻을 풀어서 번역하자면, 이것이 말하는 것은 다음과 같다.

"현존하는 것을 현존하고 있는 것으로 통찰하고, 그와 함께 현존함을 그 자신으로부터 드러내면서 그의 명령에 따르는 것을 통찰하는 지성과 같은 것이 있다."

여기에는 칸트의 의미에서 존재자를 대상성 속에 있는 대상으로서 규정하는 초월론적인 것에 대한 언급도 없으며, '모든 존재자를 일반적으로 뒤따르는 존재자의 양태(modus entis generaliter consequens omne ens)'에 대한 언급도 없다. 그리고 그리스적으로 사유된 '온(ὄν, 존재자)'에 대한 언급에서 존재자는 단순 소박한 근거에서 성립되고 있음을 보여준다. '온'은 '자연적인 것(φύσις τις)', 자기-로부터-개현하는 그러한 것이다. '온'은 중세 스콜라 철학에서 창조된 존재자(ens creatum), 즉 신에 의해 창조된 것으로서의 존재자가 아니다. 그렇다고 해서 '온'은 대상성의 관점에서 파악된 대상도 아니다. 아리스토텔레스의 의미에서 존재자를 존재의 관점에서 규정하는 것과 그것이 생겨나는 방식은 중세에서 존재자로서의 존재자(ens qua ens)에 대한 이론과 다르게 경험된다. 그러나 중세 신학자들이 아리스토텔레스를 잘못 이해했다고 말하는 것은 어리석은 짓이다. 오히려 이들은 아리스토텔레스를 다르게 이해하였고, 존재가 그들에게 다르게 자신을 보낸 다른 방식에 응답한 것이다. 다시금 존재의 역운은 칸트에게도 자신을 다르게 보낸다. 다르게 이해함이 오해를 받게 되는 것은 자신이 유일하게 가능한 진리라고 뽐내는 동시에 이해해야 할 것의 기준에 못 미치는 거기에서 먼저 비롯된다. 처음으로 칸트에게서 사유가 존재자의 존재를 따르는 방법이 초월론적 방법이 된다. 다시 말해 존재자 자체를 초월론적으로 규정하는 탁월함은 존재자가 지금 나와 관련된 주관적 이성의 대상으로 경

118

험된다는 사실에서 결코 완전히 이끌어낼 수 없다. 오히려 초월론적 방법의 탁월함은 그 방법이 대상의 대상성에 대한 규정으로서 대상성 자체에 속한다는 사실에 기인한다. 대상을 위해 충분한 근거를 송달하는 것(Zustellung)은 가장 먼저 대상의 대상성을 산출하고 확보하며, 이를 통해 대상성, 즉 경험 가능한 존재자 자체의 존재에 속하는 그러한 표상작용이다. 초월론적 방법은 근거율의 요구에 상응한다. 이 초월론적 방법을 통해 '라치오(이성)' 속에서 지배하는 '충분한 이유의 원리(principium rationis sufficientis)'는 자신의 힘을 행사하는 열린 공간과 빛을 확보한다.

존재가 자신을 보내는 새로운 방식은 존재가 지금 대상성으로 앞서 드러나는 거기에만 존속하는 것이 아니라, 이러한 앞서−드러남이 결정되어 있음(Entschiedenheit)을 보여주고, 그 결과로 존재가 이성이 속하는 주관성의 영역, 바로 여기에서만 규정된다는 점에도 존속한다. 이러한 존재역운의 결정되어 있음은 초월론적 이성 밖에 있는 존재자의 존재에 대한 다른 모든 근거 놓음(Gründung)이 배제된다는 것을 의미한다. 왜냐하면 대상의 가능성을 위한 선험적 조건, 그것의 충분한 근거, 충분한 이유는 '라치오', 이성 자체이기 때문이다. 이것을 정식화하여 사람들은 모든 대상의 대상성, 즉 모든 객체의 객체성은 주관성에 기인한다고 말할 수 있다. 그러나 이 정식은 우리가 다음의 사실에 주목할 때에만 표명될 수 있다.

주관성은 개별적인 인간에게 제한된 것, 그것의 특수성과 임의
성에 있어서 우연적인 것만을 의미할 수 있을 것이라는 의미에서
주관적인 것이 아니다. 주관성은 본질적으로 대상의 가능성을 **충
족시키는** 근거의 법칙성이다. 주관성은 주관주의가 아니라 근거
율의 요구에 대한 송달을 의미하며, 그 결과로 오늘날 개별적인
것의 특수성, 개체성, 타당성이 전체적인 획일성에 의해 급속도
로 사라지는 원자시대가 오게 되었다. 이 모든 것은 — 이 시대를
오늘날 우리가 분명하게 통찰하고 인식하려고 노력하든 하지 않
든 간에 — 이성의 주관성에 대한, 즉 이유의 원리에 의해 규정된
'라치오'에 대한 대상성을 의미하는 존재의 역운에 기인한다. 이
러한 이성의 권리요구는 모든 것에 대한 보편적이며 전체적인 산
출을 계산적으로 고려할 수 있는 것으로 해방시킨다.

이러한 제시는 많이 언급되고 있듯이 여러분이 직면하고 있
는 현재의 정신적 상황을 묘사하는 것도 아니며, 피할 수 없
는 절망적인 상황을 말하려는 것도 아니다. 오히려 이러한 제
시는 존재하는 것을 성찰하기 위해서 그것에 속하는 것이 무엇
인지를 드러내려는 강의의 과정에서 밝혀진다. 왜냐하면 "존재
하는" 것은 실제적인 것(das Aktuelle)도 아니며, 현재적인 것
(das Gegewärtige)도 아니기 때문이다. '존재하는' 것은 기재해
온 것으로부터, 그리고 그러한 것으로서 다가오고 있는 것(das
Ankommende)이다. 이 다가오고 있는 것은 이미 오래전부터 도

상에 있었던 것으로서 완전한 이성성의 형태를 갖춘 근거율에 대한 무조건적 요구이다. 그것을 보기 위해서는 선지자의 자질이나 몸짓이 아니라, 본래적인 역사적 사유의 인내를 필요로 한다. 역사적 전승으로부터 벗어나려는 점차적인 도피가 그 자체로 이 시대의 요구를 보여주는 징표이다. 심지어 때때로 이러한 역사로부터의 도피가 여전히 도처에서 지체함 없이 이루어지고 있는 세계와 인간을 위한 완전한 기술화에 대립하는 마지막 장애를 제거할 수 있는 것처럼 여겨지기도 한다. 앞서 말한 역사로부터의 도피와 역사적 구별에 대한 능력의 상실은 일치한다. 이에 대해서는 지금 하나의 사례가 언급되었다. 그것은 칸트의 비판적 사유가 탁월하게 보여준 초월론적 방법이 무엇인지를 성찰하는 과정에서 우리가 앞에서 언급한 것과 함께 어느 정도로 철저하게 머물러 있는지를 동시에 보여준다.

우리가 이미 자주 언급했듯이, "근대"라고 부르는 시대는 존재가 대상성으로서 보내지고, 이에 따라서 존재자를 대상으로 자리매김하는 존재의 역운 속에서 역사의 특징을 얻는다. 그러나 언제나 그렇듯이 이러한 언급에 대한 의구심은 여전히 남아 있다. 사람들은 다음과 같이 물을 수 있다. 존재자가 대상이 되는 거기에 무슨 특별한 것이 있다는 말인가? 존재자는 항상 이미 존재가 '피지스', 순수한 개현으로서 존재자를 자기 자신으로부터 드러나게 하는 바로 거기에서도 대상이 아니었는가? 그리스 사유는 이미 존재자를 대상으로 여기지 않고 그런 식으로만 알았는가? 그 예로서 그리스 예술의 입상(Standbild)에 대해서만 주목해보자.

이러한 물음을 명확하게 드러내기 위해서는 역사적으로 구별하는 것이 중요하다. 이미 이전에 언급한 것처럼 "대상(Gegenstand)"이라는 낱말은 라틴어 '오비엑툼(obiectum)'의 번역어이다. 레싱(Lessing, 1729~81)이 자신의 시대에 그러한 번역어에 대해 반대했다는 사실은 중요한 의미를 가진다. 레싱은 '오비엑툼'을 "맞서 던짐(Gegenwurf)"으로 번역했다. 이 번역은 사실상 낱말만이 아니라 그 뜻에 따른 것이다. 왜냐하면 이 번역은 어떤 것이 대립되어 있다는 것, 즉 표상하는 주관에 대해, 그리고 이 주관에 의해 대립되어 있다는 것을 말한다. "맞서 던짐"은 정확하게 그 낱말이 이미 중세에도 있었던 '오비엑툼'의 의미와 일치한다. 예를 들어 '오비엑툼'은 황금산과 같은 것일 수도 있다. 왜냐하면 황금산은 오늘날 우리가 말하듯이 객관적으로 실재하는 것이 아니라 상상하는 표상작용을 통해서만 표상하는 나에게 던져지기 때문이다. 그러나 객체(Objekt)의 근대적 의미에는 동시에 던져진 것, 탐구하는 고-찰(Be-trachtung)의 의도(Trachten)를 통해 세워진 것, 단순한 상상이 아니라 자기로부터 현존하는 어떤 것이 표상하는 나에게 송달함을 나타낸다. 그러나 이때부터 현존(Anwesen)의 방식은 마주 서있는 것의 근거를 풍부하게 함을 통해, 즉 대상성을 통해 — 칸트적으로 사고한다면 — 이성

121

의 원칙으로서 지성의 근본법칙을 통해 규정된다. 그러므로 객체는 주체의 단순한 표상이 아니다. 오히려 객체 속에는 마찬가지로 그 자체에 머물러 있는 어떤 것이 표상하는 주체에 대하여 맞서 던져지고(entgegengeworfen) 공급된다. 그 때문에 '오비엑툼(obiectum)'을 "대상"으로 번역하는 것도 고유한 권리를 가진다. 그럼에도 불구하고 우리는 지금 분명하게 드러나는 이러한 구별을 포기해서는 안 된다. 사람들은 방금 언급한 것을 고려하여 이미 그리스인에게도 존재자는 대상의 성격에서 알려지고 있다는 사실을 강화할 수 있다. 이렇게 생각하는 것은 잘못된 것이다. 그리스인에게 현존하는 것은 '마주대함(Gegenüber)'의 성격에서 탈은닉하지만 엄밀하게 근대적 개념으로 지금 파악된 객체의 의미를 가진 낱말, 즉 대상의 성격을 가진 것은 아니다. '마주대함'과 대상(Gegenstand)은 같은 것이 아니다. 대상에는 표상하는 맞서 던짐에서 유래하는 주관에 의한 '대립함(Gegen)'이 규정되고 있다. '대립함'은 '마주대함'에서 탈은폐된다(enthüllt). '마주대함'에는 인지하는, 즉 바라보고−경청하는 인간을 넘어선 것이 놓여 있다. 그 인간은 이전에 결코 객체에 대한 주체로서 파악되지 않았다. 이에 따라 현존하는 것은 주체가 객체로 던진 것이 아니라, 인지함을 향해 다가오고 있는 것, 그리고 인간적 봄과 들음을 넘어 도착해 있는 것**으로서** 배−치하고(hin−stellen) 거기에−내어놓는(dar−stellen) 것이다. 그리스에서 입−상(Stand−bild)

은 서있는 것의 모습(Anblick)이며, 그것의 서있음은 객체의 의미를 가진 대상과는 전혀 관계가 없다. 그리스어 '안티케이메논 (ἀντικείμενον)', '마주대함', 정확히 말해서 '마주대함'에서 앞에-놓여있는 것(das Vor-liegende)은 객체의 의미를 가진 대상과 완전히 다른 것이다. 그리스인은 내면을 들여다보는 신들의 현존에서 가장 섬뜩하며, 가장 매혹적인 '마주대함', 즉 '토 데이논(τὸ δεινόν, 경이로운 것)'을 경험하였다. 그러나 그들은 객체의 의미를 가진 대상을 알지 못했다. 대립함과 '마주-침(Be-gegnen)'은 여기에서 다른 의미를 가진다.

그러므로 지금도 빈번하게 일어나는 만남(Begegnung)의 현상 122을 숙고해본다면, 이를 다루는 의도를 명확하게 드러내기 위한 전제가 충족되어야 한다. 만남의 현상이 주-객-연관의 영역에서 출발해서 근대적으로 인격으로서의 주관에서부터 표상되는지, 또는 만남이 '마주대함'의 영역에서 발견될 수 있는지에 대해 명확히 해야 한다. 이러한 영역의 구조를 사유하면서 철저하게 가늠하기란 아주 어려워서 시작조차 하지 못하고 있다.

1792년 "객체와 주체의 매개자로서의 실험"이라는 제목의 논문을 쓴 괴테는 "대상"이란 낱말을 빈번하게 즐겨 사용하였다. 또한 그는 "마주대함"이란 오래된 형식을 알고 있었다. 예를 들어 그는 "우리는 서로 마주대해 앉아 있다(wir setzen uns gegeneinander über)"라는 표현을 명시적으로 사용하였다.

"대상"에 대한 괴테의 낱말사용에는 두 가지, 즉 주체에 대한 객체로서의 대상과 "어떤 사람을 마주대함(gegen einem über)"으로서의 대상이 적용된다. 여기에서 다양한 뜻을 가진 '위버(über)'의 의미를 파악하기는 어렵다. '위버'는 '넘어서 저기로'(darüber hin), '위에', '저편'을 의미한다. 동사 '위버라셴(überraschen, 놀라게 하다)'에서 '위버'의 의미는 분명하다. 그것은 '급히, 문득, 갑자기 어떤 사람 위로 덥치다'라는 의미를 가진다. '위버'와 '위버라셴'을 1801년에 지은 횔덜린의 송가 "방랑(Wanderung)"의 마지막 연만큼이나 풍부하고 아마도 그리스적으로 표현하는 것도 없을 것이다. 이 송가는 "지복의 슈에비엔, 나의 어머니 …"로 시작한다.

대기는 한층 더 부드럽게 호흡하고

사랑하는 아침의 화살이

너무도 인내하는 우리를 향하며

가벼운 구름이

부끄러운 우리의 시선 위에(über) 피어나면,

그때 우리는 말하게 되리라, 그대들, 우미의 여신들이

어찌하여 야만인에게 오는지?

그러나 하늘의 시녀들은

신비롭구나,

마치 신으로부터 태어난 모든 것처럼.

누군가 그것에 몰래 다가가면

그것은 그에게 꿈이 되지만

힘으로 그와 같아지려는

사람에게는 벌을 내린다.

자주 그것은 미처 생각하지 — 횔덜린은 "생각하지" 대신에 처음에는 "희망

하지"로 썼다 ▪ — 못했던 사람을

놀라게 한다(überraschet).

▪ 역주 ────────────────────────────────

하이데거가 본문에 작은 글씨로 첨가한 부분이다.

우리는 역사학적으로 계산해서 "근대"라고 불리는 존재사적 시대를 향해 시선을 돌리려고 시도한다. 이 시도는 역운에서 존재의 이탈이 동시에 지배하고 있다는 사실과, 그것이 어떤 방식으로 지배하는지를 명확히 하려는 의도에 따른 것이다. 존재로부터 말한다면, 이는 역운과 그것의 분부(Geheiß)에 상응하여 그때마다 존재자로 불리는(heißt) 것의 현상함을 위해 존재가 스스로 이탈하면서 시간−놀이−공간의 보냄으로서 지속한다는 것을 의미한다. 그리스어로 '타 온타(τὰ ὄντα)', 라틴어로 '엔스(ens)', 프랑스어로 '레트르('l'être)', 독일어로 "다스 자이엔데(das Seiende)"로 각각 불리는 것은 이미 존재의 시대적인 밝게 드러남(Lichtung)에서 결정된다. 덧붙여 말하자면 우리에 의해 명명된 "다스 자이엔데"를 중성의 복수로 사용하는 그리스어(τὰ ὄντα)가 이것을 가장 명확하고 분명하게 말하고 있다는 사실은 우연이 아니다. 왜냐하면 존재자는 각각의 것이면서 또한 다양한 것이다. 이에 대해 존재는 유일무이한 것이며, 무조건적인 단수성을 가진 절대적 단수(Singular)이다.

우리는 서양 사유의 역사에 속한 상이한 시대를 두루 살피는 과정에서 존재의 역운으로 시선을 돌리려고 시도한다. 이 과정은 서양 사유의 역사가 존재의 역운에 기인하고(beruhen) 있다는 사실을 앞서부터 가정하고 있다. 그러나 어떤 다른 것이 거기에 기인하고 있다고 할 때, 그것은 그 자체로 고요함(Ruhe)이어야 한다. 고요함을 우리는 흔히 운동의 정지라고 생각한다. 수학적이고 물리학적으로 표상한다면 고요함은 위치변화로서, 그 자체로 공간-시간-상수에 따라 측정될 수 있는 것으로서 앞서 규정되어 있는 운동의 경계일 뿐이다. 고요함이 정지로서 또는 운동의 경계로서 여겨진다면, 고요함의 개념은 부정(Verneinung)의 관점에서 제시되고 있는 것이다.

그러나 본래적으로 사유한다면, 그 고요함은 운동의 중단이 아니라 운동의 모음, 즉 그 자신에서부터 운동을 비로소 내보내며(entschicken), 이 내보냄에서 운동을 단순히 떼어 내버리는 것이 아니라 곧바로 보유하는 그러한 모음이다. 따라서 운동은 고요함에 기인한다. 이와 함께 우리가 서양 사유의 역사가 존재의 역운에 기인한다고 가정한다면, 우리는 존재의 역운이 의미하는 것에서 고요함, 즉 사유가 직접적으로 그것에 대한 지식을 가지든 가지지 않든 간에 거기로 사유의 모든 운동이 결집하는 모음이다.

우리는 존재역운과 사유의 역사 사이에 있는 이러한 관계를 가정한다. 가-정(an-nehmen)한다는 것은 여기에서 '사유를 넘어가는 것을 받아들임', 투쟁에서 상대를 맞이한다고 말하는 것과 같은 의미에서 — 여기에서 받아들임은 적대적인 것이 아니며, 투쟁은 증오의 투쟁이 아니다 — 받아들임을 의미한다. 가정함(Annehmen)과 받아들임(Nehmen)은 지금 경청하면서 바라보는 응답함(Entsprechen)의 의미를 가진다.

우리가 서양 사유의 역사가 이탈하는 존재의 역운에 기인한다는 것을 가정한다면, 이는 어떤 견해 — 어떤 일에 임의적으로 빠져들어 그것을 이전에 파악된 관점 안으로 받아들이는 것 — 의 의미에서 단지 우리로부터 산출된 가정이 아니다.

　위에서 언급한 가정, 즉 사유의 역사가 존재의 역사에 기인한다는 것이 우리로부터 나온 견해가 아니라 존재로부터 받아들임이라는 사실은 어느 정도 명확하게 밝혀졌다. 이는 우리가 함께 사유하고 이미 논의했음에도 불구하고 지금까지 고유하게 논구하지 못한 것을 잠시라도 성찰할 때에 가능하다. 이것은 세상에서 알기 어려운 것들 중에서도 가장 파악하기 어려운 것이다. 왜냐하면 우리 자신이 그러한 것으로 있다는 점에서 그것은 우리에게 가장 가깝게 있기 때문이다.

　강의 시작부터 근거율의 요구에 대해, 그리고 그것을 우리가 즉각 따라야 한다는 것에 대해 자주 언급하였다. 왜냐하면 우리는 이러한 요구에 붙잡혀 있는 자이기 때문이다. 이렇게 붙잡혀 있는 자로 존재하는 한에서만 우리는 우리에게 보내지고 있는 것을 가정할 수 있다. 즉 받아들일 수 있다. 존재의 역운에서 우리는 존재의 밝게 드러남으로부터, 그리고 그것과 함께 보내어진 자들이다. 그러나 그만큼 우리 자신은 이탈 속에서 존재와 접하고(angehen), 그리고 이탈을 통해 존재와 접하는 자들이기도 하다. 우리는 존재가 역운으로서 본질유래의 밝게 드러남(Lich-

127

tung)을 거부하는 그러한 자들이다.

1818년 10월 22일 베를린 대학 강의를 처음 시작하면서 헤겔이 했던 말은 그와 반대되는 것처럼 보인다.

"진리에의 용기, 정신의 힘에 대한 믿음은 철학을 공부하기 위한 첫 번째 조건이다. 인간은 자기 자신을 존경해야 하며, 자신을 최고의 가치가 있는 자로 여겨야 한다. 정신의 위대함과 힘에 대해 인간은 최대한 충분하게 사유할 수 없다. 우주의 닫힌 본질은 인식의 용기에 저항할 수 있는 힘을 자체에 가지고 있지 않다. 인식은 그것[우주] 앞에서 자신을 열고, 자신의 풍부함과 심오함을 그것에게 분명하게 보여주고, 그것을 향유할 수 있어야 한다."

우리가 이 말을 절대자에 대해 사유하는 개인의 교만으로 이해한다면, 우리는 최대한 충분하게 사유하지 않은 것이며 사태에 맞게 사유하지 못한 것이다. 오히려 정확하게 그 반대이다. 그 말은 절대적 개념의 의미를 가진 존재가 사유에게 자신을 보내고, 서양 형이상학이 완성되는 존재사적 시대를 결정적인 방식으로 앞서 각인하는 그러한 요구에 응답할 수 있는 준비를 우리에게 제시하고 있다. 절대적 개념의 형태를 가진 존재자의 존재가 형이상학적이고 존재론적인 사유에서 절대적인 것으로 인식됨으로써 이러한 존재의 보냄 속에서 가장 극단적인 이탈이 은닉되고 있다. 왜 이런 일이 발생하는지에 대해서는 다음에 다루어지는 칸트 철학의 존재사적 시대에 대한 최종적인 특징을 통해 명확히 밝혀질 것이다.

헤겔에 대한 중간고찰 이전에 다음의 문장을 반복할 필요가 있다. 즉 존재의 역운에서 우리 자신은 존재의 밝게 드러남으로부터 그리고 그것과 함께 보내어진 자들이다. 그러나 그만큼 우리 자신은 이탈 속에서 존재와 접하고 그리고 이탈을 통해 존재와 접하는 자들이다. 그러한 자들에게 존재는 역운으로서 본질유래의 밝게 드러남을 거절한다. 존재의 역운에서 존재에 의해 보내어진 자들로서 우리는 심지어 우리의 본질에 따라 존재의 밝게 드러남(Lchtung, 환히 열린 터) 속에 들어서 있다. 그러나 우리는 이 밝게 드러남 속에서 말없이(unangesprochen, 말을 건네받지 않고) 서성이고 있는 것이 아니라, 말을 건네고(in Anspruch, 요구하고) 있는 존재자의 존재에 의해 붙잡혀 있는 자들로서 그 밝게 드러남 속에 들어서 있다. 우리는 존재의 밝게 드러남 속에 들어서 있는 자들로서 보내어진 자들, 즉 시간-놀이-공간 속에 자리를 배치받은 자들(die Eingeräumten)이다. 이는 다음과 같은 것을 의미한다. 즉 우리는 이러한 놀이공간에서 그것을 위해 사용되는 자들이다. 우리는 존재의 밝게 드러남에서 건립하고 형성하기 위해, 더 넓고 다양한 의미에서는 밝게 드러남을 지키기(verwahren) 위해 사용된다.

128

아직도 많이 어색하며 임시적인『존재와 시간(Sein und Zeit)』의 언어로 말한다면, 이는 인간으로 존재하는 현존재의 근본특징이 존재이해를 통해 규정된다는 의미이다. 존재이해는 여기에서 인간이 주체로서 존재에 대한 주관적 표상을 소유하고 있고, 이것, 즉 존재가 단순한 표상이라는 것을 의미하는 것이 결코 아니다. 이런 의미에서 니콜라이 하르트만(Nicoloai Hartmann)과 많은 동시대인들은『존재와 시간』의 단초를 각자 그런 방식으로 이해해 왔다.

존재이해는 인간이 그의 본질에 따라 존재의 기투를 위한 개방된 장(das Offene) 속에 있으며, 그렇게 여겨지는 이해를 견디어 내고 있다(ausstehen)는 것을 의미한다. 이렇게 경험되고 사유된 존재이해를 통해 헤겔식으로 표현된 주체로서의 인간에 대한 표상은 배제된다. 인간이 자신의 본질에 따라 존재의 밝게 드러남 안에 들어서 있는 한에서만 그는 사유하는 본질이다. 왜냐하면 예로부터 우리의 역사에서 사유는 다음과 같은 것을 의미해 왔다. 즉 사유는 존재의 분부에 응답하는 것이며, 이러한 응답 속에서 그것의 존재에서 존재자와 대화하는 것이다. 이러한 '대화함(Durchsprechen, διαλέγεσθαι)'은 서양 사유의 역사에서 변증법으로 발전되었다.

언뜻 보기에 아주 길을 벗어난 것처럼 여겨지는 이러한 언급이 왜 지금 필요한가? 이러한 언급은 사유의 역사가 존재의 역운과의 관계 속에 있다는 사실과, 그 방식에 대한 우리의 시선을 드러내기 위해 사용된다. 사유의 역사는 변화하는 철학자의 견 해와 학설에 대한 역사학과는 다른 것이다. 사유의 역사는 존재의 역사로부터 인간의 본질을 보내는 것(Beschickung)이다. 인간의 본질은 존재자를 그것의 존재에서 언어로 가져오기에 적합한 것(das Schickliche)과 함께 보내어진다. 방금 말한 것은 근본적으로 인간의 본질에 대한 오래된 규정 — '인간은 이성적 동물이다'(homo est animal ratonale), 인간은 '이성을 소질로 가진 생명체'(das mit Vernunft begabte Lebewesen)이다 — 을 존재에 대한 물음으로부터 철저하게 사유한 해석 이외에 다른 것이 아니다.

인간이 역운에서부터 존재자를 그 자체로서 사유할 수 있는 적합한 것을 소질로 가지는(be-geben) 한에서만 역운적인 것(das Geschickliche)은 **사유**의 역사로서 **존재한다.** 이 역사 안에서 존재는 칸트의 사유에게 경험대상의 대상성으로 보내어진다. 이러한 대상성에는 그것에 표상작용이 맞서 있다(entgegnen)는 사실이 속한다. 이러한 맞서 있음에서 대상성은 비로소 자신의 완전한 규정성을 획득한다. 이러한 맞서 있음은 칸트가 초월론적 방법이라고 부른 표상작용의 한 양식이다.

『순수이성비판(Kritik der reinen Vernunft)』2판 서문에서 칸트는 1판에 나온 같은 문장을 다음과 같이 더욱더 명백하게 표현한다(B 25).

"나는 대상에 관계하는 것만이 아니라 대상에 대한 우리 인식의 형태 일반 — 이것이 선험적으로(a priori) 가능적으로 있어야 하는 한에 서 — 과 관계하는 모든 인식을 초월론적(transzendental)이라고 부른다."

초월론적 방법은 대상이 우리에게 대상으로 존재할 수 있는 방식에 속한다. 대상성으로서 각인됨으로써 존재는 새로운 방식으로 드러난다. 그리스의 사유자에게 존재자는 결코 대상이 아니라 '마주대함(Gegenüber)'으로부터 나와 거기에-존속하는 것(das An-währende)이었다. 존재자는 우리의 대상보다 더 존재하고 (seiender) 있었다. 그럼에도 불구하고 우리는 존재자가 대상으로, 즉 객관적으로 나타날 때 그것이 가장 순수하게 자신-으로-부터-현존하는 것(das von-sich-her-Anwesende)으로 현상한 다고 생각한다. 우리가 대상의 개념을 그 사태에 맞게 사유한다 면 이러한 견해는 잘못된 것이다.

130   '마주대함' 속에 현존하는 것과 대상성 속에 현존하는 것은 존 재역사적으로 분명하게 구별되어야 한다. 대상의 존립성(Stän-digkeit)은 표상작용을 위한, 그리고 표상작용에 의한 가능성의 선험적 조건에서 규정된다. 이렇게 규정된 표상작용은 주관으로 의 소급에서 성립된 객체로서 현존하는 것의 현존을 위한 충분한 근거의 송달함을 수행한다. 충분한 근거의 송달함을 통해 이 표

상작용은 인간과 세계의 근대적 관계를 규정하는, 다시 말해 근대 기술(Technik)을 가능하게 하는 유일한 성격을 얻는다.

레싱이 '오비엑툼(obiectum)'을 "맞서 던짐(Gegenwurf)"으로 번역한 것에는 — 주관이 자신에게 향해 던지는 — '향해 던짐(Zuwerfen)'보다도 충분한 근거의 송달함이 보다 더 분명하게 드러난다. 작품의 주제[소재, 대상]라는 의미에서 레싱이 사용한 낱말인 "앞서 던짐(Vorwurf)"은 예술과 예술가의 언어 안에 여전히 포함되어 있다. "앞서 던짐"은 본래 그리스어 '프로블레마(πρόβλημα)'를 그대로 번역한 것이다. 이로부터 발전된 것을 생각해본다면 오늘날 모든 사람들은 잘못된 어법으로 "프로블램(Problem)"이란 낱말을 사용하고 있는 셈이다. 예를 들어, 전문성을 인정받는 사람으로서 자동차 수리공이 더럽혀진 플러그를 청소하고 "그것은 문제가 아니다"라고 말할 때가 그런 것이다. 이러한 어법도 전혀 문제가 되지 않는다.

존재자의 존재가 대상의 대상성으로 보내짐으로써 역운은 전례가 없었던 결정되어 있음과 배타성으로 옮겨진다. 그러나 이러한 자기의 보냄(Sichzuschicken)에는 존재가 그의 본질유래에서 스스로 이탈하는 결정되어 있음에도 응답한다. 다시 말해 '라치오'가 이성으로서, 즉 주체성으로서 근거와 그것의 송달함에 대한 요구의 의미를 가진 '라치오'의 영역이라고 한다면, '라치오'의 영역 안에서는 대상성으로 여겨지는 존재의 본질유래에 대한 물음은 어떤 자리도 발견할 수 없다. 왜 발견할 수 없는가? 왜냐하면 주체성으로서의 '라치오'를 통해서 이성이 가능적인 이성, 즉 근거들의 충만함을 자기 안에 포함하고 있으며, 따라서 모든 근거정립의 근거라는 사실과 그러한 방식이 드러나기 때문이다. 칸트의 초월론적 방법에서 초월론적인 것은 충분한 근거의 송달함에 응답하는 표상작용이다. 다시 말해 그것은 이러한 송달함에 대한 요구에 기인하는 표상작용이다. 초월론적인 것은 결코 인간적 사유에 의해 고안된 방식이 아니다. 그 방법에 담긴 초월론적인 것이 그리스의 '퓌지스(φύσις)'까지 소급하여 지시하는 것처럼, 그것은 나아가서 존재역운의 가장 새로운 시대를 제시한다. 왜냐하면 대상의 대상성에 속하는, 즉 경험할 수 있는 존재자의 존재에 속하는 초월론적 방법에는 독일 관념론의 형이상학에 등장하는 변증법이 기초해 있기 때문이다. 그러나 존재역사적으로 사유해야 할 이러한 변증법은 역사학적이고 변증법적인 유물론으로 변하면서 다양하게 현재의 인류역사를 규정한다. 우리 시대에 일어나는 세계사적인 대결은 겉으로 드러난 정치적이고 경제적인 권력투쟁을 통해 우리를 설득하고 싶어 했던 것보다 더 광범위하게 영향을 미치고 있다.

대상성으로 존재가 보내짐으로써 존재의 본질유래가 한번도 물음과 물을 만한 것으로서 시야에 포착될 수 없는 한에서 존재의 극단적인 이탈이 시작된다. 왜 포착될 수 없는가? 왜냐하면 이성과 주체성으로서의 '라치오'가 전적으로 점철되고 있는 영역에는 동시에 존재자 자체의 완전한 근거정립이 결정되어 닫혀 있기 때문이다.

〈존재역운에 대한 언급에서 "존재"는 존재 자체의 본질유래가 동시적으로 이탈하면서 그때마다 각인하는 가운데 존재자를 현상하기 위한 영역을 밝게 드러내면서 자리를 배치하는 자기 보냄 이외에 다른 것이 아니다. 근거율을 최고의 근거명제로서 내세우는 시대에 서양 사유는 존재역운의 존재사적 시대 속에서 작동한다. 이 존재사적 시대는 오늘날 우리의 역사적 현존재를 여전히 보내고 있으며, 또한 우리 자신이 이 시대의 사유자들, 즉 라이프니츠, 칸트, 피히테, 헤겔, 셸링의 이름만을 알고, 그들의 가장 내적인 연관성과 친근함을 더 이상 경험하지 못할 때에도 보내고 있다.〉

그러나 서양 사유의 역사는 우리가 서양 사유의 전체에로 **도약함으로부터** 되돌아보고, 그것을 기재해온 존재의 역운으로서 회상하며 보존하고 있는 그때에만 비로소 존재의 역운으로서 드러난다. 동시에 이미 역운적으로 경험된 존재역사로부터 우리가 말한 만큼 우리는 그러한 도약을 준비할 수 있을 뿐이다. 도약은 뛰어내리기 이전의 영역을 떠나는 동시에 떠난 그 영역을 회상하면

132

서(andenkend) 새롭게 다시 얻는다. 그렇게 함으로써 기재해온 것은 이제 비로소 상실되지 않는다. 그러나 도약이 앞서 사유하면서(vordenkend) 뛰어드는 곳은 지금 당장 밟을 수 있는 눈앞에 있는 것의 권역이 아니라 사유할 가치가 있는 것으로서 처음으로 도착하는 것의 영역이다. 그러나 이러한 도착(Ankunft)은 기재해온 것의 특징을 통해 함께 형성되며, 그 속에만 인식될 수 있다. 우리는 앞에서 다섯 가지의 주요 사태들 중에서 처음의 네 가지에서 언급한 것 모두를 존재역사와 관련하여 다시 사유해야 한다. 다섯 번째 주요 사태는 근거율의 어조 변화와 관련이 있다. 근거율의 어조 변화 뒤에는 존재자에 관한 근거명제인 근거율로부터 존재의 말함(Sagen)인 근거율에로의 도약이 감추어져 있다. 따라서 명제(Satz)는 '회상하며−앞서 사유하는 것'으로서 도약의 의미를 가진 "뜀(Satz)"이다. 다의적인 낱말 "명제"를 진술, 말함, 도약만이 아니라 동시에 음악적 의미에서도 완전히 사유할 수 있을 때에만 우리는 비로소 근거율과 완전한 연관을 가진다. 우리가 낱말 "명제"를 음악적 의미에서 이해한다면, 베티나 폰 아르님(Bettina von Arnim)이 그녀의 책 『한 아이와 주고받은 괴테의 편지(Goethes Briefwechsel mit einem Kinde)』에서 기술한 다음의 내용은 근거율을 통과해가는 우리의 길에 대해서도 타당성을 가진다.

사람들이 음악에서 악보(Satz)에 대해 말하거나 ― 그것이 연주되는 방식과 관련하여 ― 악기의 반주와, 악기를 다루는 지적 능력을 말할 때, 나는 정반대로 그 악보가 음악가를 연주하고 있으며, 정신이 그 악보와 완전히 결합할 때까지 악보가 자주 자신을 펼치고, 전개하며, 집중시키고 있다고 생각한다(전집, 욀케Oehlke의 편집, 3권, 168쪽).

그러한 익숙하지 않은 두 번째 어조로 말한다면 근거율은 "근거 없이는 아무것도 **있지** 않다(Nichts **ist** ohne Grund)"는 것을 울려주고 있다. 여기에서 강조되는 낱말 "있다(ist)"와 "근거(Grund)"는 존재와 근거 사이의 어울림(Einklang)을 울려주고 있다. 이 명제는 지금 그것이 말하는 것을 이러한 어울림 속에서 말한다. 이 명제는 무엇을 말하는가? 이 명제는 존재와 근거가 공속한다고 말한다. 이는 존재와 근거가 본질에 있어서 동일한 것(das Selbe)으로 "있다(sind)"라는 사실을 의미한다. 우리가 동일한 것, 정확히 말해서 동일성(Selbigkeit)을 그 본질에서 공속성(Zusammengehörigkeit)으로 사유한다면, 우리는 서양 사유의 가장 초기 사상들 중의 하나를 기억하는 것이다. 이에 따라 동일한 것은 이것과 저것의 텅 빈 일원화(Einerlei)도 아니며, 어떤 것을 그 자신과 일치시키는 것도 아니다. 이러한 일원화의 의미에서 동일성은 텅 빈 것이며, 끝없이 반복하는 동일성의 ― A로서의 A, B로서의 B ― 무차별성이다. 본질에서의 공속함이라는 의미에서 사유해볼 때, 동일한 것은 오히려 공속하는 것의 무차별성을 깨트리며, 오히려 가장 극단적인 같지 않음(Ungleichheit)으로 나누고, 그것을 간직하며, 그것을 즉시 나뉘어 분리되지 않도록 하는 것이다. 이렇게 나누어 간직함(Auseinanderhalten) 속에 모아 간직하는 것(Zusammenhalten)이 우리가 동일한 것과 그것의 동일성에 대해 말하는 것의 특징이다. 이러한 간직함(Halten)은 사유에서 가장 먼저 사유되어야 할 "관계맺음(Verhältnis)"에 속한다. 그러나 그것은 형이상학적 사유를 통해 이미 특수한 형태, 즉 가장 순수하게 헤겔의 논리학에서 출현하였다.

우리가 '존재와 근거 : 동일한 것'이라고 말한다면, 존재와 근거가 텅 빈 일원화의 회색빛 속에 모여 있어서 사람들이 임의적으로 존재 대신에 근거를, 근거 대신에 존재를 말할 수 있다는 것이 아니다. 오히려 두 낱말은 우리에게 근거율이 두 번째 어조 — **근거** 없이는 아무것도 **있지** 않다 — 로 울린다고 할지라도 일견에는 공속하지 않는 상이한 것으로 사유된다. 이는 "있다(ist)" 안에는 근거가 지배하고 있음을 말한다. 그러나 근거가 근거를 놓음으로써(gründen) 근거 지어진 것은 **존재하는** 것, 즉 존재자로 있다.

134   우리가 "존재"와 "근거"를 분명하게 나누어 간직하면 할수록 우리는 더욱더 결정적으로 다음의 물음에 머물게 된다. 즉 존재와 근거가 어떻게 공속하고 있는가? 어느 정도로 두 번째 어조에서

의 근거율은 우리가 그 범위를 여전히 가늠할 수 없는 진리를 말하는가?

그동안 우리는 이전 강의에서부터 이미 "존재"에 관해, 그리고 "근거"에 관해 말하고 있다. 그러나 우리는 계속해서 논의하고 있는 것, 즉 "근거"와 마찬가지로 "존재"를 엄밀한 개념을 통해 파악하고, 이전부터 논구 과정에서 필요하다고 여겨지는 신뢰성을 확보해야 하는 가장 절박한 요구를 충족시키지 못하고 있다. 이러한 태만함(Unterlassen)은 어디에서 유래하는가? 그것은, 우리가 존재의 역사와 최고의 근거명제인 근거율에 대해 기억해본다면 지금까지 언급했던 것에서 유래한다. 거기에서 존재는 '퓌지스', 즉 자기로-부터-개현함의 의미에서 명명되었다. 그리고 존재는 경험대상의 대상성이라는 의미에서 명명되었다. 근거에 대해서는 '라치오(ratio)'와 '카우자(causa, 원인)'로서, 그리고 가능조건으로 언급되었다. 그러나 직접 언급되지 않은 몇 가지가 간접적으로 지금까지의 과정에서 제시될 수 있었으며, 제시되어야 했다. 그것은 다음과 같은 것이다. 즉 상이한 방식으로 "존재"와 "근거"로 명명되고, 그러한 명명함에서 밝혀졌던 것이 전승된 개념형성을 따르는 교과적인 의미의 정의를 그 자신에서 허용하고 있지 않다는 사실이다. 따라서 그 사태에서 허용할 수 없는 것을 우리가 다루지 않은 것은 엄밀하게 사유한다면 태만함이라고 할 수 없는 것이다. 그러나 "존재"와 "근거"라는 이름이 상이한 방식으로 표현되어야 한다면, 존재와 근거에 대해 우리가 역사적으로 상이하게 불러온 이름으로 사유하는 그 내용은 혼란스런 분열 속에 흩어진 상태로 경험되지 않겠는가? 전혀 그렇지 않다. 왜냐하면 역사학적으로 긁어모아 합쳐놓은 표상들의 혼란스런 다양성에서 이끌어낸 것에도 존재역운의 동일성과 단순 소박함은 나오며, 그에 따라 사유의 역사와 거기에서 사유된 것의 견고한 항구성은 드러나고 있기 때문이다.

135 다만 이러한 동일성을 우리가 그것의 가장 고유한 특징에서 충분하게 통찰하기란 여간 어려운 것이 아니다. 존재는 그리스의 초기 사유에서 무엇보다도 '퓌지스'로 자신을 보낸다. 칸트에게 존재는 대상의 대상성을 말한다. 이때 칸트에게 대상은 바로 자연이며, 존재에 대한 그리스의 이름인 '퓌지스'는 '나투라(Natura)', 즉 자연으로 번역된다. 이전의 '퓌지스'와 이후의 대상성도 겉으로는 자연의 존재를 의미한다. 그럼에도 불구하고 우리는 존재의 초기 역운과 근대적 역운에서, 다시 말해 '퓌지스'와 대상성에서 동일한 것으로서 보내지고 있는 것을 즉시 알지 못한다. 그것은 사람들이 "자연"이라고 부르는 것이 전혀 아니다. 그러나 존재역사적 특징들은 열거될 수 있다. 그 특징들에서 우리는 상당한 거리가 있는 주도적인 낱말 '퓌지스'와 대상성이 어느 정도로 동일한 것에 대해 말하고 있는지를 인식한다.

왜냐하면 이전과 마찬가지로 이후에도 존재는 밝게 드러나고 있기 때문이다. 심지어 존재는 상이한 방식으로 '반짝 나타남', '잠시 머무는 나타남', '현존함',[a] '마주대함', '맞서 있음'의 성격에서 밝게 드러난다. 이러한 계기들에 대한 열거는 단순히 나열하는 제시로 그치고 만다. 그것은 완전한 존재역운에 속하는 그때마다의 존재사적 시대에 대한 통찰, 그리고 존재사적 시대가 꽃봉우리같이 급작스럽게 펼쳐지는 방식에 대한 통찰과는 아주 동떨어진 것이다. 존재사적 시대들은 상호관계 속에서 도출되고, 나아가 지나가는 과정에서 발생될 수 있는 것이 결코 아니다. 그럼에도 불구하고 한 시대에서 다음 시대로의 전승은 있다. 그러나 이 전승은 연결하는 끈처럼 시대 사이를 잇는 것이 아니다. 전승은 매번 원천으로부터 용솟음쳐 언제 어디에서나 있으면서도 없는 물줄기를 공급하는 상이한 실개천처럼 역운의 은닉함에서 유래한다.

이러한 언급은 존재에 대한 모든 언급에 대해 — 그것이 이 강의에서 나오는 것이든, 그 외에 사유함과 사유된 것에 대한 숙고에서 나오는 것이든 — 근본적인 의미를 가진다. 우리가 "존재"

136

---

a. 『사유란 무엇인가?(Was heisst Denken?)』 Tübingen: Max Niemeyer Verlag, 1997. 144쪽 이하. ~의 **현존함**(Anwesen) von / **일반적으로**[추상적으로]-현존함(Anwesen-**durchgängig**)이 아니다.

를 말할 때, 우리가 '있다'를 말할 때, 그것은 텅 빈 소리에 불과한 것이 아니다. 우리가 말하는 것, 즉 표명하는 것을 우리는 이해한다. 우리가 말할 때, 다시 말해 지금 우리가 사유하고 있는 **그것**을 눈앞으로 가져와야 할 때, 우리는 즉각 당황해 한다. 상이한 표상, 경험, 표현의 방식에도 불구하고 역사적으로 동일한 것을 사유한다는 사실에 동의해야 할 때, 우리는 당황스럽다. 우리는 이러한 당황스러움을 피하고 싶어서 통상적인 견해로 도피한다. 이러한 당황스러움에는 다음과 같은 사실에 대한 예감 앞에서 머뭇거리는 태도와 연결된다. 즉 그것은 우리가 아무 생각 없이 "존재"라는 낱말에서 사유하는 그것이 가장 사유할 가치가 있는 것이라는 사실이다. 그러나 이제 우리가 "존재"를 이해하고 말하는 익숙하고도 흔한 방식은 부주의함으로 비난하고 거부할 수 있는 것이 아니다. 우리가 "존재"와 맺고 있는 연관의 익숙한 양식은 필연적으로 인간이 우선 대개 존재자 안에 머물면서 존재의 역운에 응답하는 방식에 속한다. 그 때문에 존재에 대해 사유하는 물음 또한 그 물음을 제기하려고 시도하는 사람들에게는 대부분 항상 낯설고 당황스런 것이다. 이는 학문과 철학의 차이를 보여준다. 전자는 항상 새로운 것과 성과를 불러일으키도록 동기와 자극을 주는 것이다. 반면에 후자는 단순하며 소박한 동일한 것(das Selbe)에 대한 당황스러움을 불러일으킨다. 동일한 것은 어떤 결과도 이끌어낼 수 없기 때문에 — 사유가 존재를 숙고하는 한, 사유는 근거로 돌아가 그것의 본질을 존재의 진리로서 사유하기 때문에 — 어떤 성과도 허용하지 않는다.

그러나 "근거"라는 낱말과 그에 상응하는 이름들이 일컫고 있는 것은 한층 더 문제를 어렵게 만든다. 무엇보다도 우리가 여기에서 동일한 것을 통찰하려고 할 때에는 더욱더 그렇다. 그것은 지금까지 사용한 이름들, 즉 근거, '라치오', '카우자(causa)', 원인, 가능성의 조건을 통해 언급되었다.

하나의 길을 여기에서 개척하기 위해서 우리는 이러한 제시가 조야한 형식 속에 놓여 있다는 것을 인정해야 한다. "근거"라는 낱말을 통해 사유해야 할 것을 바라보는 관점에서는 "존재"라는 낱말의 이해와 말함에 관해서 제시되었던 것이 똑같은 것(das Gleiche)으로 여겨진다. 자주 언급된 "근거"라는 낱말도 우리 모두가 지금까지의 강의에서 어떤 방식으로든 이해하였다. 따라서 우리가 지금 더 이상 무시할 수 없는 것, 즉 "근거"라는 낱말과 — 우리의 언어에서 일반적으로 "근거"라는 낱말을 통해 특징지어졌던 것을 사유의 역사에서 명명하는 — 이름들에 대한 설명도 밀쳐둘 수 있었다.

이러한 설명들에서 길을 잃지 않기 위해서는 우리가 도달하기 원하는 것에 대해 기억을 가다듬어볼 필요가 있다. 그것은 "존재"와 "근거"가 동일한 것으로 "있다(sind)"는 사실과 그 방식에 속한 사태연관을 통찰하는 것이다. 다르게 말하면 우리는 두 번째 어

137

조의 근거율이 존재에 대한 말함으로서 드러내는 것을 듣기 원한다. 이러한 들음은 단순히 어떤 것에 대한 지식을 얻는 것이 아니다. 사유하는 들음(Hören)은 그것이 제대로 일어난다면 우리가 항상 이미, 즉 본래적으로 속해 있는(ge-hören) 그것을 경험한다.

"근거"가 무엇이냐고 묻는다면 우리는 우선 그 낱말이 의미하는 것을 생각한다. 낱말은 어떤 것을 의미한다. 낱말은 이해해야 할 어떤 것을 우리에게 부여한다. 왜냐하면 낱말은 어떤 것으로부터 말하기 때문이다. 한 낱말이 가지는 의미의 다양성에 대한 역사적 성격을 전적으로 제쳐두더라도 낱말은 이미 본질적으로 언어의 역사적 성격을 가진다. 언어는 우리에게 낱말의 조합 (Wortgefüge)으로 나타나고, 그 조합에서 낱말들은 사람들이 말하는 것처럼 의미의 담지자이며, 따라서 하나의 의미를 가진다. 따라서 낱말의 의미가 있다는 사실을 우리는 존재자가 우리에게 객체로서, 대상으로서 나타나는 것처럼 자명한 것으로 여긴다. 따라서 이러한 두 가지 표상은 어떤 방식으로든 연결되어 있다. 낱말이 의미를 가진다는 이러한 익숙한 낱말에 대한 표상에 부합하여 우리는 "근거"라는 낱말에 대한 상이한 의미를 발견한다. 우리가 "근거"라는 낱말의 근본적인 의미에 대해 묻는다면, 우리는 그 물음과 함께 이미 우리가 "근거"에 대해 생각하는 것, 즉 어떤 것이 그것에 기인하며 서있고 놓여있는 바탕, 기초라고 대답하며, 그러한 것을 끌어들인다. 그로부터 우리는 근본구조, 근본규칙, 근본명제에 대해 말한다.

강의_ 열두 번째 시간 12

　이 강의를 진행하면서 우리는 존재자에 관한 최상의 근거명제인 근거율로부터 벗어나 존재에 대한 말함인 근거율 안으로의 도약이 드러나는 체류지에 도달하였다. 익숙한 명제의 어조로부터 익숙하지 않은 어조로의 넘어감은 도약이며, 강제가 아니다. 이 도약은 사유의 자유로운 가능성이다. 사유가 그렇게 결단하면, 도약의 영역과 함께 비로소 자유의 본질적인 근방이 개방된다. 바로 이러한 이유로 우리는 도약을 준비하려고 한다. 이를 위해 우리는 뛰어내리기 이전의 영역을 볼 수 있어야 하고, 이 영역과의 지속적인 관계를 분명히 해야 한다. 뛰어내리기 이전의 영역은 존재의 역운으로 경험되는 서양 사유의 역사이다. 존재의 역운이 역사적 인간의 사유하는 본질을 역운적 요구 안으로 이끌어들이는 한, 사유의 역사는 존재의 역운에 기인한다. 그러므로 존재의 역사는 분리되어 그 자체로 존립하는 존재가 변천하는 진행과정이 아니다. 존재의 역사는 사람들이 "존재역사"로 설명할 수 있는, 대상적으로 표상할 수 있는 과정이 아니다. 존재의 역운은 그 자체에서 역사적 인간이 존재의 밝게 드러남을 건립하면서 그 안에 거주함을 필요로 하는 한, 서양 인간의 본질적 역사이다. 역운적 이탈로서 존재는 그 자체에서 이미 인간의 본질과 맺는 연관이다. 그러나 이러한 연관을 통해 존재는 인간화되지 않는다. 오히려 인간의 본질은 이러한 연관을 통해 존재의 터(Ortschaft) 안에 고향처럼 머문다.

(에른스트 융거Ernst Jünger와의 대결을 기회로 삼아 나는 여기에서 규명한 존재의 규정을 근대 니힐리즘의 관점에서 명확히 밝힌 바 있다. 이에 대한 글은 그 사이에 별쇄본으로 『존재물음에 대해(Zur Seinsfrage)』라는 제목으로 출판되었다.[1])

거의 완전하게 대상적 표상작용으로 변화된 우리의 사유에서 "존재의 역운"이라는 표현이 뜻하는 것에 접근한다는 것은 우선적으로 어렵다. 그러나 이 어려움은 사태에 있는 것이 아니라 우리에게 있다. 왜냐하면 존재의 역운은 그 자체에서 지나가는 과정이 아닐 뿐만 아니라 우리에 대해 있는 것도 아니기 때문이다. 오히려 그것은 존재와 인간 본질의 상호대립**이라기보다는** 역운 자체이다. 우리는 의구심을 가지고 "~이라기보다는"이라는 표현을 사용하고 있다. 왜냐하면 존재가 인간과 분리된 어떤 것으로서 현성한다는 사실에 대한 의심이 제거되지 않고 있기 때문이다.

존재의 역운은 말 건네는 것(Zuspruch)과 말을 거는 것(An-spruch)으로서 모든 인간적 언어가 그로부터 말하게 되는 격률(Spruch)이다. 격률은 라틴어로 '파툼(fatum, 말 또는 운명)'을 의미한다. 그러나 '파툼'은 스스로 이탈하는 역운의 의미를 가진 존

---

1. 전집 9권 『이정표(Wegmarken)』 Hrsg. von Friedrich Wilhelm von Herrmann, Frankfurt a. M.: Vittorio Klostermann, 1976, 385쪽 이하 참조.

재의 격률로서 단순한 근거로부터 유래하는 운명주의적인 것이 아니다. 왜냐하면 운명주의적인 것은 존재의 격률과 같은 것으로 존재할 수 없기 때문이다. 왜 존재할 수 없는가? 왜냐하면 존재는 자신을 보냄으로써 시간-놀이-공간의 개방된 장을 창출하고, 그와 함께 인간을 비로소 그때마다 그의 운명적인 본질적 가능성의 개방된 장으로 자유롭게 풀어놓기 때문이다.

도약은 뛰어내림 속에서 뛰어내린 이전의 영역을 자신으로부터 몰아내지 않는다. 오히려 도약은 도약함에서 존재역운을 회상하는 전유(Aneignung)가 된다. 도약 자체에 있어서 이는 다음을 의미한다. 즉 도약은 뛰어내린 이전의 영역으로부터 벗어남도 아니며, 그 자체와 분리된 다른 영역 안으로 나아가는 것도 아니다. 도약은 회상하는 도약으로 남아 있다. 그러나 회-상(An-denken), 즉 기재해온 역운은 숙고함, 즉 기재해온 것에서 여전히 사유되지 않은 것을 사유-해야 할 것(das zu-Denkende)으로 숙고하는 것을 의미한다. 사유해야 할 것에는 앞서-사유하는 것(vor-denkendes)으로만 여겨지는 사유가 상응한다. 기재해온 것을 회-상하는 것은 사유-해야 할 사유되지 않은 것을 앞서 사유함이다. 사유는 회상하는 앞서 사유함이다. 이 사유는 역사학적으로 표상하면서 지나간 것으로서 기재해온 것에 매여 있지도 않으며, 선지자적인 권위를 가지고 표상하면서 추정적으로 알려진 미래를 응시하는 것도 아니다. 회상하면서-앞서 사유하는 사유

141

는 도약의 뜀뛰기이다. 이 도약은 사유가 그 안에 자신을 순응시키는 뜀(Satz)이다.

여기에는 다음과 같은 의미가 담겨 있다. 즉 사유는 도약을 항상 새롭고 더 근원적으로 요청해야 한다. 도약을 더욱더 시원적으로 요청함에는 어떤 반복도 어떤 회귀도 없다. 존재를 존재로서 회상하는 앞선 사유가 존재의 진리로부터 다른 말함으로 스스로 변화할 때까지 사유는 도약을 필요로 한다.

사유의 역사를 존재의 역운으로 보여주어야 하는 과정에서 존재와 근거에 대한 언급은 피할 수 없이 지속되었다. 이 낱말들이 말하는 것은 결코 정의(Definition)와 연결시켜 포장될 수 없다. 그러한 시도는 존재와 근거에 대한 모든 본질규정들을 같은 비중과 같은 형식으로 파악할 수 있으며, 시대를 넘어 지속되어온 표상 속에 있다는 부당한 주장을 할 것이다. 그렇게 생각한다면 시간적인 것은 정의에 담긴 초시간적인 내용을 그때마다 제한적으로 현실화한 것이 될 수 있다. 물론 사람들은 이러한 현실화, 즉 가치와 이념의 현실화를 역사적인 것의 특징으로서 기술하기도 한다. 이념의 현실화로서 역사를 표상하는 것은 앞으로 다가오는 자신의 고유한 역사를 가진다. 앞에서 언급한 역사에 대한 이러한 표상은 거의 근절할 수 없는 것이다. 우리가 그것을 숙고해본다면, 역사를 초시간적인 이념과 가치의 시간적 현실화로서 표상하는 것은 역사의 경험에서 유래한 것이 아니라는 사실은 선입견 없는 시선에서는 명백하게 드러난다. 역사에 대한 통상적인 표상에서 사람들은 아무런 숙고와 반성 없이 역사를 플라톤주의적으로 해석한다. 그러나 플라톤이 생각한 변화하는 감각적인 영역과 변화하지 않는 초감적인 영역이라는 세계의 이분화는 우선 인간의 행위와 고통의 경과로서 나타나며, 그렇게 경과하는 사건을 뜻하는 역사와는 무관하다.

그러나 이러한 역사에 대한 통속적인 표상은 권위에 호소하여 142 제거될 수 없으며, 나아가 그러한 역사의 표상을 직접 다른 표상으로 바꾸기를 원하는 다른 대책을 통해서도 제거될 수 없다. 그것은 같은 것만을 원하는 맹목적인 시도일 것이다. 왜냐하면 이러한 역사의 표상과 그에 대한 끈질긴 요구는 그 자체로 존재의 역운을 통해, 다시 말해 형이상학적 사유의 지배를 통해 규정되기 때문이다. 그러나 역사를 초시간적인 것의 시간적 현실화로서 보는 그럴듯한 표상은 그때마다 본래적으로 역운적인 것이 돌발적으로 출현하고 수집되는 수수께끼 같은 불변성(Stetigkeit) 속에 감추어진 유일성을 통찰하려는 노력을 방해한다. 이러한 돌발적인 출현은 갑작스런 것(das Plötzliche)이다. 이것은 겉으로 보기에만 불변하는 것, 즉 지속하는 것에는 대립하고 있다. 그때마다 이미 존속하고 있는 것은 지속되고 있다. 그러나 갑작스런 것에서는 이미 존속하고 있는 것, 즉 그럼에도 지금까지도 감추어진 것이 비로소 모아 보존되며 드러난다. 그러나 우리는 조용히 다음의 사실을 고백할 필요가 있다. 즉 우리가 절대적인 것과 상대적인 것의 구별 — 이러한 구별이 유일하게 어디에서 규정될 수 있는지, 즉 어디에서 경계설정이 가능한지에 대해 충분하게 규정하지 않고 — 에로 소급하여 모든 것을 순식간에 해결하려는 표상의 그물 안에 걸려 있는 한에서는 존재역운의 시선에서 사유되어야 할 역사성의 가까움에 우리는 결코 도달하지 못한다. 도달하려는 그곳은 어떤 장소인가? 우리가 두 번째 어조를 가진 명제가 말하는 것을 들음으로써 비로소 근거율에 대한 물음과 함께 도달하기 위해 도상에 있는 그곳이 바로 그 장소이다. 이러한 도상에 있음은 우리에게 존재와 근거가 명명하는 것이 어떤 의미에서 동일한 것으로 "있는가(ist)"에 대해 여기저기에서 통찰할 기회를 제공한다. 왜냐하면 동일한 것은 동시에 그때마다 존재역운의 돌발적인 출현에서 밝게 빛나고 있는 불변하는 것이기 때문이다.

우리는 지금 묻는다. 근거는 무엇인가? "근거"라는 낱말을 사유한다는 것은 우리에게 무엇을 의미하는가? 사람들은 낱말이 어떤 것을 의미한다고 말한다. 그 의미를 통해 낱말은 사태와 연관된다. 이렇게 알려진 낱말에 대한 표상이 우리에게 통용된다. 그러나 그 표상이 언어의 본질에 대한 엄밀한 숙고를 버티어낼 수 있을지는 의문이다. 우리가 언어를 정보전달의 수단으로만 여길 때조차도 '언어의 말함(das Sprechen der Sprache)'은 결코 어디에서나 같은 형태로 작동하는 기계장치와 같은 것이 아니다.

143

우리가 서양 언어에 제한하고 이 제한을 처음부터 하나의 한계로 인정한다면, 우리는 다음과 같이 말할 수 있다. 즉 우리의 언어는 역사적으로 말한다. 언어가 존재의 집이라는 제시가 참된 것이어야 한다고 여긴다면, 언어의 역사적 말함은 그때마다 존재의 역운을 통해 보내지고 결합된다. 언어의 본질로부터 사유한다면, 이는 인간이 아니라 언어가 말한다는 것을 드러낸다. 인간은 역운적으로 언어에 응답함으로써만 말한다. 그러나 이러한 응답함은 인간이 존재의 밝게 드러남에 속하고 있는 본래적인 방식이다. 그러므로 한 낱말이 가진 의미의 다양성은 우리 인간이 말하기와 쓰기에서 시대마다 상이한 것을 하나의 낱말로 생각하기 때문에 생기는 것이 아니다. 의미의 다양성은 그때마다 역사적인 것이다. 다양성은 우리 자신이 언어의 말함 속에서 그때마다 존재역운에 따라 존재자의 존재에 대해 다르게 생각하기 때문이다. 다시 말해 다르게 말 건넴을 받기 때문이다.

우리는 근본구조(Grundmauer, 하부구조), 근본규칙(Grund-regel), 근거명제(Grundsatz)에 대해 말한다. 그러나 우리는 여기에서 이러한 근거의 의미가 우리에게 철저히 통용되고 있는 것이지만 동시에 추상적이라는 것, 즉 그 낱말이 앞에서 언급한 의미를 더 시원적으로 표현하고 있는 영역으로부터 떠나 있고 분리되어 있다는 것을 즉각 알게 된다. 근거는 한때 깊이, 예를 들어 대양의 바닥, 계곡의 바닥, 초원의 바닥, 구덩이, 깊숙이 놓여 있는 땅과 바닥을 일컬었다. 넓은 의미에서 그것은 지구, 대지를 의미한다. 더 근원적으로 근거는 오늘날 여전히 알레만-슈바벤(alemannisch-schwäbisch) 지역의 언어로 부식토(Humus)를 의미한다. 이것은 성장시키는 땅, 두텁고 비옥한 대지이다. 예를 들어, 꽃의 묘목은 좋은 성장을 위해 먼저 제공되어야 하는 아주 작은 땅을 가진다. 전체적으로 사유한다면, 근거는 깊숙이 놓여있는 동시에 [무엇인가를] 담지하는 영역을 의미한다. 그래서 우리는 진심(Herzengrund)에 대해 말한다. '근거를 향해 가다(Auf den Grund kommen, 이해하다)'는 16세기에 이미 '진리와 본래적인 것을 전달하다'를 의미한다. 근거는 어떤 것이 기인하고, 어떤 것이 놓여 있고, 어떤 것이 거기에서 추론되는 것인 한에서 우리가 그것 아래로 내려가고, 그것으로 소급하는 그런 것을 의미한다. 이러한 관점에서 사유의 언어는 본질근거, 생성근거, 운동근거, 증명근거에 대해 말한다. 본질, 생성, 운동, 증명과 맺고 있는 근거의 연관은 여전히 그 특징에 따라 흩어져 있지만 일찍부터 사유의 역사에서 이미 출현하였다. 그러나 본질근거, 생성근거, 운동근거, 증명근거가 언급될 때 이러한 상이한 관점이 근거로 향한 시선에서 유래하는 것인지, 아니면 존재로 향한 시선에서 유래하는 것인지에 대한 물음은 여전히 남아 있다. 그러나 존재와 근거가 동일한 것으로 "있다"면 어떻게 되는가?

위에 언급한 관점을 따라서 더 근본적으로 추적해본다면 헤겔은 언어에 대한 가장 내적인 사유를 위해 비범한 청력을 가지고 '근거로 가다(zum Grund gehen, 멸망하다)'라는 용법을 즐거이 사용하였다. 헤겔의 용법, 즉 낱말의 의미 그대로 '근거로 다가가다(auf den Grund zugehen, 바닥에 이르다)'는 것은 사라지는 것이 아니다. 오히려 근거로 가는 것은 가장 먼저 근거를 발견하고, 이러한 발견으로부터 생성에 이른다. '근거로 가다'는 헤겔에게 하나의 사태에 대한 규정을 모든 규정을 지배하는 통일성과 어울리게 한다는 뜻을 갖는다.

그러나 우리는 개별화된 "근거"라는 낱말의 설명에서 쉽게 수집할 수 있는 위와 같은 언급들에 매여 있다. 근거와 존재의 공속성을 울려주는 두 번째 어조에 따라 그 장소를 경청하지 않는 한, 우리는 여전히 근거율이 말하고 있는 장소에 대해 아무것도 통찰하지 못한다. 근거율, 정확히 말해서 라이프니츠에 의해 승격된 최상의 근거명제로서의 근거율이 존재사적 시대 — 이 시대에서 존재는 초월론적으로 각인된 대상성으로서 출현한다 — 를 준비하고 있다는 것을 숙고함으로써 우리는 이러한 울림을 듣는다. 이것을 숙고한다는 것은 우리가 다음과 같은 사실에 주목하고 있다는 것을 의미한다.

우리의 언어로 표현된 "근거에 대한 근거명제(Grundsatz vom Grunde)"가 뜻하는 것은 충분한 이유보충의 원리(principium reddendae rationis sufficientis, 충족이유율)라는 명칭에 대한 압축적 번역이다. 근거는 '라치오(ratio)'의 번역이다. 이것을 확정하는 것은 그 사이에 불필요한 일이 되었다. 나아가 그러한 번역을 현재의 경우 및 이와 유사한 경우에 받아들이고 있다는 것을 전혀 의식하고 있지 않는 한에서 이 확정은 당연한 것이 되었다. 번역이 어떤 곳에서는 업무용 편지에서 필요하고 어떤 곳에서는 시를 위해 필요한 것이라고 해서, 모든 번역이 동일한 것은 아니다. 전자는 번역될 수 있지만 후자는 그렇지 못하다. 그동안 현대 기술은, 정확히 말해서 그것에서 선택적으로 적용된 사유와 언어에 대한 현대의 수리학적 해석학은 이미 번역기(Übersetzungs-maschine)를 만들기 시작하였다. 그러나 번역에서 중요한 것은 그때마다 번역되는 것이 무엇인가도 중요하지만 어떤 언어에서 어떤 언어로 번역되는가도 중요하다. 그러나 지금 언급한 것은 몇 가지 지식과 가벼운 숙고로 인해 쉽게 간과될 수 있는 번역의 태도와 관련된 것이다. 그럼에도 불구하고 우리는 거기에서 여전히 모든 본질적인 번역을 관통하고 있는 결정적인 특징을 놓칠 수 있다. 따라서 우리가 생각하는 번역이란 그것이 있었던 시대로 시의 작품 또는 사유의 작품을 옮기는 것이다. 이렇게 사유된 특징이 성립되려면 번역은 그런 경우들에서 해석일 뿐만이 아니라 전승(Überlieferung)이어야 한다. 전승으로서 번역은 역사의 가장 내적인 운동에 속한다. 앞에서 언급한 것에 따라 이는 다음을 의미한다. 즉 본질적인 번역은 그때마다 존재역운의 한 시대 속에서 언어가 말하는 방식에 상응한다. 물론 이는 칸트의 순수이성비판이 충분한 근거에 대한 명제의 요구에 상응하고 이러한 상응이 언어로 옮겨지는 것처럼 암시적으로만 제시되었다. 그러나 "근거(Grund)"와 마찬가지로 "이성(Vernunft)"도 '라치오(ratio)'라는 한 낱말에 대한 번역으로서 말한다. 역사적으로 사유한다면, 이는 순수이성비판이 충분한 근거에 대한 명제의 빛 속에 있다는 그러한 사유로부터 '라치오'라는 낱말이 공속적으로 이성과 근거를 명명하는 이중적인 몇 가지 말함을 통해 언급되고 있음을 뜻한다. 이러한 말함 속에서 '라치오'와 그것에서 사유된 것이 전승된다. 여기에서 의미하는 전승함은 본래적인 역사를 움직인다. 과장된 듯한 인상을 불러일으키는 위험에도 불구하고 우리는 다음과 같이 말할 수 있다. 즉 근대적 사유에서 번역을 통해 '라치오'가 이성과 근거라는 이중적 의미로 언급되지 않았더라면, 경험대상의 가능조건에 대한 한계설정이라는 칸트의 순수이성비판은 없을 것이다.

146

그럴 경우에 "근거"라는 낱말이 '라치오'의 번역이라고 여기는 확정은 당연하게 여겨지지 않았을 것이다. 근대적 사유에서 근거와 이성으로 '라치오'를 역운적으로 전승한 것에 대한 통찰을 제공하는 고전적 원전이 다름 아닌 라이프니츠의 『모나드론(Monadologie)』의 29–32절이라는 사실을 잠깐 지나가면서 언급할 필요가 있다. 『모나드론』은 라이프니츠의 마지막 저작들 중의 하나를 일컫는다. 이것은 철학의 원리들을 다룬다. 이 저작의 90절은 서양적, 특히 근대적 형이상학의 구조적 구상을 칸트 시대 이전의 어떤 다른 사유도 범접할 수 없을 만큼 명확하게 제시하였다. 언급된 라이프니츠의 저작은 1714년에 생겨났으며, 1840년에 하노버 문고(Hannoversche Bibliothek)에서 헤겔의 제자 Joh. Ed. 에르드만(Erdmann)에 의해 프랑스 원본으로 처음 출판되었다.

"근거"는 '라치오'의 번역이다. 그러므로 근거라고 불리는 것과 근거율이 말하는 것은 '라치오'에 대한 이중적인 몇 가지 말함에서 경험되고 사유된 것을 전승한다. 이것에 대해 우리는 물어야 한다. 여기에서 우리는 그것을 대략적인 특징에서만 물을 수 있다. 우연적인 낱말의 설명으로 그치지 않기 위해 우리는 가고 있는 길의 방향을 주시해야 한다. 왜냐하면 존재와 근거가 동일한 것으로서 "있다"는 사실과 그 방식을 통찰하는 것이 중요하기 때문이다. 이는 다음과 같은 것을 말한다. 즉 존재역사의 시원에서 존재와 근거의 동일성이 어느 정도로 알려졌으며, 나아가 그것이 알려졌음에도 불구하고 왜 긴 세월을 지나면서도 동일성으로서 듣지 못하고 사유되지 않게 되었는지를 진정한 기억 속에서 되찾아 수용하는 것이 중요하다. 그럼에도 불구하고 이렇게 듣지 못한 것(das Ungehörte)은 엄청난 것(das Unerhörte, 경청하지 않은 것), 즉 존재역사와 시원에서 유일무이한 것이다.

147

"근거"라는 낱말에서는 '라치오'가 말하고 있으며, 나아가 그것은 이성과 근거라는 이중적 의미에서 말하고 있다. 근거로 존재한다는 것은 또한 우리가 원인이라고 부르고, 라틴어로 '카우자(causa)'라고 말하는 것을 특징짓는 것이기도 하다. 그 때문에 자주 언급되듯이 근거율은 또한 '원인 없이는 아무것도 있지 않다(nihil est sine causa)'라는 것을 나타내기도 한다. 이러한 오랜 전승과 사유 및 말함의 습관에 따라 우리는 '라치오'가 동시에 이성과 근거로 일컬어진다는 것에 대해 더 이상 어떤 자극도 받지 못한다. 그러나 주의 깊게 사유해 본다면 우선 "근거"가 의미하는 것, 즉 깊음, 땅, 바닥이 단적으로 이성과 인지함과는 하등의 관계가 없다는 것을 우리는 고백해야 한다. 그러나 '라치오'는 전혀 논란 없이 이성과 근거를 동시에 의미하고 있다. '라치오'의 이러한 이중적 의미는 어디에서 유래하는가?

라틴어 낱말 '라치오'는 근원적이고 본래적으로 이성도 아니며, 근거도 아닌 다른 것을 의미한다. 그렇지만 이러한 다른 것은 완전히 다른 것은 아니다. '라치오'라는 낱말에는 나중에 "이성"과 "근거"라는 이중적 의미에서 언급되는 것이 간직되어 있다. 라틴어 낱말 '라치오'와 관련하여 그에 대한 말함이 담긴 고전적 영역을 보여주는 것은 키케로(Cicero)에서 인용될 수 있는 한 구절이다. 이 구절은 동시에 우리가 숙고하고자 하는 사태와의 연관을 드러낸다. 키케로는 다음과 같이 말한다(Part. 110).

Causam appello rationem efficiendi, eventum id qoud est effectum.

익숙한 형태로 번역한다면 이것은 다음과 같다.

"나는 원인으로서 작용의 근거를 말하고, 작용된 것이 무엇인지를 결말과 결과로서 말한다."

이러한 키케로의 진술에서 우리는 무엇을 알 수 있는가? 이 진술은 사태를 밝히는 빛이라기보다는 사태에 그림자와 어둠을 가중시키고 있는 것처럼 보인다. 우리가 라틴어 낱말들을 우리에게 익숙한 말로 ― '카우자'를 원인으로, '라치오'를 근거로, '에피케레(efficere)'를 작용함으로, '에펙투스(effectus)'를 작용된 것으로 ― 번역하는 맹목적인 조급함으로부터 벗어날 때 우리는 진술의 의미를 알 수 있다. 이 번역은 아주 옳다. 그러나 그것의 옳음은 또한 잘못된 것에 사로잡혀 있는 것이기도 하다. 왜냐하면 그 번역을 통해 우리는 역사적으로 이후에 이어지는 표상, 즉 근대적이며 오늘날에도 부합하는 표상에 사로잡혀 있기 때문이다. 그렇게 사로잡힌 자들로서 우리는 로마인들의 낱말에서 말해지고 있는 것과 그것이 말해지는 방식에 대해 더 이상 듣지 못한다. 그러나 우리가 그것에 주의를 기울인다고 해서 그것을 충분하게 다시

148

들을 수 있는지는 여전히 물음으로 남아 있다.

Causam appello rationem efficiendi, eventum id qoud est effectum. 우리는 여기에서 '라치오'와 '카우자'가 '에피케레'와 '에벤투스'와의 연관 속에서 언급되고 있다는 것을 알 수 있다. 낱말 '에벤투스'는 아마도 키케로의 진술을 파악할 수 있는 열쇠와도 같은 것이다. 그러나 이 진술은 세계사적인 영향력의 흔적이 사라져버린, 거의 학교선생님의 주장처럼 들린다. 그러나 인용한 구절에는 그러한 흔적이 있다. '에벤투스'는 이끌려 나오는 것이다. '에피케레'는 산출함(Hervorbringen), 밖으로 나옴(Herauskommen)이다. 산출함과 밖으로 나옴의 영역에는 우리가 지금 더 이상 "근거"와 "이성"으로 번역해서는 안 되는 '라치오'에 대한 언급이 담겨 있다. 그렇게 하지 않을 경우에 우리는 지금부터 유지해야 할 시선의 방향을 놓칠 수 있다. 그렇다면 우리는 '라치오 에피키엔디(ratio efficiendi)'를 어떻게 번역해야 하는가? '라치오'는 산출하는 것의 '라치오'이며, 그것의 원인, '카우자'이다. '에피케레'와의 연관은 '카우자'로서의 '라치오'를 나타낸다. 이 '카우자'는 산출함의 영역에 속하며, 거기에서 어떤 것이 이끌려 나온다. 어느 정도로 '카우자'는 거기[산출함의 영역]에 속하는가? '카우자'가 '라치오'의 성격을 가지는 만큼 거기에 속한다. 여기에서 '라치오'는 무엇을 의미하는가? '라치오'는 '에피케레'의 영역에 편입되거나, 심지어 그것에 제한되는가? 결코 그렇지 않다. 그

역이 성립한다. '에피케레', '에벤투스'의 영역은 '라치오'의 영역에 속한다. 그러나 우리는 지금 '라치오'라는 낱말이 명명하는 것을 이 구절에서 즉시 경험할 수 없다. 왜냐하면 키케로가 여기에서 말하는 모든 것은 '라치오'로 소급되기 때문이다. 그럼에도 불구하고 키케로의 진술은 풍부한 통찰력을 가지고 있다.

'라치오'는 동사, '레오르'(reor, ~라고 생각하다)에 속한다. 이 동사는 중심적인 의미로서 '어떤 것을 어떤 것으로 간주하다', '간주되고 있는 어떤 것이 가정되다(unterstellt), 추정되다(supponiert)'를 나타낸다. 이러한 가정함에서 가정되는 것은 그것으로 가정되는 것으로 향하고 있다. '어떤 것이 어떤 것을 향하다(etwas nach etwas richten)'는 독일어 동사 "레히넨(rechnen)"이 가진 의미이다. '어떤 것을 셈에 넣다(mit etwas rechnen)'는 '어떤 것을 주목하고 그것으로 향하다(richten)'라는 뜻이다. '기대하다(auf etwas rechnen)'는 '어떤 것을 기대하고 건설할 곳에 맞추어 세움(zurechtrichten)'을 뜻한다. "레히넨"의 본래적 의미는 반드시 숫자와 연관되어 있지 않다. 이는 사람들이 '칼퀼(Kalkül, 연산)'이라고 부르는 것에도 타당하다. '칼쿨루스(calculus)'는 장기판에서 장기 돌을 의미한다. 이후에 그것은 주판알(Rechnenstein)로도 여겨진다. '칼쿨라치온(Kalkulation, 견적)'은 숙고함(Überlegen)으로서의 '레히넨'이다. 이것은 어떤 것을 다른 것과 비교하고 대조하여 평가하는 것이다. 따라서 숫자

149

를 가지고 하는 작업의 의미에서 '레히넨'은 특별히 양의 본질을 통해 드러나는 '레히넨'의 한 양상이다. 따라서 어떤 것을 셈하고, 어떤 것을 기대하는 '레히넨'에서 표상작용을 위해 계산적으로-고려된 것(das Be-rechnete)이 산출된다. 다시 말해 개방된다. 이러한 '레히넨'을 통해 어떤 것이 이끌려 나온다. 따라서 '에피케레', '에벤투스'는 '라치오'의 영역에 속한다. 짧게 설명한 것처럼 본래적이며 넓은 의미에서 동사 '레히넨'의 의미는 라틴어 동사, '레오르'를 일컫는다. ▪

'라치오'는 계산적 고려(Rechnung)이다. 계산할 때 우리는 하나의 사태에서 무엇을 셈에 넣고, 무엇을 기대하고 계산해야 하는지, 무엇이 시야 속에 유지되어야 하는지를 표상하고 있다. 이렇게 계산된 것과 기대된 것이 하나의 사태에서 생각해야 할 것, 사태를 규정하는 것으로 존재하는 것에 대한 해명(Rechenschaft)을 제공한다. 이러한 해명에는 하나의 사태에 대한 사실과 그것의 방식에 대한 것이 드러난다. '라치오'는 계산이다. 그러나 이

■ 역주

일반적으로 '계산하다'로 여겨지는 독일어 동사 '레히넨(rechnen)'의 의미를 라틴어 '라치오'의 동사 '레오르', 즉 '~로 생각하다'와 연결하여 폭넓게 제시하려는 하이데거의 의도에 따라 이 책에서는 'rechnen' 또는 'Rechnung'을 독일어 그대로 사용하거나, '계산적으로 고려함' 또는 '계산적 고려'로 번역하고, 이와 연관된 'Rechenschaft ablegen'은 '해명을 제시하다'로 번역하였다.

계산은 이중적인 의미를 가진다. 계산은 먼저 행위로서의 계산이다. 다음으로 계산은 그 행위에서 주어지는 것, 즉 계산된 것, 앞에 놓인 계산적 고려(Rechnung), 즉 해명이다.

우리는 '해명을 제시하다(eine Rechenschaft ablegen)'라고 말한다. 로마인들의 언어로 말한다면 '라치오를 보충함(rationem reddere)'이다. 하나의 사태 또는 행위와 관련하여 무엇을 셈에 넣고, 무엇을 기대하여 계산되는지가 계산적 고려와 해명에서 제시되는 한, 보충함(reddere)은 필연적으로 '라치오'에 속한다. '라치오'의 원리가 '라치오'의 보충 원리[이유보충의 원리]라는 사실은 '라치오' 자체의 본질에 놓여 있다. 해명으로서 '라치오'는 그 자체로 보충되어야 할 것(reddendum)이다. 이것은 어떤 다른 곳에서 이끌려와 라치오에 강제적으로 덧붙여지지 않는다. 보충함(reddere)은 '라치오'의 본질에서 계산으로서 앞서 형성되고, 앞서 요구된다. '～을 기대하다(Rechnen auf)'와 '～을 셈에 넣다(Rechnen mit)'는 위에-놓는(über-legend, 재어보는) 제안이다.

다른 것으로 넘어가기 전에 결정적으로 중요한 것을 잠시 생각해볼 필요가 있다. 근거율은 두 번째 어조로 '존재와 근거 : 동일한 것'이라는 것을 말한다. 그러면서 우리는 다음과 같이 들었다. 즉 존재는 그때마다 존재역운으로서 밝게 드러난다. 이와 함께 동일한 것으로서 그때마다 근거, 즉 '라치오', 계산적 고려, 해명이라는 역운적 특징이 등장한다. 이제 보충되어야 할 것이 '라

150

치오'의 본질에 속한다면, '라치오'와 함께 '라치오'를 보충하는 (rationem reddere) 형태와 의미도 변한다. 심지어 언어적 적용은 고대 로마인들과 라이프니츠에게 동일하지만, 바로 이 동일한 것이 존재역사적으로는 근대적 특징을 도입하고 "초월론적인 것"이라는 명칭 아래 칸트의 사유를 통해 밝게 드러나는 것을 준비하는 방식으로 변한다. 라이프니츠에게서 '보충함'이라는 것은 표상하는 나와 연관되어 있으며, 그것을 통해 수행된다. 이 나는 그 자신에게 확실한 주체로서 규정된다. 보충되어야 할 것에서 제공되는 것을 수용하는 인간과 그러한 인간의 본질에 대한 해석은 로마에서 낯선 것일 수 있다. 그럼에도 불구하고 그리스의 사유에서만큼 더 낯선 것은 아니었을 것이다. 라이프니츠의 사유는 보충되어야 할 것에서 역운적으로 다른 성격의 요구를 듣는다. 왜냐하면 여기에서 '라치오'는 존재의 관점에서 모든 존재자에 대해 척도를 부여하며 지배하는 요구, 즉 원리(principium)이기 때문이다. 이 요구는 존재하는 모든 것을 존재자로서 산정하는 철저한 계산의 가능성을 위한 해명의 보충을 요구한다. 충분한 이유(ratio sufficiens), 본래적이며 유일무이하게 충족시키는 근거, 최고의 이유(summa ratio), 모든 것을 관통하는 계산의 가능성, 우주에 대한 계산을 위한 최고의 해명은 신(Deus)이다. 라이프니츠는 우주와 관련하여 신에 대해 무엇을 말하는가? 1677년(31세)에 라이프니츠는 '라치오'의 언어(Lingua rationalis), 즉 존재하는

151

모든 것을 관통하며 낱말, 기호, 사태 사이의 연관을 철저하게 산정할 수 있는 연산(Kalkül), 계산방식에 관한 대화를 기술하였다. 이 대화와 다른 논문들에서 라이프니츠는 오늘날 사고하는 기계로서 사용될 뿐만 아니라 사고방식을 규정하는 것에 대한 기초를 이미 사유하였다. 대화를 위해 손으로 쓴 여백주석에서 라이프니츠는 다음과 같이 기록하고 있다. "신이 계산할 때 세계가 생성된다(Cum Deus calculat fit mundus)."

우리가 살고 있는 원자시대에서 유일하게 필요한 것은 다음과 같은 사실을 기꺼이 보려는 시선이다. 즉 니체(Nietzsche)의 말에 따라 신이 죽었다고 할 때에도 계산된 세계는 여전히 남아 있고, 인간을 도처에서 그러한 계산적 고려함 속에 ― 그 계산이 모든 것을 라치오의 원리에서 산정함으로써 ― 놓고 있다.

강의 _ 열세 번째 시간 13

근거율이란 다음을 말한다. 근거 없이는 아무것도 있지 않다.
이유 없이는 아무것도 있지 않다. 근거는 '라치오'의 번역이다. 근본적인 낱말의 말함이 그리스의 언어에서 다른 언어로 **넘겨**지는 (**übersetzt**) 거기에서 번역은 전승(Überlieferung)이 된다. 전승은 그것이 고착되면 짐과 장애물로 변질된다. 전승이 그렇게 되는 것은 그 이름이 말하고 있듯이 본래 자유롭게 함(liberare)이라는 의미에서 운반함(Liefern)이기 때문이다. 자유롭게 함으로서 전승은 기재해온 것에 감추어진 보물을 빛 — 이 빛은 처음에는 다만 지체되고 있는 동틀 녘의 빛이기는 하다 — 속에서 드러나게 한다. "근거"가 '라치오'의 전승이라는 사실을 통해 말하려는 것은 다음과 같다. 즉 '라치오'는 근거 안으로 전승되었다. 이 전승은 이미 일찍이 이중적인 의미로 말한다. '라치오'를 근거와 이성이라는 이중적 의미에서 전승함은 분명히 그것의 결정적인 특징을 존재의 역운이 존재역사적인 — 역사학적인 시간계산에 따라 "근대"라고 불렀던 — 시대를 규정하는 거기에서 획득한다. 이와 달리 존재와 근거가 동일한 것으로 "있다"면, 근대적 존재역운은 '라치오'에 대한 고대 로마시대의 이중적 의미도 변화시켜야 할 것이다.

　근거, 즉 바닥과 땅의 의미가 이성, 즉 인지함과 들음의 의미로부터 멀리 있음에도 불구하고 '라치오'의 이중적 의미에서 두 의미는 — 비록 고유하게 공속성에서 숙고되지는 않았지만 — 이미 초기에 함께 하고 있었다. 사태에 맞게 우리는 다음과 같이 말해야 한다. 즉 '라치오'로 불리는 것에는 이중적 의미, 즉 이성과 근거와 관련된 두 방향이 앞서 제시되고 있다. 도대체 '라치오'는 무엇인가? 이에 대해 우리는 '라치오'라는 낱말의 번역을 통해 대답한다. '라치오'의 번역은 '레히눙(Rechnung, 계산적 고려)'이다. 그러나 '레히눙'은 여기에서 명사 '라치오'가 속하는 동사 '레오르(reor, ~라고 생각하다)'의 의미에서 사유되어야 한다. '레히넨(rechnen, 계산적으로 고려하다)'은 '어떤 것을 어떤 것으로 향하게 하다', '어떤 것을 어떤 것으로 표상하다'라는 뜻을 가진다. 어떤 것이 그때마다 **무엇으로** 표상되는 그것은 가정된 것(das Unterstellte)이다. 이렇게 넓게 사유된 '레히눙'은 또한 '칼퀼(Kalkül, 연산, 고려)'이라는 낱말의 의미를 규정한다. 사람들은 수학적 계산에 대해 말한다. 그러나 여기에는 다른 것도 있다. 횔덜린은 '칼퀼'이라는 낱말을 오이디푸스 왕과 소포클레스의 안티고네에 대한 번역의 주해에서 한층 더 깊은 의미로 사용한다. 『오이디푸스에 대한 주해(Anmerkungen zum Oedipus)』(슈투트가르트 판 V, 196)에서 그것은 다음을 의미한다.

"그리스의 예술작품과 비교해서 다른 예술작품들은 역시 신뢰성이 떨어진다. 지금까지 다른 예술작품들은 적어도 근본적인 고려(Kalkül)와 아름다움이 그로 인해 산출되는 그 밖의 방식에 따르기보다는 그것들이 만드는 인상에 따라 판단된다."

"법칙, 고려(Kalkül), 그리고 — 감각체계, 전체 인간이 요소의 영향 아래 발전되는 — 방식, 그리고 상이한 연속성에 있지만, 항상 확실한 규칙에 따라 연달아 드러나는 표상, 감각, 추론은 비극에서 순수한 이어짐보다는 균형을 따른다."

그리고 『안티고네에 대한 주해(Anmerkungen zum Antigonä)』는 다음과 같이 시작한다(같은 책, 265). "안티고네의 규칙과 고려할 수 있는(kalkulable) 법칙은 ⌣에 대해 ⌣이 있는 것처럼 오이디푸스의 법칙과 관계하고 있다. 따라서 균형은 끝에서 앞으로 향하기보다는 앞에서 끝으로 기울고 있다."

위의 두 인용에서도 "균형(Gleichgewicht)"을 말하고 있는 한, 여기에 언급된 '칼퀼(Kalkül)'도 양적이고 기계적이며, 수학적으로 표상되는 것처럼 보인다. 그러나 횔덜린이 언급한 균형은 예술작품의 저울, 평형, 다시 말해 비-극(Trauer-Spiel)에서 드러나는 비극적인 묘사에 속하는 것이다.

'라치오'는 넓고 높고 익숙한 의미에서 '칼퀼', '레히눙'이다. '레히넨'은 어떤 것에서 어떤 것으로 향함(Richten)으로서 그때마다 어떤 것[앞선 토대]을 앞에 놓는다(vorlegen). 따라서 '레히넨'은 그 자체로 내어줌(Hergeben), 보충함(reddere)이다. '라치오'에는 보충되어야 할 것(reddendum)이 속해 있다. 그러나 '라치오'가 언급되고, 그 후에 이성과 근거로 언급되는 그때마다의 존재역사적 연관에 따라 보충되어야 할 것은 다른 의미를 가진다. 거기에는 근대에서 수학적−기술적으로 계산 가능한 근거, 전면적인 "합리화(Rationalisierung)"의 송달에 대한 무조건적이며, 전면적인 요구의 계기가 담겨 있다.

충분한 이유보충의 원리에 대한 언급에서 라이프니츠는 심지어 라틴어로 말하고 있다. 다시 말해 여기에서는 고대 로마어로 말하고 있지 않다. 그럼에도 불구하고 로마에서 '라치오'라고 불리는 것이 근대에서 "이성"과 "근거"가 말하는 것에 대한 표상으로 전승되었다.

그렇다면 오래된 의미를 가진 '라치오'가 어느 정도로 이중적으로, 즉 근거와 이성으로 언급되는 방식으로 갈라질 수 있었는가? 어느 정도로 그렇게 될 수 있었는가에 대한 것이 지금 세심하게 듣고 있는 자에게는 벌써 분명해졌을 것이다. 그러나 "어느 정도"에 대해서는 아직 특별한 제시가 필요하다. 왜냐하면 우리는 이성으로서의 '라치오'와 근거로서의 '라치오'로 '라치오'가 갈라진 것에 대해 말하고 있기 때문이다. 이러한 갈라짐에 대한 논의를 통해 우리가 이해하고자 하는 것은 "이성"과 "근거"라는 두 낱말과, 그것이 말하는 내용이 서로 갈라지지만, 그럼에도 불구하고 동일한 줄기와 몸통을 보유하고 있다는 사실에 대한 것이다. 그리고 무엇 때문에 이성과 근거가 서로 갈라지는 방향으로 나아가면서도 여전히 서로 관계를 맺고 있는지가 이해되어야 한다. 갈라진 가지, 갈라진 나무의 줄기, 그리고 그렇게 자라는 나무 전체를 사람들은 고대 독일어 낱말로 '츠비젤(Zwiesel)'이라고 불렀다. 이 '츠비젤'을 우리는 슈바르츠발트 고지에 높이 솟은 전나무에서 자주 발견한다. 어느 정도로 '라치오'는 '츠비젤'인가? '라치오'는 넓은 의미의 '레히눙(Rechnung)'을 의미한다. 그런 의미에 따라 사람들은 어떤 것에서 어떤 것을 셈에 넣고 어떤 것을 기대한다. 우리는 수와 관련이 없어도 헤아린다(zählen)고 말한다. '레히눙'에서는 어떤 것이 가정된다(unterstellt). 이는 자의적인 것도 아니며 의심을 내포한 것도 아니다. 하나의 사태가 그렇게 성립된 것은 즉각 그것과 이미 관련된 것이 가정되고 있다. 그렇게 가정된 것, 기대된 것은 그것과 관련된 것으로서 앞에 놓여있는 것, 떠맡고 있는 것, 계산적 고려에서 산정된 것이다. 따라서 '라치오'는 기초, 바닥, 다시 말해 근거이다. '레히넨'은 가정함에서 어떤 것을 어떤 것으로 표상한다. 어떤 것을 어떤 것으로 표상함(Vorstellen)은 그때마다 앞에 놓여 있는 것을 앞서-취하고(vor-nimmt), 그러한 앞서-취함에서 셈속에 넣어지는 것과 기대되는 것이 함께 주어지는 방식을 인지하는 자기-앞으로-가져옴(Vor-sich-bringen)이다. '레히넨', '라치오'는 그러한 인지함으로서 이성이다. '라치오'는 계산적 고려로서 근거와 이성이다.

156

우리는 근거의 명제[근거율]를 존재의 말함으로서 사유하려고 시도한다. 이 명제는 '존재와 근거 : 동일한 것'을 말한다. 이렇게 언급된 것을 숙고하기 위해서 우리는 다음과 같이 묻는다. 근거는 무엇을 말하는가? 대답은 다음과 같다. 즉 낱말 "근거"에서 '라치오'는 동시에 그 낱말이 이성을 의미하고 있다는 것을 전승하면서 말한다. 어느 정도로 '라치오'가 갈라짐, "츠비젤"로 있는지가 논의되었다. 그와 함께 존재의 말함으로서 근거의 명제[근거율]가 무엇을 말하는지에 대해 다시 사유하는 물음은 변화되어 이제 다음과 같은 것을 묻는다. 어느 정도로 '라치오'와 존재는 동일한 것으로 "있는가"? 지금 대신하면서도 동시에 이중적인 의미에서 "근거"라는 낱말로 언급되는 — '츠비젤'과 같은 낱말로서 — '라치오'가 지금 도대체 공속성, 즉 존재와의 동일성을 제시할 수 있는가? '츠비젤'과 같은 낱말로서 '라치오'에는 그에 대한 어떤 것도 직접 통찰되지 않는다. "계산적 고려(Rechnung)", "해명 (Rechenschaft)"에서 갈라진 낱말의 어느 한쪽도, 다시 말해 "근거"도 "이성"도 직접 존재를 명명하지 않는다.

우리가 근거의 명제[근거율]를 통해 제기한 물음은 다음과 같다. 어느 정도로 존재와 '라치오'는 동일한 것으로 "있는가"? 어느 정도로 한편으로 근거와 이성('라치오')이, 다른 한편으로 근거와 존재가 공속하는가?

〈우리가 이 물음을 완전한 범위에서 다룰 수 있을 때 비로소 우리는 존재의 역운으로서 서양의 역사와, 오늘날 변화된 지구적

157

세계역사를 밝히는 동시에 감추고 있는 [존재의] 나타남과 마주
칠 수 있다.〉

  어느 정도로 존재 그리고 갈라진 '라치오'가 동일한 것으로 "있
는가", 즉 공속하는가를 우리가 묻는다면, 이때 물을 만한 것은
한편에서는 존재가, 다른 한편에서는 갈라진 '라치오'가 앞에서
주장한 공속성 아래 옮겨진다는 사실에만 놓여 있는 것처럼 보
인다. 따라서 이러한 생각에 따르면 앞에서 언급한 공속성은 그
아래 놓여있는 것을 이미 준비하고 있는 제3자, 즉 지붕, 천장
과 같은 것으로 보인다. 그러나 이렇게 생각하는 것은 잘못된 것
이다. 오히려 공속성은 바로 그 안에 자신의 거처를 가지고 있으
며, 또한 자신으로부터 이미 말하고 있는 것에서 밝게 드러나야
한다. 존재는 우리에게 비록 상이한 방식이지만 '퓌지스(Φύσις)',
'자신-으로-부터-개현함(von-sich-her-Aufgehen)', '우시아
(οὐσια)', 현전함, 대상성으로 말한다. 동시에 '라치오'는 근거
와 마찬가지로 이성으로서 말한다. 본래 어둡고 물을 만한 것
은 바로 공속함이다. 이 공속함은 그 자신으로부터 '함께 함(das
Zusammen)'에 속하는 것에서 출현해야 한다. 여기에서 '함께 함'
은 둘로 나눈 조각을 서로 가져다 붙인 것 이상이며, 그것과 다
른 것임을 전제한다. 따라서 존재는 존재로서 '라치오'에 귀속해
야 하며 그 반대이기도 하다. 즉 갈라진 '라치오'는 그 자체로 —

그것의 말함에 우리가 충분히 주의 깊게 주목한다면 ― 존재에 귀속하고 있음을 말하고 있다. 그러나 '라치오', 즉 계산적 고려 (Rechnung)가 말하는 것을 성찰한다고 해도 우리는 거기에서 존재에 귀속함을 주장할 만한 어떤 것도 찾을 수 없다. 우리가 낱말 '라치오'에서 언급된 것이 존재의 귀속성을 어느 정도로 포함하고 있는지를 물을 때, 왜 그 낱말은 우리에게 아무것도 대답하지 않는가? 그것은 한편으로 '라치오'라는 낱말이 그 자체로 항상 역사적인 것으로 드러나는 그것의 말함으로부터 벗어날 위험에 우리가 지금 노출되어 있기 때문이다. 다른 한편으로 그것은 '라치오'가 존재에 귀속해 있다는 관점에 대해 우리가 어둠 속에 휩싸여 있기 때문이다. 우리는 "존재"라는 낱말이 그때마다 역사적으로만 말하고 있다는 것을 너무도 쉽게 망각한다. 이로부터 우리에게 결정적인 지시가 주어진다. 어느 정도로 존재와 '라치오'가 공속하는가에 대한 물음은 존재역사적으로만 물어질 수 있으며, 존재역운으로 돌아가 사유함으로써 대답될 수 있다. 그러나 이때 우리는 존재의 역운을 우선 서양 사유의 역사를 통해서만 경험한다. 서양 사유는 그리스의 사유에서 시작한다. 존재역운의 시원은 아낙시만드로스(Anaximander)에서 아리스토텔레스에 이르는 그리스의 사유에서 역운적인 응답과 보존을 발견한다. 우리가 물음과 그것에서 물어진 것을 **그리스적으로** 사유할 때에만 우리는 비로소 시원적으로 존재와 '라치오'의 공속성에 대한 물음을 존재역사적으로 묻게 된다.

우리의 물음이 향하고 있는 길은 근거율에 대한 경청을 통해 앞서 제시되었다. 그 때문에 우리는 근거로부터 '라치오'로 되돌아갔다. 그러나 '라치오'는 라틴어이며 로마에 속하는 것이지 그리스적인 것은 아니다. 따라서 우리는 이미 이 낱말을 경청하면서도 우리의 물음을 존재역사적이고 시원적으로 물을 수 없었다. 그렇지만 로마의 낱말로서 '라치오'가 그리스적인 것을 말할 수도 있지 않은가? 사실이다. 왜냐하면 "라치오"는 사유의 역사에서 그 자체로 번역된 낱말, 즉 전승된 낱말이기 때문이다. 갈라진 '라치오'가 근대적 사유의 근본낱말인 이성과 근거로 전승되었듯이, 로마의 낱말로서 '라치오'에는 그리스의 낱말이 말하고 있다. 그 낱말은 '로고스(λόγος)'로 불린다. 그것에 따라 우리는 두 번째 어조를 가진 근거율에서 비로소 존재역사적으로, 그리고 동시에 시원적으로 듣는다. 이는 우리가 명제의 주제를 다음과 같이 그리스어로 말할 때이다.

τὸ αὐτό (ἐστιν) εἶναι τε καὶ λόγος.
"동일한 것(das Selbe)은 '에이나이(εἶναί)'와 '로고스(λόγος)'로 있다(ist)."

그리스의 사유자들에게는 방금 인용한 문장을 가진 명제가 어디에서도 발견되지 않는다. 그럼에도 불구하고 이 명제는 그리스적 사유의 존재역사적 특징을 이후에 오는 존재역사의 시대를 앞서 해석하는 방식으로 드러난다.

이에 대한 숙고를 위해 우리는 먼저 정확하게 경계가 설정된 다음의 물음을 고려할 필요가 있다. 그리스어 낱말인 '로고스'에서 어느 정도로 그 낱말에서 언급된 것이 존재, 즉 '에이나이(εἶναι)'에 귀속하고 있는가? 라틴어 '에세(esse)'와 독일어 '자인(sein)'에 해당되는 그리스어 낱말은 '현-존함(an-wesen)'을 뜻한다. 그리스적 의미에서 풀어본다면 "존재"는 '비은폐된 것 안으로 가져와 거기에서 드러나게 함(ins Unverborgene herein-und herbei-scheinen)', 즉 '나타나면서 존속하며 머무름(scheinend, währen und weilen)'을 뜻한다.

이렇게 사유될 수 있는 존재는 근거 그리고 '라치오'와 어느 정도로 공속하는가? 우리가 여전히 이런 형식을 가진 물음에 머물러 있는 한, 이 물음은 혼란스러우며 대답을 위한 모든 눈짓을 거부한다. 이 혼란은 우리가 다음과 같이 물을 때 해결된다. 그리스어에서 "현존함"으로 사유되어야 할 "존재"는 '로고스'와 어느 정도로 공속하는가? 다르게 표현한다면, '로고스'라는 낱말이 명명하는 것에서 그리스적으로 사유된 존재와의 공속성이 어느 정도로 말하고 있는가? 어느 정도로 '로고스'와 "현존함"이 동일한 것으로 "있는가(ist)"? '로고스'는 무엇을 의미하는가?

강의를 진행하면서 제시했던 것을 시선에서 더 이상 놓치지 않는다면 결정적으로 중요한 것을 세밀하게 묻고 있는 이 물음을 다루기 위해 이미 많은 것이 논의되었다는 것을 알 수 있다. 놓치지 않아야 하는 것은 무엇인가? 너무 단순하기 때문에 우리가 쉽게 여기는 아주 단순 소박한 통찰이 바로 그것이다. 이 통찰은 우리에게 무엇을 드러내고 있는가? 이 통찰은 다음과 같은 것을 우리로 하여금 알게 한다. 즉 근거와 이성은 옮겨진 것[번역], 다시 말해 지금은 역사적으로 갈라진 '라치오'를 전승한 것이다. '라치오'는 옮겨진 것, 다시 말해 지금은 역사적으로 '로고스'를 전승한 것이다. 그렇기 때문에 우리는 '로고스'를 이후에 나온 "근거"와 "이성"이라는 우리의 표상에서 사유할 수 있는 것도 아니며, 또한 로마에서 사용된 '라치오'의 의미에서 사유할 수 있는 것도 아니다. 그렇지 않다면 어떻게 해야 하는가? 대답은 다음과 같다. 즉 우리는 그리스적 방식으로, 그리스적 사유와 말함의 의미에서 사유해야 한다. 이는 값싼 정보, 즉 아무것도 알려주지 않는 그러한 정보처럼 보인다. 그렇다면 그리스적으로 사유하고 말한다는 것은 도대체 무엇인가? 이는 다음과 같다. 즉 방금 언급한 사유와 말함에서 그리스적인 것은 바로 '로고스'를 통해 규정되며, '로고스'로서 규정된다. 그렇기 때문에 우리는 그리스어 낱말인 '로고스'와 그것의 말함을 그리스적으로 숙고하는 것, 다시 말해 우리에게 통용되고 있는 표상작용을 무시하고 숙고하는 것이 쉽다고 여겨서는 안 된다.

　　그러나 이 과제는 아주 어려워 보인다. 그러나 우리가 그동안 근거율이 본래적으로, 즉 다른 어조로 말하는 그것에 귀를 기울이는 것이 필요하다고 여기는 한, 그 과제를 완수하는 것은 불가피하다. 왜냐하면 그동안 우리는 우리의 시대가 세계사적으로 받고 있는 요구를 근거율이 우리에게 건네주고 있다는 사실을 경험하였기 때문이다. 그리스적으로 사유된 '로고스'는 무엇을 의미하는가? 여기에서 그 대답은 어쩔 수 없이 거칠게 언급될 수밖에 없다. 그 대답은 존재역사적으로 사유하는 것에 도움을 주는 다음과 같은 제시, 즉 두 번째 어조로 근거율이 "존재와 근거 : 동일한 것"이라고 말하는 것에 제한된다. 그리스어의 주요낱말인 '로고스'는 동사인 '레게인(λέγειν)'에 속한다. 이는 '수집함', '어떤 것을 다른 것으로 옮겨놓음'이다. 여기에서는 어떤 것이 다른 것으로 옮겨지고, 어떤 것이 다른 것으로 향함이 일어난다. 이러한 향함은 라틴어로 '레오르(reor, ~으로 생각하다)'와 '라치오'를 통해 표상되는 그러한 '레히넨(rechnen, 계산적으로 고려하다)'이다. 이 때문에 라틴어 낱말인 '라치오'는 그리스어 낱말인 '로고스'를 로마적 사유로 적절하게 번역한 것이다. 그리스어 '로고스'도 마찬가지로 '레히눙(Rechnung, 계산적 고려)', 어떤 것이 다른 것으로 향함을 의미한다. 이러한 향함은 우리가 일반적으로 어떤 것을 어떤 것과 관련시킴(Beziehen)이라고 부르는 것이다. '로고스'는 관계, 연관을 의미하는 라틴어 '렐라치오(relatio, 관계)'와 동일한 것을 의미한다. 그렇지만 무엇 때문에 '로고스'가 그것을 의미하는가? 왜냐하면 '로고스'와 '레게인'은 위에서 우리가 생각했던 수집함과 '레히넨'보다 더 근본적인 것을 의미하기 때문이다. 다시 말해 동사 '레게인'은 "말함(sagen)"에 해당되는 낱말이며, '로고스'는 진술과 이야기(Sage)를 뜻한다. 모든 사전은 이에 대한 정보를 준다. 사람들은 그리스인에게 "말함"이 '레게인'을 가리킨다는 것을 자명한 것으로 받아들인다. 이 두 낱말이 문장에서 상이한 낱말을 가리키는 것은 전적으로 자명한 것으로 여겨진다. 그러나 우리는 다음과 같이 물어야 할 시점에 와 있다. 그리스인에게 말함의 본질은 어디에 있는가?

말함은 그리스적으로 사유한다면 '드러나도록 함', '어떤 것을 그 외관에서 나타나게 함', '외관 속에서 그것이 우리에게 보이는 대로 나타나게 함'이다. 그 때문에 말함은 그러한 것에 대한 상(Bild)으로 우리를 옮겨놓는다. 그럼에도 불구하고 무엇 때문에 그리스인에게는 도대체 말함이 '레게인', '로고스'가 되었는가? 왜냐하면 '레게인'은 수집함, '서로 연결해-놓음(zueinander-legen)'이기 때문이다. 그러나 이러한 놓음은 수집함, 드러냄, 보존함, 간직함, '현출하도록 앞에 놓여있게 함(Vorliegenlassen)'이다. 그러나 앞에-놓여있는 것(das Vor-liegende)은 자신으로-부터-현존하는 것이다. '레게인'과 '로고스'는 현존하는 것을 그의 현존함에서 앞에 놓여있게 함이다. '레고메논(λεγόμενον, 말해

161

진 것)'으로서 '로고스'는 동시에 언급된 것, 즉 나타난 것, 그 자체로 앞에 놓여있는 것, 그의 현존함에서 현존하는 것을 의미한다. 우리는 존재자를 그의 존재에서 말한다. '로고스'는 존재를 명명한다. 그러나 '로고스'는 앞에 놓여있는 것으로서, 즉 앞선 토대(Vorlage)로서 동시에 다른 것이 그것에 놓여있고, 그것에 기인하는 것이다. 우리는 바탕, 근거를 말한다. '로고스'는 근거를 명명한다. '로고스'는 현존함, 특히 근거이다. 존재와 근거는 '로고스'에서 공속한다. '로고스'는 존재와 근거의 공속성을 명명한다. '로고스'는 특히 한 가지로 개현하게 함, 자신으로-부터-개현함으로서 앞에 놓여있게 함, 즉 '퓌지스(φύσις)', 곧 존재이며, **그리고** 앞선 토대로 놓임, 바탕을 형성함, 근거 놓음으로서 앞에 놓여있게 함, 즉 근거를 말하는 한에서 존재와 근거를 명명한다.

그러나 이러한 명명함에는 존재와 근거에서의 구별이 은닉되어 있으며, 그러한 구별되어 있음에 의해 양자의 공속성은 은닉된다.

유일하게 존재역사적으로 고차적인, 아마도 가장 고차적인 순간에만 존재와 근거의 공속성은 '로고스(λόγος)'를 의미하는 낱말에 도달한다. 이 낱말은 초기 그리스 사유의 역사에서 헤라클레이토스에 의해 위에서 논구한 의미로 언급되었다. 그러나 '로고스'라는 낱말은 동시에 숨어버리는 낱말이다. 그것은 존재와 근거의 공속성을 **그 자체로** 드러나게 할 수 없다. 이제 사람들은 사유의 역사가 계승되면서 존재와 근거의 공속성이 점점 더 밝게 드러날 것이라고 기대할 수 있다. 그러나 그것은 당장 일어나지 않는다. 오히려 그 반대이다. 우선 존재와 근거의 상이함(Verschiedenheit)은 분명하게 드러나고 있다. 그러나 존재와 근거 사이의 연관으로서 양자를 하나의 공속성에서 지시하는 차이성(Unterschiedenheit)은 다시금 드러나지 않는다. 존재와 근거는 구별되고 분리된 것이라는 의미에서 상이한 것으로만 제시된다. 그러나 은닉된 것에는 존재와 근거의 공속성이 지배하기 때문에 분리된 것들은 연관이 없는 것으로 나눠지지 않는다. 오히려 근거는 존재와는 다른 어떤 것으로서 표상되며, 존재가 그 자신으로부터 규정하는 것, 즉 존재자와 연관되어 있다. 이와 같이 은닉된 것에는 존재와 근거의 공속성이 지배한다. 이 공속성은 존재와 그것의 역운적 특징에서도, 그리고 근거와 그것의 형식에서도 각기 드러나지 않으며, 나아가 개념적으로 파악될 수 있는 사상으로도 제시되지 않는다. 그 대신에 사유의 역사에는 자명한 것, 다시 말해 강의 첫 시간에 시작하면서 '각각의 존재자는 근거를 가진다'라고 언급한 것이 광범위하게 퍼져 있다. 표상작용에서 그것은 통상적인 것이다. 어떤 점에서 그런가? 표상작용이 존재자를 표상함으로서 존재자가 있고, 이러저러하게 있다는 사실의 관점에서 존재를 시야 속에 가지고 있지만 그것에 대한 앎이 없는 점에서 그렇다. 이것은 근거에서도 마찬가지이다. 그러므로 근거들에 대해 묻고, 원칙들로 소급하는 것은 표상작용에게는 당연한 것이다.

162

이후에 근거율을 내세울 때에는 우선 이러한 자명함 이외에 다른 것은 표명되지 않는다. 자명함을 부여하는 명제 자체는 그 자신을 위해서도 이 자명함을 요구한다. 따라서 근거율은 직접 통찰되는 사유법칙으로서 여겨진다. 사유법칙은 어디에서 유래한 것인가? 그것은 존재와 근거가 동일한 것으로 "있음"에도 불구하고 양자의 공속성 자체가 망각되었다는 것, 즉 그리스적으로 이해한다면 은닉되어 있다는 사실에서 유래한다. 그러나 우리가 '로고스'를 '라치오'와 이성에서 이해하는 한, 그것은 사유될 수 없다. 이 경우에 우리는 로마어의 의미에서 '라치오'를 보충한다(rationem reddere)는 것이 어떤 점에서 그리스적인 의미에서 '로고스'를 부여한다(λόγον διδόναι)는 것과 같은 것을 말하는 것이 아니라는 사실을 깨닫지 못한다. 사람들은 이러한 그리스적 표현을 '레히넨(rechnen)', '근거를 제시함(Grund ablegen)'으로 올바로 번역할 수 있다. 그러나 여기에서 사람들은 사실상 그리스적으로 사유하지 않는다. 그리스적으로 사유한다면, '로고스를 부여함'은 '현존하는 것을 이러저러하게 현존함과 앞에 놓여있음에서 제공함', 즉 '수집하는 인지함'에 제공함을 말한다. 각각의 존재자가 존재를 통해, 즉 근거 놓음을 통해 규정되어 있는 한에서 존재자 자체는 그때마다 근거가 정립된 것, 근거가 놓여 있는 것이다. 이것은 그것의 다양성과 유래가 여기에서 다루어질 수 없는 상이한 방식 속에 있다.

163

〈일찍부터 사유의 역사에서 존재와 근거가 어떻게 만나고 있는지에 대해서, 그리고 이들의 공속성과 그 유래가 그럼에도 불구하고 은닉되어 있다는 사실에 대해서는 두 관점에서 짧게 제시될 수 있다. 이제 합침(Zusammengehen)은 갈라짐(auseinander-fallen)이다. 그러나 우리가 이러한 기이한 공속성을 한번 통찰하는 순간에 — 이러한 경우에 항상 그런 것처럼 — 그 공속성을 도처에서 발견하고 증명하는 것은 쉬운 것이다.

"존재"는 서양 사유의 초기에 있었던 다른 이름들 중에 '로고스'를 의미한다. 이 낱말을 말한 사유자인 헤라클레이토스는 존재를 '퓌지스'라 부르기도 했다.

수집하고 보존하며 개현하게 함으로서 존재는 그로부터 모든 것이 비로소 각기 수집된 것으로서 개현하며, 개현되어-비은폐된 것으로 드러나게 하는 일차적인 것이다. '로고스'로서 존재는 그로부터 현존하는 것이 현존하는 첫 번째 것 — 그리스적으로[a] '첫 번째 근원(τὸ πρῶτον ὅθεν)' — 이다. "첫 번째 근원"은 그로부터 존재하는 모든 것이 시작하는 것이며, 그로부터 모든 것이 시작된 것으로서 지배된 채로 머물고 있는 것이다. 시작함(anfangen)은 그리스어로 '아르케인(ἄρχειν)'이다. 그러므로 '로고

---

a. 다시 말해 아리스토텔레스에서.

스'는 '첫 번째 근원', 즉 '아르케(ἀρχή)', 로마식 라틴어로는 '프린키피움(principium, 원리)'으로 전개된다. 모든 계획과 노력, 모든 행위들이 표상하면서 원리를 찾고, 그것을 고수한다는 사실은 '로고스'와 '퓌지스'로 있는 존재의 본질에서 밝혀진다. 여기에서 존재, 원리, '라치오'의 공속성, 그리고 존재와 — 이성의 근거로서 — 근거의 공속성이 구축된다. 그러나 이 모든 것은 결코 자명한 것이 아니라 단일한 형태의 역운에 속하는 유일무이한 비밀이다.

'로고스'의 의미에서 존재는 수집하면서 앞에 놓여있게 함이다. 거기에서 앞에 놓여있는 것이 밝게 드러난다. 앞에 놓여있게 함에서 앞에 놓여있는 것은 그 자체로 다른 것과 함께 하면서도 다른 것으로 있지 않다는 사실도 그때마다 거기에 놓여있다. 앞에 놓여있는 것이 그때마다 다른 것과 함께 하며 다른 것으로 있지 않다는 사실이 거기에 놓여있다는 것은 그 자체로 방금 언급한 것[앞에 놓여 있게 함]에 빚지고 있음을 보여준다. 이미 앞에 놓여 있는 것으로서 빚지고 있는 것이 의존하고 있는 것은 그리스어로 '아이티온(αἴτιον)'이다. 로마인들은 이것을 '카우자(causa)'로 번역하였고, 우리는 '우어자케(Ursache)'라고 말한다. 원인과 원리 둘 다 근거 놓음의 성격을 가지며, 양자는 근거의 본질에서 유래하고 있기 때문에 근거와 함께 존재에 속한다. 그 때문에 그것들 — 원리와 원인 — 은 미래에도 존재자를 규정하며, 존재자에 대한 모든 표상작용을 이끈다. 원리와 원인의 지배와 요구는 즉시 당연한 것이 되어 그것들이 처음부터 유일하게 — 사람들은 그러한 이유와 유래를 모른다 — 존재자를 그 존재에서 규정했던 것처럼 여겨졌다.

근대에서 존재가 초월론적으로 대상성으로서 규정되고, 대상성이 대상의 가능조건으로서 규정된다면, 존재는 가능조건이 의미하는 것과, 이성적 근거와 근거 놓음의 형태로 존재하는 것에 의해서 사라질 것이다.〉

존재의 역사를 존재역운으로 언급하면서 그것이 의미하는 것을 더욱더 분명하게 말할 수 있었던 기회를 통해 다음과 같은 사실이 제시되었다. 즉 존재는 스스로 보내며 밝게 드러나는 동시에 스스로 이탈한다. 이탈에 대한 언급은 많은 사람에게 사태를 통해 확정할 수 없는 신비주의적 주장처럼 어두운 것으로 남아있었다. 지금 우리는 존재의 이탈이라는 낱말을 더욱더 분명하게 들을 수 있다. 이 낱말은 존재가 존재로서 시원적이며 역운적인 '로고스'로서의 근거와 공속함 속에 은닉되어 있다는 것을 말한다.[a] 그러나 스스로 이탈함은 이러한 은닉 속에서 고갈되지 않는

165

---

a. 은닉하는 것이 **아니라** 오히려 존재가 [로고스로서의 근거와] 공속하고 있는 **한에서** [존재는 존재로서] 스스로 은닉한다.

다. 오히려 존재는 그의 본질을 은닉함으로써 다른 것을 출현하게 한다. 다시 말해 '아르카이(ἀρχαί, 원질)', '아이티아이(αἰτίαι)', '라치오', '카우자', 원리, 원인, 이성의 근거라는 형태를 가진 근거로 출현하게 한다. 이탈에서 존재는 그것의 유래에 대해 알려지지 않은 이러한 근거의 형태들을 남긴다. 그러나 이렇게 알려지지 않은 것은 그 자체로서 경험되지 않는다. 왜냐하면 모든 존재자가 근거를 가지고 있다는 것은 모든 사람에게 알려져 있기 때문이다. 사람들은 여기에서 낯선 것을 전혀 발견하지 못한다.

따라서 존재는 이탈 속에서 인간에게 자신의 본질적인 유래를 이성적으로 이해된 근거와 원인, 그리고 그와 같은 형태의 밀폐된 장막 뒤에 감추는 방식으로 자신을 보낸다.

근거율은 두 번째 어조에서 들었던 것처럼 '존재와 근거 : 동일한 것'을 말한다. 이 말은 우리가 헤라클레이토스의 주도적인 낱말로서 '로고스'가 어떻게 말하는지를 존재역운적으로 다시 사유하고 경청하는 즉시 더욱더 명료하게 드러난다. 두 번째 어조에서 근거율은 어떤 형이상학적 명제가 아니라 존재역운적으로 사유된 명제이다. 보다 더 정확한 표현으로 말하면 다음과 같다. 즉 역운적이며 시원적으로 존재는 '로고스'로서 말을 건넨다. 다시 말해 근거의 본질에서 말을 건넨다. 존재역운적이며 시원적으로 존재와 근거는 동일한 것으로 "있으며" 그렇게 머물러 있다. 그러나 양자는 역사적으로 변천하면서 상이한 것으로 갈라지는 공속성 속에 있다.

두 번째 어조를 따라감으로써 우리는 존재를 더 이상 존재자로부터 사유하지 않고, 존재를 존재로서, 즉 근거로서 사유한다. 다시 말해 존재를 '라치오', 원인, 이성의 근거, 이성이 아니라 수집하면서 앞에 놓여 있게 함으로서 사유한다. 그러나 존재와 근거는 텅 빈 하나가 아니라 우선 존재역운에서 서양 사유의 역사로서 출현하는 은닉된 충만함이다.

근거율의 두 번째 어조에 대한 첫 번째 설명에서 '존재와 근거 : 동일한 것'이 제시되었다. 동시에 그것은 '존재 : 탈−근거'를 뜻하는 것이었다.

존재는 그 시원적인 이름인 '로고스'가 말하는 것, 즉 역운적으로 근거와 동일한 것으로 "있다". 존재가 근거로서 현성하는 (west) 한, 존재 자체는 근거를 가지지 않는다. 그러나 이는 존재가 자기 자신의 근거를 정립하기 때문이 아니라 모든 근거정립, 나아가 직접 자기 자신에 의한 근거정립이 근거로서의 존재에는 부합하지 않기 때문이다. 모든 근거정립과, 근거정립이 가능한 것으로 보이는 모든 것은 이미 존재를 어떤 존재자로 강등시키고 있음에 틀림없다. 존재는 존재로서 근거−없이(grund−los) 머무른다. 근거, 즉 처음부터 존재의 근거를 정립하는 근거는 존재로부터 멀리 벗어나(weg und ab) 있다. 존재 : 탈−근거(Ab-grund).

방금 말한 것은 먼저 말한 것, 즉 '존재와 근거 : 동일한 것' 옆에 단지 나란히 놓여 있는가? 아니면 하나가 다른 하나를 배제하는가? 사실상 익숙한 논리학의 규칙에 따라 생각한다면 그렇게 보인다. 이에 따르면 "존재와 근거 : 동일한 것"이란 말은 '존재 = 근거'와 같은 것을 의미한다. 그렇다면 다른 것, '존재 : 탈–근거'라는 말은 어떻게 타당한 것이 될 수 있는가? 그러나 당장 이것은 지금 사유되어야 할 것, 즉 존재는 탈–근거로 "있다"는 것은 '존재와 근거 : 동일한 것'이 성립하는 한에서 드러난다. 존재가 근거 놓음으로 "있는" 한에서, 그러한 한에서만 존재는 어떤 근거도 가지지 않는다.

이러한 것을 숙고하고 그러한 사유에 머문다면 지금까지 사유해온 영역에서 뛰쳐나오는 도약 속에 우리가 있다는 것은 명백하다. 그러나 우리는 이러한 도약과 함께 바닥이 없는 곳으로 빠지는 것은 아닌가? '예' 그리고 '아니오'. '예' — 지금 존재가 더 이상 존재자의 의미에서 바닥으로 옮겨질 수 없고, 존재자로부터 밝혀질 수 없는 한에서는 빠진다. '아니오' — 존재가 지금 비로소 존재로서 사유될 수 있는 한에서는 빠지지 않는다. 사유되어야 할 것으로서 존재는 그것의 진리로부터 척도를–주는 것(das Maß-Gebende)이 된다. 사유의 방식은 이러한 척도–부여(Maß-Gabe)에 맞추어져야 한다. 그러나 우리는 이러한 척도와 그것의 부여를 우리 자신으로부터 나온 어떤 계산과 측량을 통해 우리에게서 이끌어낼 수 없다. 그것들은 우리가 측량할 수 없는 것이다. 그러나 도약은 완전한 허공의 의미에서 바닥이 없는 곳으로 빠지게 하는 것이 아니다. 오히려 도약은 비로소 사유를 존재로서의 존재, 즉 존재의 진리에 응답함에 이르게 한다.

우리가 근거율을 다른 어조에서 듣고 들은 것을 따라 사유한다면, 이러한 따라-사유함(Nach-denken)은 도약이다. 심지어 이도약은 존재가 존재로서 그 안에 고요히 머무는 것을 함께 동반하는 놀이로 사유를 인도하기 위해 멀리 뛰는 도약이다. 이 사유는 존재가 자신의 근거로서 근거를 놓고 있는 그런 것을 동반하는 놀이가 아니다. 사유는 도약을 통해 우리 인간의 본질이 놓여 있는 광막한 놀이판에 도달한다. 인간이 이러한 놀이로 인도되어 그러한 놀이 속에 놓여있는 한에서만 그는 진정으로 놀 수 있으며, 놀이 안에 머물 수 있다. 어떤 놀이에 머물 수 있는가?

우리는 이 놀이를 거의 경험하지 못했으며, 그것의 본질에 대해서도 아직 숙고하지 않았다. 다시 말해 어떤 놀이에서 누가 놀고 있으며, 이때 놀이함이 어떻게 사유되어야 하는지에 대해 숙고하지 않았다. 여기서 의미하는 — 존재가 존재로서 그 안에 고요히 머무는 — 놀이는 고차적인 놀이이며 심지어 가장 고차적인 놀이로서 모든 자의로부터 자유로운 놀이다. 이것을 우리가 확신하면서도 놀이의 고차적인 성격, 나아가 가장 고차적인 성격이 놀이의 비밀에서 사유되지 않는 한, 놀이에 대해 아무것도 말하고 있는 것이 아니다. 그러나 놀이의 비밀을 사유하기에는 지금까지의 사유방식으로는 불충분하다. 왜냐하면 지금까지의 사유방식이 놀이를 사유하려고 하는 즉시, 다시 말해 그러한 양식으로 표상하려는 즉시, 놀이를 존재하는 어떤 것으로 여기기 때문이다. 존재자의 존재, 즉 놀이에는 근거가 속한다. 이에 따르면 놀이의 본질은 근거, '라치오', 규칙, 놀이규칙, 계산이 적용되는 도처에서 자유와 필연성의 변증법으로서 규정된다. 사람들은 라이프니츠의 문장, "Cum Deus calculat fit mundus"를 보다 더 적합하게 번역하려면 다음과 같이 해야 할 것이다. "신이 놀이하는 동안에 세계가 생성된다."

다른 어조의 근거율 안으로 도약함으로써 우리에게 제시된 물음은 다음과 같다. 놀이의 본질이 근거로서의 존재로부터 사태에 맞게 규정될 수 있는가? 아니면 존재와 근거, 탈–근거로서의 존재를 놀이의 본질에서 사유해야 하는가? 이러한 놀이의 본질 안으로 우리는 죽을 자로서 인도된다. 우리는 죽음의 가까움 속에 거주함으로써만 우리 자신이 된다. 죽음은 현존재의 궁극적 가능성으로서 존재와 존재의 진리가 밝게 드러남에서 최고의 것을 할 수 있다. 죽음은 측정할 수 없는 것을 위해, 즉 인간이 지상에서 그것으로 인도되고, 그것을 향해 있는 최고의 놀이를 위해 아직 사유되지 않은 척도를 부여하는 것이다.

168 　그러나 우리가 지금 근거율에 대한 강의의 결론을 위해 놀이에

대한 사상, 그리고 놀이와 함께 존재와 근거의 공속성에 대한 사상을 거의 강제적으로 끌어들인다면, 이는 단순한 유희적 행위가 아닌가? 우리가 존재역운적으로 사유하는 것, 다시 말해 회-상하면서(an-denkend) 해체적으로 사유를 전승하는 의무를 성실하게 하지 않는 한에서는 그렇게 보일 수 있다.

강의를 통해 진행된 사유의 길은 근거율을 다른 어조로 들도록 우리를 인도하였다. 이는 우리에게 다음과 같이 묻도록 요구하였다. 어느 정도로 존재와 근거는 동일한 것으로서 "있는가"? 그 대답은 존재역운의 시원으로 되돌아가는 길에서 우리에게 제시되었다. 그 길은 "근거"와 "이성"이라는 낱말 속에 계산적 고려(Rechnung)라는 이중적 의미를 가진 '라치오'가 말하고 있는 전승을 통과하였다. 그러나 '라치오'에는 그리스적으로 사유된 '로고스'가 말하고 있다. 먼저 우리는 초기 그리스의 사유에서 등장하는 헤라클레이토스에게서 '로고스'가 말하는 것을 숙고함으로써 특히 이 낱말이 공속성을 가진 양자, 즉 존재와 근거를 일컫고 있다는 것이 분명해졌다. 헤라클레이토스가 '로고스'로 명명한 것은 다른 이름으로도 불린다. 그의 사유를 드러내는 주도적인 낱말은 다음과 같은 것이다. 즉 '퓌지스', 자기-자신으로-부터-개현함, 이것은 동시에 스스로 은닉함으로 현성하는 것이다. '코스모스(κόσμος)', 이것은 특히 그리스에서 질서, 섭리(Fügung)를 의미하며, 광채를 발하는 장식품을 의미한다. 마지막으로 헤라클레이토스는 '로고스'로서, 존재와 근거의 동일함으로 스스로 말을 건네는 것을 '아이온(αἰών, 영원한 것)'이라고 부른다. 이 낱말은 변역하기 어렵다. 사람들은 그것을 세계시간(Weltzeit)이라고 말한다. 세계는 '코스모스'(단편 30)로서 존재의 섭리를 불꽃처럼 빛나게 함으로써 세계화하고(weltet) 시간화한다(zeitigt). 우리는 '로고스', '퓌지스', '코스모스', '아이온'이라는 이름으로 말해진 것에 따라 우리가 존재역운이라고 명명한 것, 즉 말해지지 않은 것을 들을 수 있다. 헤라클레이토스는 '아이온'에 대해 무엇을 말하는가? 단편 52에는 다음과 같이 기록되어 있다. "존재역운, 그것은 바로 놀고 있는, 장기놀이를 하고 있는 아이이다. 왕국은 아이의 것이다(αἰών παῖς ἐστι παίζων, πεσσεύων· παιδὸς ἡ βασιληίη)." 이것이 의미하는 것은 '아르케(ἀρχή)', 즉 설립하면서 지배하는 근거 놓음, 존재자에게 있어서 존재이다. 존재역운 : 놀고 있는 아이.

이를 통해 위대한 아이들도 생겨난다. 놀이의 부드러움으로 인해 왕국의 가장 위대한 아이는 인간과 그의 삶의 시간이 거기로 인도되고, 그의 본질이 거기에 놓여 있는 놀이의 비밀이다.

헤라클레이토스가 '아이온'에서 통찰한 세계놀이의 위대한 아이는 왜 노는가? 세계놀이의 아이는 놀기 때문에 논다.

"때문에(Weil)"는 놀이 안에 잠겨 있다. 놀이는 "왜" 없이 있다. 놀기 때문에 논다. 단지 놀이가 있을 뿐이다 : 가장 고차적인 것 그리고 가장 심오한 것.

그러나 여기에서는 "단지(nur)"는 모든 것이자 일자이며 유일한 것이다.

'**근거** 없이는 아무것도 **있지** 않다(Nichts **ist** ohne **Grund**).' 존재와 근거 : 동일한 것. 근거 놓는 것으로서 존재는 어떤 근거도 가지지 않으며, 역운으로서 우리에게 존재와 근거를 건네며 놀고 있는 그러한 놀이의 탈—근거로서 논다.

우리가 이러한 놀이의 명제들을 들으면서 함께 놀고, 우리를 놀이에 순응시키고 있는지 그리고 어떻게 그렇게 하는지는 물음으로 남아 있다.

근거율

Der Satz vom Grund

강연

근거율은 "이유 없이는 아무것도 있지 않다(Nihil est sine ratione)"는 것을 말한다. 사람들은 이것을 근거 **없이는 아무것도 있지 않다**(Nichts ist ohne Grund)로 번역한다. 이 명제가 진술하는 것은 다음의 형식으로 바꿔 쓸 수 있다. 즉 모든 것은 하나의 근거, 즉 어떤 방식으로든 **존재하는** 어떤 것을 가진다. 모든 존재자는 이유를 가진다(Omne ens habet rationem). 그때마다 현실적인 것은 현실성의 근거를 가진다. 그때마다 가능적인 것은 가능성의 근거를 가진다. 그때마다 필연적인 것은 필연성의 근거를 가진다. 근거 **없이는 아무것도** 있지 **않다**.

우리를 둘러싸고 닥쳐오며 만나는 모든 것에서 우리는 근거를 찾으려 한다. 우리는 우리의 진술을 위해 근거에 대한 정보를 요구한다. 우리는 모든 태도에 대해 근거정립을 주장한다. 간혹 우리는 가장 가깝게 있는 근거들로 만족한다. 때때로 우리는 훨씬 더 배후에 있는 근거를 찾는다. 결국에는 우리는 최초의 근거를 공략하고, 최종적 근거를 캐묻는다. 모든 근거정립과 근거탐구에서 우리는 이미 근거로 향하는 길 위에 있다. 그러므로 근거율이 진술하는 것은 우리에게 통용된다. 왜냐하면 그것은 통용되며 직접 드러나기 때문이다. 따라서 근거율이 말하는 것은 본래 명제로서 우선 정립되지도 않고, 나아가 법칙처럼 제시되지 않는다는 사실은 분명하다.

흔히 압축된 형태로 제시되는 '근거 없이는 아무것도 없다

(Nichts ohne Grund)'라는 명제의 내용은 심지어 다음의 표현 양식으로만 알려져 있다. '원인 없이는 아무것도 생기지 않는다 (Nihil fit sine causa).' '원인 없이는 아무것도 일어나지 않는다 (Nichts geschieht ohne Ursache).' 이때부터 확실히 모든 원인은 일종의 근거이다. 그러나 모든 근거가 원인 유발(Verursachung) 이라는 의미에서 어떤 것을 야기하지는 않는다. 예를 들어, "모든 인간은 죽는다"는 보편타당한 진술은 '소크라테스는 죽는다'라는 사실에 대한 우리의 통찰을 위한 근거를 포함한다. 그러나 보편 적인 진술이 그러한 사실을 야기하는 것은 아니다. 다시 말해 보 편적인 진술은 '소크라테스는 죽는다'라는 사실에 대한 원인이 아 니다.

이유 없이는 아무것도 없다(Nihil sine ratione). 근거 없이는 아 무것도 없다. 거의 드러나지 않았던 이 정식은 — 우리가 자신의 표상작용을 내맡기고 있는 — 언제 어디에서나 척도를 주는 견해 를 위한 것이다. 심지어 기원적 6세기에 시작한 서양 사유의 역사 에서 신뢰를 받고 있는 "근거 없이는 아무것도 없다"라는 이 표상 이 고유하게 하나의 명제로서 정립되고 법칙으로 알려져 전체적 인 영역에서 인정되고, 지식적인 측면에서 무제한적인 타당성을 가질 때까지 2300년이 필요했다. 방금 언급한 시간 동안 근거율 은 잠자고 있었던 것이나 마찬가지이다. 우리는 지금까지도 이러 한 기이한 사실을 거의 숙고하지 못하고, 이 작은 명제가 엄청나게 긴 숙면기를 필요로 했다는 사실에 대한 원인을 묻고 있을 뿐이다. 왜냐하면 17세기에 들어서야 비로소 라이프니츠가 '근거 없이는 어떤 것도 있지 않다'라는 오랫동안 통용된 표상을 척도를 주는 명제로 인정하고, 그것을 근거율로 제시하였기 때문이다. 보편적인 작은 근거율을 통해 드러나야 할 어떤 유일무이하며 위대한 것이라도 있다는 말인가? 이례적으로 길던 숙면기에 이례적인 깨어남, 즉 어떤 잠도 심지어 계시를 받기 위한 신전의 잠도 더 이상 허락하지 않는 각성의 상태라도 준비되고 있었는가?

그러나 근거율을 어떤 명제로 고려했는가는 라이프니츠가 이 명제에 부여한 라틴어 명칭이 말해주고 있다. '근거 없는 것은 아무것도 없다', '이유 없는 것은 아무것도 없다'는 이유의 원리(principium rationis)를 뜻한다. 이 명제는 이제 원리(Prinzip)이다. 근거율은 근거명제(Grundsatz, 원리, 원칙)가 된다. 그러나 근거명제는 다른 근거명제들 중의 하나가 아니다. 라이프니츠에게 근거명제는 유일한 최상의 명제는 아니라고 할지라도 최상의 명제들 중의 하나이다. 그러므로 라이프니츠는 근거에 대한 근거명제를 다음과 같은 형용사구로 표현한다. 즉 라이프니츠는 근거명제를 '위대하고 강력하며 가장 고귀한 원리(pricipium magnum, grande et nobilissimum)', 즉 크고 강하며 모두에게 알려진 가장 추앙받는 원리라고 부른다. 근거율은 이러한 명칭에 어느 정도로 공헌하는가? 근거명제의 내용이 그것을 우리에게 가르쳐줄 수 있을 것이다.

173   라이프니츠는 '이유 없는 것은 아무것도 없다(nihil sine ratio-
ne)', '근거 없는 것은 아무것도 없다(nichts ohne Grund)'라는 것
을 최상의 근거명제로 부각시켰다. 이는 라이프니츠가 근거율
이 어느 정도로 모든 명제, 즉 각각의 명제를 먼저 하나의 명제
로 성립하도록 근거를 정립하는지를 보여줌으로써 가능하게 되
었다. 이러한 근거율의 특징은 라이프니츠가 원리에 부여한 온전
한 라틴어 명칭에서 드러난다. 라이프니츠는 근거율을 충분한 이
유보충의 원리(principium reddendae rationis sufficientis)로 특
징짓는다. 이 명칭을 우리는 개별적인 규정들을 설명하면서 번역
할 것이다. '라치오'의 원리는 **보충되어야 할**(reddendae) '라치오'
의 원리이다. '라치오'를 보충한다는 것은 근거를 되돌려주는 것
(zurückgeben)을 뜻한다. 우리는 다음의 세 가지를 묻는다.

1. 되돌려주어야 할 근거는 그때마다 무엇을 위한 근거인가?
2. 무엇 때문에 근거가 되돌려주어져야 하는가? 다시 말해 고
   유하게 송달되어야 하는가?
3. 근거는 어디로 되돌려주어지는가?

첫 번째 물음에 대해 라이프니츠는 짧지만 많은 것을 포함하
는 말로 대답한다. 근거는 되돌려주어야 하는 것이다. "왜냐하

면 진리는 그것에 근거가 되돌려주어질 수 있을 때에만 그때마다 진리이기 때문이다(quod omnis veritatis reddi ratio potest. Gerh)."(Phil. VII, 309) 진리는 라이프니츠에게 항상 — 그리고 이것이 결정적으로 중요한 것이다 — 참인 명제(propositio vera), 즉 올바른 판단이다. 판단은 진술한 것 그리고 그것에 대해 진술되는 것과의 연결이다(connexio praedicati cum subiecto). 주어와 술어를 일치시키는 통일성으로서 그러한 연결을 떠맡고 있는 것이 판단의 바탕이며 근거이다. 근거는 연결을 위한 정당성을 부여한다. 근거는 판단의 진리를 위한 해명(Rechenschaft)을 부여한다. 해명은 라틴어로 '라치오'를 뜻한다. 판단진리의 근거는 '라치오'로서 표상된다.

이에 따라 라이프니츠는 아르노(Arnauld)에게 보낸 편지에서 다음과 같이 쓰고 있다(Hanovre le 14 juillet 1686).

"il faut tousjours qu'il y ait quelque fondement de la connexion des termes d'une proposition, qui se doit trouver dans leur notions. C'est là mon grand principe, dont je croy que tous les philosophes doivent demeurer d'accord, et don't un des corollaires est cet axiome vulgaire que rien n'arrive sans raison, qu'ont peut tousjours rendre pourquoy la chose est plustost allé ainsi qu'autrement ⋯."

174

번역하면 다음과 같다.

"개념 속에 있어야 할 판단의 요소들을 연결하는 근본토대가 있다는 사실은 항상 필요하다. 바로 이것이야말로 내가 믿고 있는 나의 큰 원리이다. 그 원리를 모든 철학자는 인정해야 한다. 그리고 항상 되돌려줄 수 있는 근거, 즉 그 사태가 다른 것보다 선행하는 이유가 없이는 아무것도 일어나지 않는다는 익숙한 공리는 그로부터 나온 추론들 중의 하나이다."(라이프니츠, 아르노, 헤센-라인펠스의 에른스터 백작 [Landgrafen Ernst v. Hessen-Rheinfels] 사이의 서신교환.[1] C. L. 그로데펜트 [Grotefend] 편집, Hannover 1846, 49쪽; 추가로 Gerhardt, Phil. II 62쪽 참조)

위대한 원리는 충분한 이유보충의 원리, 즉 되돌려주어야 할 근거에 대한 근거명제이다.

우리는 두 번째 물음을 묻는다. 무엇 때문에 근거는 되돌려 주어져야 하는가? 다시 말해 고유하게 송달되어야 하는가? 왜냐하면 근거는 '라치오' 즉 해명이기 때문이다. '라치오'가 주어지지 않는다면 그 판단은 정당성이 없다. 거기에는 증명된 올바름이 빠져 있다. 판단은 진리가 아니다. 판단은 연결의 근거가 밝혀질

---

1. 하노버 왕립도서관의 수고들(Handschriften)에서 나온 것이다.

때, '라치오' 즉 해명이 제시될 때에만 진리이다. 이러한 제시는 해명이 놓이는 자리를 필요로 한다. 그 자리에서 해명은 제시된다.

우리는 보충되어야 할 이유와 관련하여 세 번째 물음을 묻는다. 근거는 어디로 되돌려주어져야 하는가? 대답은 다음과 같다. 즉 판단하는 표상작용의 방식에서 대상을 대상으로서 규정하는 인간에게로 되돌려주어야 한다. 그러나 표상작용은 어떤 것을 인간에게 현전하게(präsent, gegenwärtig) 하는 재현함(repraesentare)이다. 그러나 — 라이프니츠와 그를 포함하여 근대 사유의 전체가 따르고 있는 — 데카르트 이후부터 인간은 세계와 연결되는 '나'로서 경험된다. 이로써 나는 올바른 표상의 연결에서, 즉 판단에서 이 세계에 자신을 송-달하고(zu-stellt), 이 세계를 대상으로서 자신에게 맞서 세운다. 판단과 진술은 주어와 술어의 연결을 위한 근거가 표상하는 나에게 송달될 때, 즉 나에게 되돌려질 때에만 올바르다. 다시 말해 참이다. 근거는 어떤 것에 대해 표상하는 나로서의 인간 앞에서 그리고 인간을 위해 제시되는 '라치오', 즉 해명이라는 그러한 근거일 뿐이다. 해명은 제시된 해명으로만 존재한다. 그러므로 '라치오'는 그 자체에서 보충된 이유이다. 다시 말해 근거 자체는 되돌려져야 할 근거이다. 나에게로 되돌려지고, 고유하게 나에게로 송달된 표상적 연결을 위한 근거를 통해서 비로소 표상된 것이 성립하며, 이로써 표상된 것은 대상, 즉 표상하는 주체의 대상으로서 확보된다

175

(sichergestellt).

그러나 송달된 근거는 대상의 성-립(zum-Stehen-Bringen)을 가능하게 한다. 이는 근거가 충분하게 대상의 확보를 위해 풍부한 해명을 부여할 때에만 가능하다. 송달되어야 할 근거는 충분한 이유(ratio sufficiens)여야 한다.

라이프니츠는 한때 근거율에 대해 다음과 같이 기술하였다.

"내가 (**그런** 형식으로) 말하곤 하는 [근거의 원리는] 결코 현존하지 않는다. 자기의 현존을 위한 근거가 충분한 것으로서 송달될 수 없기 때문이다([principium rationis] quod dicere soleo nihil existere nisi cuius reddi potest ratio existentiae sufficiens)."

어떤 대상에 대한 모든 판단에서 필수불가결하게 송달을 요구하는 근거는 동시에 그것이 근거로서 충분하며 온전하게 해명으로서 만족되는 것을 요구한다. 무엇을 위해 그래야 하는가? 근거가 하나의 대상을 모든 사람에게 모든 관점에 따라 그것의 존립(Stand) 전체에서, 즉 완전하게 성립시키기 위해서 그러하다. **송-달되어야 할** 근거의 완전성(Vollständigkeit, perfectio)은 어떤 것이 인간의 표상작용에 대해 대상으로서 낱말 그대로 "확고하게"-놓여지고("fest"-gestellt), 그것의 존립이 안정된다는 사실을 비로소 보증한다. 해명의 완전성은 비로소 모든 표상작용이 언제 어디에서나 대상을 기대하며 대상을 셈에 넣어 해명할 수 있게 보장한다.

근거 없이는 아무것도 있지 않다. 이제 이 명제는 다음과 같은 것을 말한다. 즉 모든 것은 그것이 표상작용에 대해 해명될 수 있는 대상으로서 확보될 때, 그때에만 존재하는 것으로 여겨진다.

그렇다면 '위대하고 강력하며 가장 고귀한 원리'로서 근거율의 위대함은 어디에 있는가? 대답은 다음과 같다. 즉 그 위대함은 그 원리가 표상작용의 대상으로서, 일반적으로 말해 어떤 것을 존재하는 것으로 여기게 하는 장악력을 가지고 있다는 사실에 놓여 있다. 근거율에는 이처럼 존재자의 존재로 불리는 것에 대한 장악력의 요구가 있다. 라이프니츠가 처음으로 근거율을 본래적이며 완전하게 그러한 원리로 부각시켰다고 한다면, 그렇게 함으로써 그는 그동안 인간의 표상작용이 결정적이며 불가피하게 '라치오'의 원리에 대한 요구를 받고 있다는 사실과, 그러한 힘에 의해 지배되고 있다는 사실을 드러나게 보여준 것이다. '라치오'의 원리, 즉 근거율은 모든 표상작용의 근거명제가 된다. 이는 표상작용이 '라치오'의 원리에 의해 철저히 지배된다는 것, 이제 그것을 '합리적(rational)'이라는 말로 표현한다면, 이성에 의해 관장되고 있다는 것을 말한다. 왜냐하면 "라치오"는 오래전부터 다른 것을 정당화함, 즉 근거를 정립함이라는 의미에서 해명을 의미하기 때문이다. 동시에 '라치오'는 어떤 것을 법률적 효력이 있는 것으로 정당화함, 올바르게 산출함, 그리고 이러한 계산적 고려(Rechnung)를 통해 안정시킴(sichern)이라는 의미에서의 해명을 의미한다. 넓게 사유된 계산적 고려함(Rechnen)은 인간이 어떤 것을 수용하고, 기획하며, 가정하는 것, 즉 일반적으로 어떤 것을 인-지하는(ver-nimmt) 방식이다. '라치오'는 인지함, 즉 이성의 방식이다. 이성적 표상작용은 '라치오'의 원리를 따른다. 근거율을 통해 이성이 비로소 이성으로서 완전한 자신의 본질을 전개하는 한, 근거율은 이성을 위한 최상의 근거명제이다. 근거율은 확보하는 계산적 고려함의 의미를 가진 이성적 표상작용의 근거명제이다. 사람들은 이성적 근거에 대해 말한다. 라이프니츠는 제대로 사유된 적이 없는 작은 명제, "이유 없이는 아무것도 없음", "근거 없이는 아무것도 없음"을 강력한 근거명제의 완전하고 엄밀한 표현양식으로 옮겨놓음으로써 하나의 관점에서만 바라보았던 근거율의 숙면기를 끝냈다. 이후부터 근거명제에서 지배하는 요구는 이전에는 전혀 알지 못했던 지배를 전개한다. 이러한 지배가 가장 내적이며, 동시에 가장 깊숙이 감추어져 있었던 서양역사의 시대적 각인, 즉 우리가 "근대"라고 부르는 것을 완성시켰다. 강력한 근거명제의 지배가 인간의 역사에서 강해질수록 근거율은 더욱더 철저하고, 더욱더 자명하게, 그 결과로 더욱더 눈에 띄지 않게 모든 표상작용과 태도를 규정한다. 바로 오늘이 그렇다.

그러므로 오늘날 우리는 모든 표상작용을 지배하는 위대한 근거명제에서 나오는 요구를 듣고 있는지, 그리고 어떻게 듣고 있는지에 대해 물어야 한다. 도대체 우리는 이러한 요구의 힘을 느끼고 있는가? 그렇다. 근대인은 물론 이러한 요구를 들었다. 근대인은 이 요구를 기이하게 결정되어 있는 방식으로 들었다. 다시 말해 근대인은 근거명제의 힘에 더욱더 독단적으로, 더욱더 빠르게 복종하였다. 더 심각한 것은 현대인이 모든 위대한 것의 위대함을 '라치오'의 원리가 지배하는 정도에 따라서만 측량하는 위험에 노출되어 있다는 사실이다. 우리는 오늘날 이러한 위험을 제대로 이해하지 못한 채 근대 기술이 모든 것을 포괄하는 최대한의 완전성에 이르도록 자신의 설비와 생산을 부단히 수행한다고 알고 있다. 이러한 완전성은 대상을 계산적으로 확보함, 대상을 셈에 넣음, 계산 가능한 것을 계산할 수 있는 방식의 안정화를 위한 완전성에서 성립한다.

기술의 완전성은 근거정립의 완전성에 대한 요구의 반향일 뿐이다. 이 요구는 충분한 이유충족의 원리, 즉 송달되고 충족되어야 할 근거에 대한 근거명제에서 나온다. 지금 수행한 사유의 발걸음은 다음으로 넘어가기 위한 것으로서 짧게 반복될 필요가 있다.

근대 기술은 가능한 최대의 완전성을 추구한다. 이 완전성은 대상에 대한 철저한 계산 가능성에 기인한다. 대상의 계산 가능성은 '라치오'의 원리에 대한 무제한적 타당성을 전제한다. 따라서 앞에서 언급된 근거율의 지배는 근대적 기술시대의 본질을 규정한다.

그리고 오늘날 인류는 지금까지 역사에서 등장할 수 없었던 것으로 나아가려고 한다. 인류는 "원자시대"라는 이름을 부여한 시대로 진입하고 있다. 출판된 지 얼마 되지 않았지만 많은 사람들로부터 관심을 받고 있는 책의 제목이 다음과 같다. "우리는 원자를 통해 살게 될 것이다." 이 책은 노벨상 수상자인 오토-한(Otto-Hahn)의 안내문과 현 국방부장관인 프란츠 요셉 슈트라우스(Franz Joseph Strauß)의 서문을 포함하고 있다. 서론의 끝에 이 책의 저자는 다음과 같이 쓰고 있다.

"그러므로 원자시대는 희망으로 가득 찬 화려하고 행복한 시대가 될 것이다. 이 시대에 우리는 원자를 통해 살게 될 것이다. 그러한 시대가 우리에게 다가오고 있다!"

그러나 우리에게는 — 우리와 몇몇 다른 사람들에게는 — 우리가 여전히 성찰하고 있는지, 우리가 적어도 성찰하기를 원하고 성찰할 수 있는지가 중요하다. 그러나 우리가 성찰하는 길에 도달해야 한다면, 우리는 무엇보다도 먼저 단순히 계산하는 사유와 성찰하는 사유 사이의 차이를 알 수 있는 분별력을 가져야 한다. 이러한 차이를 알기 위해 우리는 지금 근거율에 대한 관점에서 성찰을 시도할 것이다.

우리는 한 시대를 — 겉으로 보기에 아무런 문제가 없어 보이는 — 원자시대라고 부르는 명칭 속에 도대체 무엇이 감추어져 있는지를 앞서 주목하는 일로부터 성찰을 시작할 것이다. 원자시대에서 특별한 것은 무엇인가? 처음으로 인간은 자신의 역사에서 자연 에너지의 급격한 유입과 그에 대한 준비로부터 역사적 현존재의 시대를 해석하고 있다. 이는 이미 작금의 시대에 대한 해석에서 드러나는 낯섦과 섬뜩함을 자유롭게 충분히 경험할 수 있는 숙고의 척도와 힘이 결핍되어 있다는 것을 보여준다. 그로 인해 우리는 끊임없이 더욱더 명백하게 당혹스러운 지경에 놓일 것이다.

인간 현존재는 원자 에너지에 의해 각인되었다!

원자 에너지가 평화롭게 사용될지, 아니면 전쟁에 동원될지, 그리고 어떤 것이 다른 것을 강화하고 촉발할지에 대한 물음은 이차적인 것이다. 왜냐하면 우리는 앞서 그러한 것을 넘어 다음과 같은 물음을 계속해서 물어야 하기 때문이다. **세계역사의 한 시대가 원자 에너지와 그것의 방출을 통해 각인된다는 것은 도대체 무엇을 의미하는가?** 아마도 대부분의 사람들은 이미 다음과 같이 판단함으로써 그에 대한 대답을 준비할 것이다. 즉 원자시대는 유물론의 지배를 의미한다. 그 때문에 물질적인 것의 쇄도에 대항하여 오래된 정신적 가치를 구하는 것이 중요하다. 그러

179

나 이 대답은 아주 값싼 정보에 불과한 것이다. 왜냐하면 유물론은 철저히 물질적인 것이 아니기 때문이다. 유물론 자체는 정신의 형태이다. 그것은 동구권보다 서구권에서 더 강하게 흘러나온 것이다. 피셔(S. Fischer)에 의해 독일어판으로 발행되고 있는 미국의 저널 『관점들(Perspektiven)』에는 다음과 같은 글이 실려 있다(Max Lerner, Universale Technologie und neutrale Techniker, Heft 14, 1956, 145쪽 이하).

"오래된 몇 가지 가치의 상실은 아마도 길고 긴 시간을 거쳐온 문화의 존속에 영향을 끼칠 수 있다. 그러나 바로 다음에 올 세대와의 결속을 위해 중요한 것은 사람들이 그들에게 가치로서 앞서 유지되고 있는 것을 가지고 있다 — 또는 가지고 있다고 믿는다 — 는 사실이다. …

소득, 소비, 사회적 지위, 대중문화의 가치는 농지소유, 수공업, 공장 소유처럼 적은 범위에서 한정되는 가치와 구별된다. 이런 의미에서 미국 문화의 기조는 거대한 테크놀러지의 영향 아래 완전히 변화되었다. 왜냐하면 기계 자체가 미국의 노동자, 종업원, 자유직의 활동을 기계로부터 빼앗고, 재화생산을 위한 그들의 관심과 에너지를 재화를 구입하고 향유할 수 있는 돈벌이로 옮겨놓았기 때문이다."

위의 짧은 문장에서 다음과 같은 사실이 명백해졌다. 즉 유물론은 가장 위험한 정신의 형태이다. 왜냐하면 우리는 너무도 쉽게 그리고 오랫동안 그것의 폭력에 사로잡혀 있음을 간과하고 있기 때문이다.

그러므로 우리는 새롭게 묻는다. 세계역사의 한 시대가 원자 에너지와 그것의 방출을 통해 각인된다는 것은 도대체 무엇을 의미하는가? 이는 바로 다음과 같은 것을 의미한다. 즉 원자시대는 송달되고 충족되어야 할 근거의 원리를 통해 우리에게 폭력적 위협을 가하는 요구의 위력에 지배되고 있다.

이것을 우리는 어떻게 이해해야 하는가? 원자 에너지는 거대한 양의 원자핵 분열로 방출된다. 이러한 자연 에너지의 방출은 가장 현대적인 자연과학의 연구를 통해 가능하다. 이 연구는 근대 기술의 본질에 속한 중요한 기능과 형식을 보다 더 명백하게 드러내고 있다. 바로 이전에만 해도 원자학은 소립자로서 프로톤과 뉴트론만을 알고 있었다. 오늘날에는 그보다 10배 이상의 것이 준비되고 있다. 이러한 사실을 통해 탐구는 흩어진 요소입자의 다양체를 새로운 단일체로 되돌리는 방향으로 나아가고 있다. 중요한 것은 관찰된 사실과 그에 대한 설명을 위해 정립된 이론들에서 계속해서 등장하는 모순을 제거하는 것이다. 이는 서로 모순되는 판단들을 일치시킴을 통해 가능하다. 이를 위해서는 모순되는 것을 연결시키는 통일성이 요구된다. 그러나 판단에서 표상의 연결을 이끌어내고 규정하는 것은 그때마다 송달된 충분한 근거이다. 이로부터 다음과 같은 것이 명백히 드러난다. 즉 판단의 모순 없는 통일성의 물음을 위한 추동력, 그리고 그에 맞게 통일

성을 확보하는 방향으로의 진전은 모든 표상작용을 충족시키는 근거의 송달에 대한 요구의 위력에서 나온다. 근거에 대한 근거명제의 위력적인 지배는 물고기가 물에서, 새가 공기 속에서 움직이듯이 과학이 그 속에서 움직이는 기본요소(Element)이다.

이 모든 것을 괴테는 후기 시 한편의 마지막 두 연에서 아주 아름답게 우리에게 말해주고 있다(Chinesisch-Deutsche Jahres-und Tageszeiten X).

> "그러나 탐구는 결코 지치지 않고,
>
> 법칙, 근거, **왜**와 **어떻게**를 얻으려고 노력하며 고투한다."

괴테는 탐구가 오로지 맹목적으로만 발전을 추구할 경우에 그런 탐구의 지침 없는 끈질김이 얼마나 인간과 대지를 가장 내적인 본질에서 혹사시킬 것인지를 잘 알고 있었다. 그러나 괴테는 근대적 탐구가 유일한 척도로서 송달되어야 할 충분한 근거에 대한 강력한 근거명제의 지배에 여지없이 노출되어 있을 때 그 탐구의 지침 없는 끈질김이 어디로 향하는지는 내다볼 수 없었다. 이 끈질김은 어디로 향하고 있는가? 학문적 표상작용의 변화로 향하고 있다. 물론 그러한 변화를 통해서만 근대 과학의 본질 속

에 놓여 있는 것이 완성된다.

지금 근대 기술에 의해 조종되었던 과학은 거대한 원자 에너지의 방출을 통해 계속해서 새로운 에너지 원천에 대해 탐구하는 것으로부터 면제되고 있다. 그러나 이 면제는 동시에 근거에 대한 근거명제의 요구에 한층 더 강력한 구속으로 변하고 있다. 다시 말해 이제 탐구는 자신의 전적인 목적을 새로운 형태로 방출된 자연 에너지를 통제하는 방향으로 전환시키고 있다. 이것은 무엇을 의미하는가?

그것은 원자 에너지의 사용 가능성과, 그에 앞서 원자 에너지의 계산 가능성을 하나의 방식으로 확보하는 것을 의미한다. 이러한 확보는 그 자체로 새로운 안정화의 추가적 유입을 지속적으로 요구한다. 이로 인해 충족되어야 할 근거의 송달에 대한 요구가 가지는 위력은 예상하지 못할 정도로 상승한다. 이러한 요구의 위력 아래 언제 어디에서나 안정을 위해 일하는 현대 인간 현존재의 근본특징이 강화된다. (추가적 언급: 충족되어야 할 근거에 대한 근거명제를 발견한 라이프니츠는 "생명보험"의 발명자이기도 하다.) 그러나 생명의 확보를 위한 노동 자체는 지속적으로 새롭게 안정되어야 한다. 이러한 현대 현존재의 근본태도를 나타내는 주도적 낱말은 '인포메이션(Information, 정보)'이다. 우리는 이 낱말을 미국어와 영국어 발음으로 들어야 한다.

'인포메이션'은 실제로 현대인에게 가능한 한 빠르고 포괄적이

182

며 명료하게 필요, 욕구, 그에 대한 만족의 확보를 성과 있게 전달하는 보고를 의미한다. 이에 따라 인간의 언어를 정보 도구로 여기는 생각이 점차 우위를 차지하고 있다. 왜냐하면 언어를 정보로 규정하는 것은 사고하는 기계와 거대한 계산기의 설치를 위해 충족되어야 할 근거를 가장 먼저 제공하기 때문이다. 그러나 정보는 형식 속에 넣음(in-formieren), 즉 [형식 속에 넣어] 전달하는 것(benachrichtigen, 뒤쪽으로 향함)이다. 그렇게 함으로써 정보는 조직하는 일을 한다. 다시 말해 정보는 설치하고 정렬한다(richten ein und aus). 전달로서 '인포메이션'은 이미 인간, 모든 대상, 부속물을 하나의 형식 안으로 들여놓는 장치(Einrichtung)이다. 이 형식은 지구 전체, 나아가 지구 밖의 것에 대한 인간의 지배를 확보하기에 충분한 것이어야 한다.

'인포메이션'의 형태에는 모든 표상작용을 위해 송달되고 충족되어야 할 근거의 위력적인 원리가 지배하며, 현대라는 세계사적 시대(Weltepoche)를 모든 것이 원자 에너지의 송달에 매달려 있는 시대로 규정한다.

우리는 성찰적 사유를 준비하기 위해 근대적 인간과 오늘날 인간이 모든 표상작용을 위한 위력적인 근거명제에서 표명되는 요구를 듣고 있는지에 대해 물었다. 이에 대해 우리는 '예'로 대답하고 '어떻게'를 제시하였다. 오늘날 인간은 근거명제에 점차 예속되면서 근거의 근거명제에 대해 지속적으로 귀를 기울이고 있다.

그러나 이러한 예속이 들음의 유일한 방식도 아니며, 본래적인 방식도 아니라고 한다면, 우리는 다음과 같이 한 번 더 물어야 한다. 우리는 근거율의 요구를 듣는가? 그러나 지금 우리가 주목하고 있는 것은 언제 비로소 우리가 그 요구를 참으로 듣는다고 할 있는가에 대한 것이다. 그것은 우리에게 본래적으로 말을 건네는 것에 대해 우리가 응답할 때이다. 도대체 근거율의 요구 속에 말을 건네는 것이 있는가? 그리고 우리는 위력적인 근거명제가 말하는 곳을 향해 귀를 기울이고 있는가? 우리는 '아니오'라고 고백해야 한다. 어떤 점에서 '아니오'인가? 우리가 명백하고 결정적으로 근거율이 본래적으로 말하고 있는 것을 충분히 듣고 숙고하지 않고 있다는 점에서 그렇다.

잘 알려진 어조로 근거율은 다음과 같이 들린다. 즉 이유 **없이는 아무것도 있지 않다**. 근거 **없이는 아무것도 있지 않다.**

우리는 흔히 익숙한 명제의 진술에서 작은 낱말 "있다(ist)"를 자명한 것으로 흘려듣고 있다는 사실에 주목하지 않는다. 왜 도대체 "있다"라는 것에 주목해야 하는가? 근거의 근거명제는 '각각의 존재자는 근거를 가진다'고 말한다. 이 명제는 존재자에 관한 진술이다. 그러나 존재자를 우리가 존재자로서 경험하는 것은 그것이 **있다**는 사실과 그것이 **있는** 방식에 주목할 때일 뿐이다. 그러므로 존재자에 관한 명제를 본래적으로 듣기 위해서 우리는 "근거 없이는 아무것도 있지 않다"는 명제에서 "있다"가 모든 것을 조율하는 힘을 가지고 있다는 사실에 우리의 주의를 기울여야 한다. 우리가 그 명제에서 본래적으로 말하고 있는 것에 귀를 기울인다면, 다시 말해 그것에 우리 자신을 내맡긴다면 그 명제는 갑자기 다르게 울린다. 즉 "근거 **없이는 아무것도** 있지 **않다**"로 더 이상 들리지 않고, "**근거** 없이는 아무것도 **있지** 않다"로 울린다. "있다"라는 작은 낱말은 **그때마다 존재자에 대해 말하면서 존재자의 존재를 명명한다. 이 명제에서는 "존재"를 말하는 "있다"가 강조되는 동시에. 그것과 함께 근거도 강조된다. 즉 근거 없**이는 아무것도 **있지** 않다. 존재와 근거는 지금 조화로움 속에 울린다. 이러한 울림에서 존재와 근거가 하나로 공속한다는 사실이 울려퍼진다. 이제부터 다르게 울리는 근거율은 지금 다음과 같이 말한다. 즉 존재에는 근거가 속한다. 근거율은 존재자에 대한 모든 표상작용을 위한 최상의 근거명제로서 모든 것은 하나의 근거를 가진다는 것을 더 이상 말하지 않는다. 근거율은 지금 존재에 대한 말(Wort vom Sein)로서 말한다. 이 말이 '도대체 존재는 무엇을 뜻하는가'라는 물음에 대한 하나의 대답이다. 그 대답은 다음과 같다. 즉 존재는 근거를 뜻한다. 그러나 근거율은 존재에 대한 말로서 '존재가 하나의 근거를 가진다'고 더 이상 말하려 하지 않는다. 우리가 존재에 대한 말을 그런 의미에서 이해한다면, 존재는 존재자로서 표상되는 것이다. 존재자만이 필연적으로 근거를 가진다. 존재자는 근거지어진 것으로서만 **있다.** 그러나 존재는 그 자체로 근거이기 때문에 근거 없이 있다. 존재가 그 자체로 근거이면서 근거를 놓는 한, 존재는 존재자를 그때마다 존재자로 있게 한다.

〈그러나 라이프니츠와 모든 형이상학은 존재자에 관한 근거명제로서의 근거율에 머물러 있었기 때문에 형이상학적 사유는 근거명제에 부합하여 하나의 존재하는 것에서, 그리고 가장 존재하는 것에서 존재를 위한 첫 번째 근거를 요구한다(Leibniz VII, 289 sqq.).〉

따라서 각각의 존재자는 근거로서의 존재에서 존재로 옮겨지면서 주어지기 때문에 피할 수 없이 근거의 상속(Mitgift)을 받는다. 그렇지 않을 경우 그것은 존재할 수 없기 때문이다. 그러므로 송달되고 충족되어야 할 근거의 근거명제로서 이해된 근거율은 그 속에 존재에 대한 말이 말하고 있기 때문에만 참이다. 그 말은 '존재와 근거 : 동일한 것'이라고 말한다.

존재에 대한 말은 앞에서 제기한 주장에 따라 다음의 물음에 대답해야 한다. 도대체 존재는 무엇을 뜻하는가? 그러나 '존재는 근거를 뜻한다'는 말로 대답이 주어진 것인가? 이런 방식으로 대답을 받아들이는 대신에 우리는 새롭게 물음에 직면한다. 왜냐하면 우리는 동시에 다음과 같이 묻기 때문이다. 도대체 근거란 무엇

인가? 이에 대해서는 지금 다음과 같은 대답만이 있다. 즉 근거
는 존재를 뜻한다. 존재는 근거를 뜻한다 ─ 근거는 존재를 뜻한
다. 여기에서 모든 것은 순환 속에 맴돌고 있다. 현기증이 우리를
덮친다. 사유는 미궁 속에 빠진다. 왜냐하면 우리는 "존재"가 뜻
하는 것도, "근거"가 뜻하는 것도 제대로 알지 못하기 때문이다.
그러나 근거로서의 존재에 대한 말이 존재의 의미에 대한 물음에
대답했다고 하지만, 그 대답은 우리에게 우선 닫혀 있다. 그 대답
을 열어 밝히고 그 대답을 통해 존재에 대한 말이 말하는 것에 대
한 통찰을 우리에게 줄 수 있는 열쇠가 빠져 있다. 빠뜨리고 있는
그 열쇠만이라도 찾으려고 하지만 그것은 아주 엄청나게 어려운
일이다. 그러므로 우리는 이 강연에서 최소한 덧문(Vortür)이라
도 열 수 있는 다른 길을 선택할 필요가 있다. 이 길로의 안내는
자신의 시로 송달되고 충족되어야 할 근거에 대한 근거명제의 위
력 아래 있는 그러한 표상작용을 다르게 기술하는 시인들에게서
주어질 수 있다.

　괴테는 근대 과학에 대해 다음과 같이 말한다.

　"그러나 탐구는 결코 지치지 않고,
　　법칙, 근거, **왜**와 **어떻게**를 얻으려고 노력하며 고투한다."

　첫 번째 연의 맨 앞에 나오는 "그러나"는 지치지 않고 존재자를

위한 근거를 얻으려는 노력을 더 이상 하지 않는 다른 태도와 몸
짓에 대립하여 탐구를 분리시킨다. 우리가 항상 존재자의 근거를
붙잡으려고 노력할 때, 우리는 '왜?'라고 묻는다. 이 의문사는 하
나의 근거에서 다른 근거로 향하도록 표상작용을 몰아간다. '왜'
는 어떤 휴식도 허락하지 않으며, 어떤 방해와 정지도 허용하지
않는다. '왜'는 — 탐구는 맹목적으로만 자신을 지치게 할 경우에
도 그것을 더 속행하여 더 멀리 나아갈 수 있도록 하는 — 지칠
줄 모르는 '그리고-계속'으로의 진행을 위한 낱말이다.

근거로서의 존재에 대한 말은 다음과 같이 말한다. 존재 — 그
자체로 근거 — 는 근거 없이, 지금은 '왜' 없이 있다. 우리가 존
재를 근거로 사유하려고 한다면, 우리는 '왜?'의 물음에서 벗어나
뒤로 물러나야 한다.

그렇다면 우리는 어디에서 멈추어야 하는가?

1815년에 나온 『격률 모음집(Spruchsammlung)』에서 괴테는
다음과 같이 말한다.

"어떻게? 언제? 그리고 어디에서? — 신들은 묵묵부답이다!
너는 **'때문에**(weil)'에 머물고, '왜?'를 묻지 말라!"

'왜'는 '어떻게?', '언제?', '어디에서?'의 물음으로 전개된다. '왜'
는 무엇인가 일어나고 있는 것에 대한 법칙, 시간, 장소를 묻는

것이다. 시간적–공간적–법칙적으로 규제된 운동과정에 대한 물음은 탐구가 존재자의 '왜'를 붙잡으려고 노력하는 방식이다. 그러나 괴테는 다음과 같이 말한다.

186   "너는 '**때문에**(weil)'에 머물고, '**왜**?'를 묻지 말라!"

'때문에(weil)'는 무엇을 말하는가? 그것은 '왜'에 대해, 즉 근거 정립에 대해 탐구하는 것을 막는다. 왜냐하면 '때문에'는 '왜' 없이 있으며 어떤 근거도 가지지 않고 그 자체로 근거이기 때문이다.

"근거"라는 낱말은 깊이 놓여 있는 것, 예를 들어 대양의 바닥, 계곡의 바닥, 마음의 바닥을 의미한다(참조, Goethe, Sonette, "Mächtiges Überraschen". [소타나, 「강한 놀라움」]).

"바닥(Grund, 근거)에서 바닥으로 서로를 반영하면서도,
강은 멈추지 않고 계속해서 계곡으로 흐른다."

근거는 모든 것이 그것에 기인하고 있는 것이며, 담지하는 것으로서 모든 존재자를 위해 이미 앞에 놓여 있는 것이다. "때문에"는 이렇게 담지하면서 앞에 놓여 있는 것이며, 그 앞에 우리는 단순 소박하게 머물러 있다. '때문에'는 근거의 본질을 지시한다. 더 나아가 근거로서 존재에 대한 말이 참인 말이라면, '때문에'는

동시에 존재의 본질을 지시한다.

　그렇다면 "때문에(weil)"는 본래 무엇을 뜻하는가? 그것은 "~하는 동안에(dieweilen)"의 축어이다. 오래된 어법에는 다음과 같이 것이 있다.

　"뜨거운 동안에 쇠를 담금질해야 한다."

　"때문에"는 여기에서 '그러므로(darum)'-'왜냐하면'이 아니다. "때문에"는 '~하는 동안에', 즉 지속하는 길이 ― 쇠가 뜨거운 동안 ― 를 뜻한다. '때문에'는 존속함, 조용히 머무름, 그 자체에 머물러 있음, 다시 말해 고요함 속에 머물러 있음을 뜻한다. 괴테는 아름다운 시구로 다음과 같이 말한다.

　"바이올린은 멈추고, 춤추는 자는 머물러 있다(weilt)."

　그렇지만 머물러 있음(weilen), 존속함, 지속함은 "있음(sein)"이라는 낱말의 오래된 의미이다. 모든 근거정립과 모든 '왜'를 물리치는 '때문에'는 단순 소박하게 '왜' 없이 단적으로 앞에 놓여 있음을 뜻한다. 거기에 모든 것이 놓여 있고, 거기에 모든 것이 머물러 있다. '때문에'는 근거를 명명한다. 그러나 동시에 '때문에'는 '~하는 동안에'로서 존속함, 존재를 명명한다. '때문에'는 특

187

히 존재와 근거를 의미하며, 존속함, 근거로서의 존재를 명명한다. 존재와 근거는 '때문에'에서 동일한 것이다. 양자는 공속한다.

근거에 대한 짧은 명제, "근거 **없이는 아무것도** 있지 **않다**"는 우선 위대한 근거명제(principium grande)이다. 이 명제는 모든 표상작용에 대한 요구의 위력을 가졌다는 점에서 위대하다. 근거에 대한 짧은 명제, "**근거** 없이는 아무것도 **있지** 않다"는 동시에 존재에 대한 말로서 말하며 존재를 근거로서 명명한다.

그러나 존재에 대한 말이 참이라는 이유에서만 표상작용의 근거명제도 타당하다. 근거율은 존재에 대한 말로서 표상작용의 근거명제에 비로소 근거를 준다.

근거로서의 존재에 대한 말은 그러한 근거 놓음을 가능하게 한다. 이러한 가능하게 하는 힘 때문에 존재에 대한 말은 강력한 말이다. 이 말은 위대하지만, 근거명제의 위력이 가진 위대함과는 전적으로 다른 의미를 가진다. 근거율은 존재에 대한 말로서 큰 역능을 가진 것, 큰 가능성을 가진 것, 큰 힘을 가진 것이라는 의미에서 위대하다. 존재에 대한 말은 '왜'에 대한 요구의 위력에 대해 말하지 않는다. 강력한 말은 위력이 없는 말이며, 우리에게 단지 단순 소박하게 "존재"의 의미를 건네준다.

그러나 우리는 '왜?'를 물어야 한다. 왜냐하면 우리는 송달되고 충족되어야 할 근거에 대한 근거명제에 의해 지배되는 현대를 벗어날 수 없기 때문이다. 그러나 우리는 동시에 근거로서의 존재에 대한 말에 귀를 기울임으로써 '때문에'에 머무는 것을 포기해서는 안 된다. 한편으로 우리는 모든 표상작용을 위한 근거명제의 위력을 따라야 한다. 다른 한편으로 우리는 존재에 대한 말의 큰 힘에 대한 성찰을 중지해서도 안 된다.

근거율은 '근거 없이는 아무것도 있지 않다'고 말한다. 지금부터 명제에 담긴 낱말은 각기 자신의 방식으로 말한다.

근거율에서는 근거명제의 요구(Anspruch)가 말한다. 근거율에서는 존재에 대한 말의 말 건넴(Zuspruch)이 말한다. 그러나 말 건넴이 요구보다 훨씬 더 오래된 것이다. 왜냐하면 이례적으로 오래된 근거율의 숙면기간에도 항상 이미 근거로서의 존재에 대한 말은 서양인에게 말을 건네왔기 때문이다. 이 말 건넴 없이는 철학의 형태를 가진 사유란 없었을 것이다. 나아가 철학 없이는 서양적–유럽적 학문도, 원자 에너지의 방출도 없었을 것이다. 그러나 근거로서의 존재에 대한 말에서 말 건넴은 소리를 내지 않는다. 말 건넴은 점차 요란한 소리를 내면서 모든 것을 놀라게 하는 요구의 위력을 가진 근거명제의 소리 냄과는 구별된다.

그동안 그것[말 건넴]이 거기에 있었음에도 불구하고 사람들은 근거율을 통해 줄곧 말하고 있는 말 건넴을 대개는 끈질기게 소음 속에서 오늘날까지 흘려듣고 있다.

이는 바로 우리 자신이 문제가 되고 있음을 의미한다. 오로지 중요한 것은 우리가 원자를 통해 살고 있는가 하는 문제가 아니라 우리, 즉 존재의 말 건넴 속에 있는 우리 자신이 죽을 자로서 존재할 수 있는가 하는 문제이다. 그러한 본질만이 죽을 수 있다. 다시 말해 죽음을 죽음으로서 떠맡을 수 있다.

중요한 것은 우리가 돌보는 자(Wärter)로 존재하는가의 여부, 그리고 존재에 대한 말에서 울리는 말 건넴의 고요함이 모든 표상작용을 위한 근거명제로서 '라치오'의 원리가 요구하는 소리를 능가한다는 사실을 일깨우는 파수꾼(Wächter)으로 존재하는가의 여부이다. 또한 중요한 것은 '왜'에 대한 요구의 위력이 큰 역능을 가진 '때문에(Weil)'의 말 건넴에 순응한다는 사실이다.

"너는 '**때문에**(weil)'에 머물고, '**왜**?'를 묻지 말라!"

괴테의 말은 하나의 눈짓(Winke)이다. 눈짓은 사유가 그것을 최종적인 진술로 바꾸어 거기에 머물기를 고집하지 않을 때에만 눈짓으로 남아 있다. 눈짓은 사유가 그것을 따라 숙고함으로써 그것의 지시를 따르는 한에서만 눈짓으로 존재한다. 그렇게 할 때 사유는 오래전부터 우리의 사유 전통에서 사유할 가치가 있는 것으로서 드러나는 동시에 스스로 감추는 것으로 인도하는 길 위에 도달한다.

189 이처럼 사유할 가치가 있는 것에는 지금 우리에게 좀 더 가깝게 놓여 있는 단순한 사태연관이 속해 있다. 우리가 '존재는 근거로

서 경험된다'고 말할 때, 사태연관이라고 부를 수 있는 것이 드러난다. 여기에서 근거는 '라치오', 즉 해명(Rechenschaft)으로 제시된다.

이에 따르면 인간은 해명을 요구하고 해명을 부여하는 생명체, 즉 이성적 동물(animal rationale)이다. 인간은 방금 언급한 규정에 따라 계산적으로 고려하는(rechnen) 생명체이며, 이때 계산적으로 고려함은 넓은 의미에서 이해된다. 그 의미를 로마상인의 낱말인 '라치오'라는 낱말이 물려받았다. 그 의미는 그리스의 사유가 로마의 표상작용으로 옮겨지는 시기에 있었던 키케로(Cicero)에게서도 이미 등장한다.

존재는 근거로서 경험된다. 근거는 '라치오', 해명으로 제시된다. 인간은 계산적으로 고려하는 생명체이다. 이 모든 것은 아주 상이한 변천 속에서도 서양 사유의 전체 역사를 통해 일치되는 것으로 받아들여졌다. 이러한 사유는 근대적이고 유럽적인 사유로서 오늘날의 세계시대, 즉 원자시대로 세계를 옮겨놓았다. 유럽에서 일어나고 있는 이러한 단순하면서도 섬뜩한 사태연관에 직면하여 우리는 다음과 같이 묻는다.

위에서 언급한 규정, 즉 인간이 이성적 동물이라는 규정이 인간의 본질을 다 드러내고 있는가? '존재는 근거를 뜻한다'는 말이 존재에 대해 말할 수 있는 최종적인 말인가? 그렇다고 한다면 인간의 본질, 존재에 대한 인간의 귀속성, 존재의 본질은 여전히 계속해서 놀라움을 일으킬 만큼 사유할 가치가 있는 것은 아니지 않은가? 그렇다고 한다면 오로지 계산적으로 고려하는 사유의 질주와 그것의 엄청난 성과를 위해 사유할 가치가 있는 것을 포기해도 되지 않은가? 그렇지 않다면 계산적으로 고려하는 사유에 현혹되어 사유할 가치가 있는 것을 지나치는 대신에 사유가 그것에 응답할 수 있는 길을 찾으려고 우리는 애쓰고 있는가?

물어야 할 것은 바로 이것이다. 그것은 사유가 물어야 할 세계 물음(Weltfrage)이다. 이 물음에 대한 대답에서 이 땅과 이 땅 위의 인간 현존재에서 무엇이 일어날 것인지가 결정된다.

근거율-강의는 하이데거가 1955/56년 겨울학기에 프라이부르크 대학에서 행한 것이며, 하이데거에 의해 1957년에 풀링엔의 귄터 네스케 출판사(Verlag Neske, Pfullingen)에서 출판되었다. 수정되지 않은 강의원고에 하이데거는 당시 책으로 출판하기 위해 동일한 제목으로 1956년 5월 25일에 브레멘 클럽에서 했을 뿐만 아니라 1956년 10월 24일에 비엔나 대학에서 반복했던 강연문을 덧붙였다. 이렇게 전체적으로 검토된 네스케-판본의 원고가 여기 전집 10권으로 나오게 되었다.

1955년 11월 11일에 시작하여 매번 한 시간 동안 진행된 강의의 수고(手稿, Handschrift) 첫 장에 하이데거는 다음과 같은 메모를 하였다.

"잊지 말아야 할 것!!
근거율-강의는 존재(Sein)를 사건으로 논구하려는 시도이다.

이 논구는 관계–맺음의 장소성(Ortschaft des Ver–Hältnisses)을 관통하는 길을 건립한다(Fgn).

존재는 명제의 어조가 바뀌는 순간에 통찰된다.

'존재'의 특징으로서 근거 놓음(앞에–있게–함을–모아–놓음 [Vor–liegen–lassen–Lesen –de Lege])

하이데거의 소장본에 나오는 몇 안 되는 언급들은 이 전집에서 관련 부분 위에 소문자로 표기하고 각주로 제시하였다. 하이데거의 글쓰기 방식과 부호는 그대로 두었고 인용문만 검토하여 숫자로 표기한 각주를 달았다.

이 전집을 편집하도록 허락해준 헤르만 하이데거 박사(Dr. Hermann Heidegger)에게 진심으로 고마움을 표한다. 그는 — 다른 전집을 위한 작업에서처럼 — 이번에도 자문을 아끼지 않았다. 인용문을 검토해준 파올라–루도비카 코리안도 박사(Dr. ¹⁹² Paola–Ludovica Coriando)와 교정을 도와준 유타 하이데거(Jutta Heidegger) 부인 그리고 나의 여동생 이름가르트 예거 박사(Dr. Irmgard jaeger)에게도 감사를 드린다.

1997년 2월 뒤셀도르프
페트라 예거(Petra Jaeger)

1889년	9월 26일, 독일 바덴-비템베르크 주의 작은 마을 메쓰키르히에서 출생
1909~1911년	프라이부르크 대학에서 신학 공부
1911~1913년	신학 공부를 중단하고 프라이부르크 대학에서 철학, 정신과학, 자연과학 연구
1914년	프라이부르크 대학에서 「심리주의의 판단에 관한 이론」으로 철학박사 학위 취득. 사강사로 강의를 시작
1916년	프라이부르크 대학에서 「둔스 스코투스의 범주론과 의미론」으로 교수자격 논문 통과
1917년	엘프리데 페트리(Elfriede Petri)와 결혼
1919년	E. 후설의 조교가 됨. K. 야스퍼스와 교류
1922년	슈바르츠발트 토트나우베르크 정상에 오두막을 지음
1923-1928년	마르부르크 대학 정교수 대우로 초빙

1927년	주저 『존재와 시간』 출판
1928년	E. 후설의 후임으로 프라이부르크 대학 정교수로 초빙, '형이상학이란 무엇인가?' 취임 강연
1929년	「칸트와 형이상학의 문제」 논문 발표
1930년	브레멘에서 '진리의 본질' 강연, '전회'로 불리는 후기 사상이 시작됨.
1933년	프라이부르크 대학 총장 취임. "독일 대학의 자기주장" 강연
1934년	총장직 사임
1935년	11월 13일, 프라이부르크 대학 예술학회에서 '예술작품의 근원' 강연
1935~1938년	두 번째 주저로 알려진 『철학에의 기여』 작업, 사후 1989년 출판
1936년	4월 2일, 이탈리아 로마에서 '횔덜린과 시작의 본질' 강연

1938년	6월 9일, 프라이부르크 대학에서 '형이상학에 의한 근대적 세계상의 정초' 강연
1940년	'플라톤의 진리론' 강연
1945년	나치 관련으로 1951년까지 강의 금지
1946년	릴케 서거 20주년 기념으로 '무엇을 위한 시인인가?' 강연
1950년	6월 6일, 바이에른 예술원에서 '사물' 강연
1951년	8월 5일, 다름슈타트 심포지엄에서 '집짓기, 거주하기, 사유하기' 강연
1952년	프라이부르크 대학 교수 은퇴
1953년	5월 8일, 브레멘에서 '니체의 차라투스트라는 누구인가?' 강연, 11월 18일, 바이에른 예술원에서 '기술에 대한 물음' 강연
1956년	5월 26일, 브레멘 클럽에서 '근거율' 강연

1957년	6월 27일, 프라이부르크 대학 창립 500주년 기념으로 '동일률' 강연
1959년	바이에른 예술원에서 '언어에 이르는 길' 강연. 9월 27일, 메스키르히의 명예시민 추대 기념으로 '나의 고향 메쓰키르히에 감사하며' 강연. 정신의학자 M. 보스(Boss)와 함께 졸리콘─세미나를 1969년까지 진행함.
1960년	7월 2일, 베셀부렌에서 '언어와 고향' 강연
1962년	첫 그리스 여행
1967년	4월 4일, 그리스의 예술원과 학술원에서 '예술의 유래와 사유규정' 강연
1974년	100권이 넘는 하이데거 전집 출판 시작
1976년	5월 26일, 심장마비로 작고. 고향 메쓰키르히에 묻힘.

근거율, 강의와 강연

– 하이데거 전집 10권

초판 1쇄 인쇄 2020년 2월 20일
초판 1쇄 발행 2020년 2월 25일

지은이 | 마르틴 하이데거   옮긴이 | 김재철
펴낸이 | 김태화   펴낸곳 | 파라아카데미 (파라북스)
기획 · 편집 | 전지영   디자인 | 김현제
등록번호 | 제313-2004-000003호   등록일자 | 2004년 1월 7일
주소 | 서울특별시 마포구 와우산로 29가길 83 (서교동)
전화 | 02) 322-5353   팩스 | 070) 4103-5353

ISBN 979-11-88509-31-7 (93160)

* 이 도서의 국립중앙도서관 출판예정도서목록(CIP)은 서지정보유통지원시스템
홈페이지(http://seoji.nl.go.kr)와 국가자료종합목록 구축시스템(http://kolis-net.nl.go.kr)에서 이용하실 수 있습니다. (CIP제어번호 : CIP2020006707)

* 파라아카데미는 파라북스의 학술 관련 전문 브랜드입니다.
* 값은 표지 뒷면에 있습니다.